Landolf Scherzer
Die Fremden

Landolf Scherzer

DIE FREMDEN

Unerwünschte Begegnungen
und verbotene Protokolle

Mit einem Nachwort
von Günter Wallraff

Aufbau-Verlag

ISBN 3-351-02543-2

1. Auflage 2002
© Aufbau-Verlag GmbH, Berlin 2002
Einbandgestaltung Preuße & Hülpüsch Grafik Design
Druck und Binden GGP Media, Pößneck
Printed in Germany

www.aufbau-verlag.de

Inhalt

I

Die Fremden

Nötige Vorbemerkung
Einige der Moçambiquaner und Bundesbürger, mit denen ich
im Frühjahr 2002 sprach, baten mich, aus Angst vor Angriffen
durch Rechte, ihre Namen zu anonymisieren. Auch ehemalige
DDR-Bürger bzw. deren Angehörige waren nicht mehr bereit,
das, was sie mir 1982 freimütig gesagt hatten, heute unter
ihrem Namen veröffentlichen zu lassen. Ich habe deshalb in
diesem Buch einige Namen verändern müssen. Sie sind mit *
gekennzeichnet.

Einen sinnloseren Zaun habe ich nirgendwo gesehen. Er begrenzt das Nichts.

Das verrostete Maschengeflecht an verwitterten Betonpfosten, die so aussehen, als ob nicht sie den Draht, sondern der Draht die Pfeiler hielte, umzäunt eine von niedrigen winterbraunen Unkräutern bedeckte ebene Fläche. Mitten in diesem vielleicht viermal fußballplatzgroßen weiten Feld steht eine einsame Blaufichte.

»Betreten verboten! Eltern haften für ihre Kinder!«

Kein Durchschlupf im Zaun, auch nicht dort, wo immer noch asphaltierte Wege von ringsum neu erbauten großfenstrigen Villen und kleinäugigen alten Fachwerkhäusern in das Nichts hineinführen.

Früher standen auf dieser leeren Fläche zwei in Großblockbauweise errichtete Wohnheime für rund zweihundert Moçambiquaner und andere in der DDR beschäftigte Vertragsarbeiter. An die Blaufichte hatten die Afrikaner eine Wäscheleine gebunden, auf die sie ihre meist grellbunt karierten Hemden und die weißen Hosen zum Trocknen hängten. Damals begrenzte kein Zaun das Gelände. Zumindest kein sichtbarer …

Ich war nie an dieser freien Fläche stehengeblieben. Wozu auch? Nicht einmal Brennesseln für die Frühjahrssuppe oder Beifuß für den Winterbraten, Pflanzen, die sich sonst auf jedem Platz mit Resten von Bauschutt unweigerlich breitmachen, wachsen dort, denn es liegt kein Trümmerstein, kein einziges Überbleibsel der Wohnheime herum. Und wahrscheinlich wäre ich dort ein Leben lang gedankenlos vorbeigegangen, wenn nicht im Februar, als der hohe Schnee des Jahres 2002 geschmolzen war, ein frierender Afrikaner, nur in einem dünnen grauen Jackett (ich dachte, sie wissen immer noch nicht, wie man sich hier im Winter anzieht), vor dem Nichts gestanden und vergeblich nach einem Loch im Zaun gesucht hätte. Er sah vornehm aus, trug einen breiten schwarzen Schlips zum weißen Hemd.

Ich kramte in meinen Portugiesischkenntnissen und sagte die in Moçambique gebräuchliche Begrüßungsformel: »Bom dia, como está – Guten Tag, wie geht es dir?«

Er sah mich erschrocken an, lächelte unsicher und begann sich, wie ein erwischter Kaufhausdieb, in schnellem, gebrochenem Deutsch gestenreich zu verteidigen. Er sei Caetano Nantimbo, vierzig Jahre alt, wohne in der nördlichen moçambiquanischen Provinz Tete und sei 1980 mit dem ersten Transport (er sagte wörtlich »mit dem ersten Transport«) hierher nach Suhl gekommen. Danach hat er fünf Jahre lang im Fahrzeug- und Jagdwaffenwerk Mopeds gebaut. »So wie ein DDR-Mensch. Wenn ich fünfzig Jahre alt werde – durchschnittlich leben moçambiquanische Männer siebenundvierzig Jahre –, habe ich ein Zehntel meines Lebens in der DDR gearbeitet.« Und er nannte mir noch einmal, wie bei einer Legitimationskontrolle, seinen Namen: Caetano Nantimbo. Ich könne in der Kartei der Betriebsangehörigen nachsehen. »Die Akten wird es doch noch geben?« Er schaute mich fragend an.

Das Heim, in dem er gewohnt, die Fabrikhalle, in der er am

Montageband gestanden hat, alles ist abgerissen. »Die Kneipe, wo wir Bier getrunken, steht noch. Aber Fensteraugen alle blind.« Caetano Nantimbo ist auf dem Weg vom Frankfurter Flughafen nach Stuttgart, wo er als Provinzvertreter des moçambiquanischen Erziehungsministeriums an einer internationalen Konferenz teilnehmen wird. Er hat einen Umweg gemacht und ist mit der Eisenbahn nach Suhl gefahren. »Ich wollte mein klein Leben noch einmal sehen.« Außerdem – verlegen zieht er eine Plastetüte aus der Hosentasche – möchte er Steine und Erde von hier mit nach Hause nehmen. »Für das Grab von Fabian.« Fabian war der moçambiquanische chefe in Suhl. Kaum älter als die achtzehnjährigen Arbeiter, aber Funktionär der OJM, der moçambiquanischen Jugendorganisation, und Mitglied der FRELIMO, der sozialistischen Regierungspartei.

»Als er aus der DDR zurückkam, haben ihn die Konterrevolutionäre, die bandidos, erschlagen.« In einem kleinen Dorf im nördlichen Cabo Delgado hätten ihm seine Freunde ein »großes Totenhaus aus Steinen« gebaut. Und dort möchte er für ihn Erde »von seiner Wohnung in Deutschland« hinbringen.

Am einzigen farbigen Punkt des langen Zaunes, einem gelb-rot-grünen Werbeplakat für Pizzen, finden wir endlich einen Durchschlupf und laufen über das weite Feld.

»Hier stand unser Heim, hier war der Eingang! … Warum? Warum alles weg? Es waren schöne große, neue Häuser. Wir wären glücklich, hätten wir in Moçambique solche Häuser.«

»Ich weiß«, sage ich. »Ich habe zu der Zeit, als Sie hier in Suhl arbeiteten, ein Jahr lang in Matundo am Sambesi mit Moçambiquanern kleine Häuser gebaut. Häuser aus blocos, aus per Hand mit kleinen Pressen gefertigten Hohlblocksteinen.«

Mit diesem Satz, sehr leise und sehr langsam inmitten der umzäunten leeren Fläche gesprochen, verwandelt sich das Nichts.

Zuerst kommen die Gerüche zurück. Auch wenn man die Wohnheime noch nicht sah, roch man in ihrer Nähe zu jeder Tages- und Nachtzeit die Düfte des moçambiquanischen »Na-

tionalgerichtes«: mit Unmengen von Knoblauchzehen ge-
spickte, goldbraun gebratene Broiler.

Danach die Geräusche. Stundenlang beobachteten die Moçambiquaner – wie alte Leute, die nicht mehr auf die Straße
gehen können – von ihren Fenstern aus, wer unten ein und aus
ging. Und sobald sie jemanden erkannten, und sie kannten sich
fast alle, gab es ein minutenlanges Palaver, einer redete lauter
als der andere. Falls sie nicht aus den Fenstern lehnten, standen dort Kassettenrecorder und beschallten die Gegend mit
afrikanischer Musik. Manchmal trommelten die Moçambiquaner auch in der Nacht ...

Und schließlich meine Gespräche: Ich schrieb, 1982 und
1983 aus Moçambique zurückgekommen, meine afrikanischen
Erlebnisse auf und befragte DDR-Bürger – Mädchen, die mit
den »Negern gingen«, eine Wirtin, SED-Sekretäre, Nachbarn
des Wohnheimes –, was sie über die afrikanischen Gastarbeiter dachten. Ich hatte das Leben der Moçambiquaner in ihrer
Heimat erkundet und wollte nun noch wissen, wie sie hier lebten, wie sie in der »neuen Heimat« behandelt wurden, was die
Hiesigen über sie dachten. Zwei Seiten eines Themas ...

Mit Karin*, einer zierlichen, hübschen Dreiundzwanzig-
jährigen, saß ich während des Gesprächs vor dem Heim unter
der Blaufichte. Sie war zwar mit dem Moçambiquaner Lino
verlobt, aber in das Heim mußte sie nachts heimlich durch das
Küchenfenster klettern, damit es die deutschen Pförtner nicht
merkten. Mit Genossen Seiler*, dem »Kaderchef« des Betriebes, der mir, während das Tonband lief, stolz verkündete, daß
von den 15 000 Moçambiquanern, die in der DDR arbeiteten,
auch 180 in Suhl ihre zweite Heimat, eine Heimat der Solidarität und Freundschaft, gefunden hätten (als das Tonband aus
war, drohte er, daß er seine Tochter rausschmeißen würde,
käme sie mit solch einem Schwarzen an), unterhielt ich mich
in seinem großen Arbeitszimmer. Mit der Wirtin der »Gaststube Krells Brauerei«, die immer einen Tisch für die Moçambiquaner reserviert hatte, damit sie nicht von den Einheimi-

12

schen angepöbelt wurden, traf ich mich in der Gaststätte. Mit dem Meister der Mopedmontage, der mir plausibel zu machen suchte, daß die jungen Moçambiquaner im Betrieb nicht, wie ihnen zu Hause versprochen war, alle zu Facharbeitern ausgebildet würden, sondern fünf Jahre lang am Band die Staatsschulden Moçambiques abarbeiteten, redete ich im verdreckten Frühstücksraum. Und beim Gespräch mit dem in der Nachbarschaft des Wohnheimes lebenden Kraftfahrer Klaus Meurer*, der mir sagte, daß es besser wäre, die Schwarzen außerhalb des Wohngebietes zu kasernieren, saß ich 1982 in seinem sommerheißen Garten …

Mein Buch über das Leben der Moçambiquaner in Moçambique erschien ohne die Gesprächsprotokolle mit den DDR-Bürgern. Das zuständige Ministerium erteilte die Druckgenehmigung nur unter der Bedingung, daß die »nicht zum Thema gehörenden Protokolle herausgenommen werden«. Daß sie sehr wohl zum Thema gehörten, wurde mir erneut nach der Wende bewußt …

Als Caetano Nantimbo die Plastetüte mit Erde und Betonstückchen (»vielleicht vom Wohnheim«) gefüllt hatte, fragte er: »Wohnen noch Moçambiquaner aus der DDR-Zeit hier?«

»Ich weiß es nicht«, sagte ich. »Wahrscheinlich wurden 1990 alle zurückgeschickt.«

Er fotografierte den Zaun, der das Nichts begrenzt.

»Zu Hause«, sagte er, »habe ich noch Farbaufnahmen vom Wohnheim.«

Eine Woche nach meiner Begegnung am Zaun erkundige ich mich in Suhl-Heinrichs, dort wo die Wohnheime standen, nach den Moçambiquanern, nach der Wirtin, nach dem Meister in der Mopedmontage, nach dem Kaderdirektor … Die Wirtin hat die Kneipe schon ein Jahr nach dem Gespräch aufgegeben, der Kaderdirektor ist inzwischen gestorben, der Meister auch … Ob noch ehemalige moçambiquanische Vertragsarbeiter in Suhl leben, weiß keiner.

Das Haus neben dem Wohnheim, in dem ich mit dem Kraftfahrer Klaus Meurer im Garten saß, steht noch. Es ist in die Jahre gekommen. Viele Schiefer fehlen schon an seinen Wänden. Das Holz darunter ist nackt und schutzlos wie die schuppenlosen Hautstellen eines am Strande liegenden toten Fisches. Die Fensterrahmen sind brüchig wie Pfefferkuchen. Aber im obersten, dem ersten Stockwerk, hängen noch Gardinen. Und am Klingelknopf der Haustür steht: »Klaus Meurer«. Ich läute. Nichts. Beim zweitenmal wird oben ein Fenster geöffnet. Ein alter Mann mustert mich mißtrauisch. Als ich ihm sage, daß wir vor zwanzig Jahren in seinem Garten miteinander gesprochen haben, erinnert er sich. Lacht. Beim Lachen zeigt er immer wieder seinen Goldzahn. Das ist die einzige Vertrautheit. Mich hereinlassen und mit mir sprechen möchte er nicht. Sagt nur von oben aus seinem Fenster, es sei gut, daß der Betrieb, die Stadt, die Treuhand oder wer zum Teufel sonst der Eigentümer gewesen sei, die Wohnheime, die zehn Jahre unbewohnt und nur durch den Zaun vor Vandalismus geschützt waren, endlich dem Erdboden gleichgemacht habe. »Sonst hätten sie uns vielleicht noch Asylanten reingesetzt. Hier mitten ins Wohngebiet! Sie waren ja noch in Ordnung, die Wohnheime.«

Bevor er das Fenster schließt, bedauert er, daß die Moçambiquaner 1990 ausgezogen sind. »Danach war es plötzlich still hier. Niemand redete mehr mit mir, wenn ich im Garten saß. Niemand.«

Ob heute noch Moçambiquaner in Suhl leben, weiß auch er nicht.

»Die werden nich' rot, wenn sie schwindeln.«
Gesprächsprotokoll von 1982, Nr. 1

Klaus Meurer, damals 46 Jahre alt, von Beruf Bau- und Kunstschlosser. Damit konnte man, wie er sagte, in der DDR kein Geld verdienen. Vier Jahre Armee. Anschließend Arbeit in der

Stanzerei des VEB Fahrzeug- und Jagdwaffenwerk Suhl (Fajas). Allerdings nur einen Monat. Danach achtzehn Jahre als Fahrer und Austräger im VEB Kohlenhandel »ganz schön Kohle gemacht«. Seit 1977 Fahrer beim Altstoffhandel. Seine Frau arbeitete auch im Fajas.

»Das Heim wurde 1978 gebaut, um deutsche Lehrlinge und Facharbeiter vom Fajas internatsmäßig unterzubringen. 1980 hieß es auf einmal, die oberen Etagen müssen geräumt werden, die Lehrlinge raus, es kommen Schwarze. Es kommen Schwarze! Gut. Zuerst waren wir der Meinung, die werden ähnlich sein wie die Vietnamesen, gesittet und ein bißchen zurückhaltend. Die werden eingeschüchtert sein, dachten wir, sie haben so was noch nie gesehen, Deutschland, dieses Angebot an Konsum und so. Sie haben ja nichts zu Hause. Die landläufige Meinung war: die Buschmenschen kommen. Vorher waren zwar schon Algerier als Arbeiter hier, aber der Algerier is'n anderer Mensch. Der Algerier schlägt ja nun mal mehr ins Europäische rein. Viele von den Algeriern haben in Frankreich gearbeitet.

Die ersten Tage, wie die Moçambiquaner hier waren, da haben sie probiert, von den Kindern hier unten vor dem Heim Deutsch zu lernen. Was ist das? Was ist das? – Das is' eine Hose. Das is' die Nase. Das is' das Ohr. – Wie wird das gesprochen? Wie wird das geschrieben?

Und dann haben sie mit der Nachbarschaft viel Federball gespielt, das Verhältnis war sehr gut.

Ich hab selber zwei Mann gehabt, die ständig zu mir rübergekommen sind, der Kleinere, der kommt seit diesen Weihnachten nicht mehr, da hatt' ich ihn eingeladen zu Weihnachten, angeblich hat er selbst Gäste gehabt. Das ist eben nicht wie bei uns: Wenn du sagst, du kommst, dann kommst du eben! Die machen nur, was sie gerade wollen. Der kommt nun nicht mehr. Der Paolo aber, der kommt regelmäßig. Für den hat meine Frau auch zu Weihnachten einen Pulli gestrickt. Jetzt hat er sich noch einen Pullover gewünscht, den hat er ihr allerdings bezahlt. Er schreibt uns auch sehr nette Briefe. Wenn er irgendwohin fährt, das erste, was er macht, ist, daß er 'ne Karte schreibt. Er ist ständig in der DDR unterwegs. Jetzt fährt er immer nach Erfurt zu seiner Freundin. Eine weiße Freundin, ja! Na gut, es ist keine Schönheit, aber die gucken nun mal hier nicht auf Schönheit, die wollen eben mal bumsen, ist ja klar – vier Jahre weg von zu Hause. Und er fährt zum Bumsen eben nach Erfurt, um hier mit den deutschen Betreuern keine Probleme zu haben. ›Ich möchte keine Probleme‹, sagt er immer.

Er weiß, daß einige seiner Kollegen nicht spuren, daß es deswegen Auseinandersetzungen gibt mit der Bevölkerung. So wie am Ostersamstag. Ich weiß das auch bloß vom Hörensagen. Allerdings die Schlägerei, die haben wir selbst miterlebt, das ging bald drei, vier Stunden. Und die Schwarzen, die nehmen ja nun auch keine Rücksicht auf die Volkspolizei, die sind die Polizei voll angegangen. Da flogen die Mützen von den Vopos da drüben durch die Gegend, das war 'ne wahre Pracht. Begonnen hatte die Schlägerei, weil der Junge vom Konsum mit dem Luftgewehr auf die Moçambiquaner geschossen hat. Als sie den Jungen hier beim Wickel hatten, ist der Vater dazwischen, natürlich, und die Mutter auch – und da hat's Hiebe gegeben. Die haben ausgeteilt und die Verwandtschaft noch mit, der Junge hatte grade Jugendweihe, und da hat's eben voll geraucht hier unten.

Aber das Palaver dann. Die machen ja ein unheimliches Palaver nachher. Du weißt ja nicht, was sie wollen, und auf einmal sprechen sie auch nicht mehr deutsch. Und dann sind sie immer unschuldig! Absolut unschuldig! Auf Teufel komm raus streiten die Schwarzen alles ab. Und das siehste eben nicht, wenn sie schwindeln, daß sie rot werden. Gut, wenn man genau hinschaut, sieht man's auch. Ja, das Gesicht verfärbt sich, das Gesicht wird dann pechschwarz …

Wie sie hier ankamen, die Moçambiquaner, das waren noch ängstliche Menschen. Wirklich, die hatten Angst vor den Weißen. Sie waren sehr zurückhaltend. Kaum mal ›guten Tag‹ gesagt. Bis auf die Mischrassen, wo eine Weiße sich mal mit 'nem Schwarzen eingelassen hatte, die waren ja nun schon klein bißchen anders wie der Urschwarze. Die Mischlinge wußten, wie sie sich verhalten mußten. Die wußten auch, das ist ein Weißer – da geht es ruhiger zu, denen muß ich gesittet gegenübertreten. Demgegenüber die Urschwarzen, die hatten erst mal regelrecht Angst.

Wenn sie den Jungs Frauen dazugegeben hätten, moçambiquanische Frauen. Wenn sie die unmittelbar in die Nachbarschaft gebracht hätten, in die untere Etage, da wäre vieles anders geworden. Aber die sind ja wegen der Arbeit hier, da denkt keiner an die Liebe, da stecken wir Männer und Frauen getrennt in die Betriebe, wo sie eben gebraucht werden. Ökonomie ist alles, was anderes interessiert uns nicht an den Leuten. Es ist ja vorgekommen, daß sie hier die deutschen Frauen angefallen haben, die Männer verprügelt und so, deswegen mußte auch einer nach Hause, und einer sitzt zur Zeit noch … Meine Frau hat auch schon einer angefaßt, oben im Volkshaus, er wollte sie ›kussen‹. Die hat ihm paar Maulschellen gegeben, hat gesagt: ›Ich geb dir Kussen.‹ Da hat er gleich gesagt: ›Du nicht deinem Mann sagen!‹ Vor mir haben sie Angst.

Die hätten den Jungs hier einen Sportplatz schaffen müssen. Weil keiner da ist, spielen sie vor dem Haus. Voriges Jahr hatte ich achtzehn Bälle hier. Alle aus meinem Garten geholt. Sonntag vor vierzehn Tagen, wir saßen draußen im Garten, fliegt wieder ein Ball rein. Drei Blumen hinüber. Frisch gepflanzt. Ich hab den Ball genommen. Hab ihn weggeschlossen.

Dauert nicht lange, ruft einer aus dem Heim: ›Ich komm' jetzt in dein Haus!‹ Frech. Schoß über den Platz, in Turnhosen, bis hier vor die Haustür. Als einer was von oben rief, ging er zurück, kam wieder und hatte lange Hosen an. Na, und er wollte es absolut nicht begreifen, daß ich den Ball eingeschlossen habe.

›Du kannst ihn wiederbekommen‹, sage ich.

›Nu, sofort!‹

›Nein, in zwei Jahren, wenn du nach Hause fährst, kommste

rüber, kannst ihn mit nach Hause nehmen, nach Moçambique. Eher kriegste ihn nicht wieder!‹

Hin und her, warum, weshalb. Nu, und da hab ich ihm plausibel gemacht: Also, wer keine Pflanzen, keine Blumen und nichts liebt – der liebt auch keine Menschen und so. Da war er erst mal geschockt. Er grüßt jetzt freundlich.

Gestern saß er im Volkshaus am Nachbartisch. Er saß da und aß, hatte seine Zigaretten auf dem Tisch liegen, ein anderer Kollege kam – ich beobachte das ein bißchen –, wollte 'ne Zigarette von ihm nehmen. Da hat er sie weggenommen, eingesteckt und hat ihm gesagt, er soll an die Theke gehen und sich welche kaufen. Also da steckt auch wieder ein guter Kern in ihm: deutsche Sparsamkeit. Und er wird vielleicht verdorben von irgendwelchen Rabauken.

Was können sie schon machen in ihrer Freizeit? Sie können sich bei uns alles angucken, was sie wollen. Diese Möglichkeiten haben die ja nun mehr als unsereins. Wenn unsereiner ins sozialistische Ausland fährt, kann er nicht überall hingehen, wo er hin möchte. Wenn du in die SU fährst, siehste eben Leningrad, und dann ist Feierabend, da machste eben eine Woche Urlaub in Leningrad. Aber die Moçambiquaner hier, die können ja, wohin sie wollen. Sie reisen gerne. Sie gehen gerne spazieren. Einmal saßen wir beim Nachbarn gemütlich im Garten, als einer von ihnen vorbeilief. ›Na, wo kommst du denn her?‹ fragte ich.

›Ich war spazieren.‹

›Nu, wo?‹

›In Berlin.‹

›Wieso in Berlin?‹

›Bin heute morgen mit Taxe zum Bahnhof gefahren, in den Zug gestiegen, nach Berlin gefahren.‹ Um 4 Uhr losgefahren, war dort um 9, ist spazierengegangen und abends wiedergekommen.

So sind sie nun auch wieder. Als einfacher Bürger fährst du nicht einfach so nach Dresden oder Leipzig, nur um da zwei Stunden spazierenzugehen und dann wieder nach Hause zu fahren, so spontan und ohne Grund. Da tut dir erst mal das Geld leid, und dann hast du immer noch Bammel, krieg ich da auch was Vernünftiges zum Mittag zu essen? – Aber die interessiert das alles nicht.

Wenn die vom Betrieb schon die moçambiquanischen Jungs hierherholen, hätten sie das Heim in die Nähe des Betriebes bauen müssen, raus aus der Gegend, wo die Bevölkerung lebt, die ihre Ruhe haben will. Sie wußten ja, wie die Afrikaner eventuell sind, denn sie haben sich bestimmt angesehen, als sie ihre Verträge abgeschlossen haben, wie's wirklich da unten zugeht. Und da sind ja im Betrieb auch welche, die älter sind, die vielleicht da unten im Krieg waren, im letzten Krieg, in Afrika. Die wissen, wie die Schwarzen leben, daß sie eben mit der Buschtrommel rumrennen und Rabatz machen, daß sie monotone, laute Musik machen, drei Stunden immer das gleiche, und daß sie so schnell nicht wieder rauszubringen sind, wenn sie einmal im Feiern sind.

Das hältst du manchmal nicht aus, wie gestern zum Beispiel: Der eine da oben hängt am Fenster, die Pudelmütze auf – eine brütende Hitze –, und dann spielt die Musik: ›Schön ist die Sonne von Maputo!‹ Und, also ungelogen, wir haben's gezählt, fünfzehnmal das gleiche Lied! Wenn es zu Ende war, hat er nach hinten gegriffen, hat den Tonarm wieder rumgelegt, und da ging das wieder los. Ich hab gepfiffen, und da machte er leiser – keine Minute – wieder voll aufgeschraubt. Also da kriegste 'nen Klaps. Auf der anderen Seite des Heims, dort raus, ist's noch schlimmer, da haben sie 'ne Kapelle, 'ne Band. Wenn se da spielen, na dann gute Nacht.

Man müßte sie wirklich separat halten. Oder in anderen Ländern ausbilden, wo die Leute auch so sind. In Bulgarien vielleicht. Aber wer weiß, ob's da nicht auch zu Diskrepanzen käme zwischen Bulgaren und Moçambiquanern. Weil nu das bulgarische Volk – ich schätz', die würden das nicht mitmachen. Die sind nicht so zu Gehorsam erzogen wie wir in der DDR. Drüben im Westen könnten sie das auch nicht machen.

Bei uns – mal ganz ehrlich –, bei uns getraut sich keiner, groß was gegen die Moçambiquaner zu sagen, denn wenn du heute was unternimmst gegen so einen Moçambiquaner, ja, na was bist'n dann? Ein Völkerfeind, gegen Solidarität und was nich' alles. Schwarzer, Rassenhaß und sonstiges hieße es dann. Genau solche Typen von der Leitung würden dir dann so was antworten – aber wenn sie hier selbst wohnen müßten, würden sie in ihren eigenen vier Wänden über die Schwarzen schimpfen wie die Rohrspatzen. Viele Nachbarn haben Eingaben gemacht, die werden scheinbar immer noch bearbeitet. Es gab noch nicht einmal eine Einwohnerversammlung über diese Probleme. Darüber können wir nicht öffentlich sprechen, hat der Ausschußvorsitzende der Nationalen Front gesagt. Nicht öffentlich.

Die erste Zeit hatten wir angenommen, sie würden eventuell sehr streng gehalten. Da haben ihre Chefs sie jeden Tag hier draußen marschieren lassen. Auf, ab! Auf, ab! Auf, ab! Ein Lied. Wer nicht mitgemacht hat, raus! Den haben sie extra hergenommen. Haben sie extra gedrillt. Aber das ließ auf einmal alles nach. Der deutsche Heimleiter drüben bei den Schwarzen ist Büchsenmacher, Graveur. Den ersten Tag ist er mit ihnen spazierengegangen im Wald, vierzehn Tage später hat er vier Mann mitgenommen und hat sie seine Kohlen reintragen lassen.

Zum 1. Mai voriges Jahr mußten sie unten im Hof antreten. Da hat man ihnen all ihre Strafen, Verweise und Rügen erlassen, die sie bekommen hatten. Beispielsweise wenn sie abends zu spät ins Heim gekommen waren. Und danach? Wenn sie wieder um zwei kamen und wir noch auf waren und sie fragten: ›Nu, du kommst doch heut schon wieder zu spät!‹ – ›Ja, is' bald wieder 1. Mai.‹ Also sind sie schon genauso wie wir.

Am Anfang waren die auch, ich möchte mal so sagen, wohnungsmäßig sehr sauber, da haben sie öfter mal die Fenster geputzt – das hat alles nachgelassen. Drüben muß es ja furchtbar aussehen in dem Bau. Türen fehlen, Fenster – haarsträubend. Ich war früher mal drin, ein sehr, sehr schönes Heim. Und wenn du dir das so überlegst, man gibt diesen Menschen, die das nicht kennen und die nicht wissen, was es für eine Mühe gemacht hat, das aufzubauen, solchen Komfort, zwei Mann ein Zimmer, mit Duschraum und allem, und unsere eigenen Lehrlinge, die hausen zu sechst in einem Zimmer. Die Moçambiquaner haben wunderschöne Liegen drin, Tisch, Schrank mit Schrankteilen. Wir hätten ihnen weniger Komfort bieten sollen. Wenn man so hört – es dringt ja nun doch durch –, daß sie am Anfang die Kartoffeln genommen haben und auf die elektrische Kochplatte draufgeschmissen und das andere Zeug auch. Woher sollten sie es besser wissen, es war doch niemand da, der es ihnen erklärt hat.

Wie oft werden sie nicht verstanden, auch wegen der Sprache. Was macht man dann, man trinkt. Im Suff verstehen sich alle. Aber keiner weiß, was sie für Sorgen haben. Als der Paolo Geburtstag hatte, kam er am Morgen hierher und sagte: ›Ich kann euch heute nicht einladen.‹

Sag ich: ›So, warum nicht?‹

›Hab ein Telegramm bekommen: Der Bruder und der Onkel verunglückt – tot.‹

Da dacht ich, guck einer an, also sippenmäßig wie bei uns, wenn so was ist, wird alles fallengelassen. Hab' Beileid gewünscht, sein Geburtstagsgeschenk hat er trotzdem bekommen. Er hat nicht gearbeitet an dem Tag, wenn so was ist, dann arbeiten sie auch nicht … Man kann nun mal nicht reingucken in so ein Herzchen von so einem, was schleppt er mit sich rum. Der deutsche Bürger, der sich mit ihm unterhält, der will nur was Bestimmtes von ihm wissen. Und der Moçambiquaner getraut sich gar nicht, mal sein Herz voll auszuschütten. Sie genieren sich, weil sie nicht wissen, wie sie es ausdrücken sollen, damit der andere nicht eventuell über sie lacht.

Eines Abends saß hier einer beim Nachbar unten am Zaun auf der Bank. Und da weint er. Sag ich: ›Na, Marcel, warum weinst du?‹

›Nu, ich habe Heimweh, Heimweh, Sehnsucht nach meiner Mama.‹ Nuja, da hab ich ihn eben mal 'ne halbe Stunde in den

Arm genommen, hab ihn getröstet – es war nachts halb eins, ein herrlicher Sommerabend –, na und da war er zufrieden.

Manchmal kommen auch Frauen rüber ins Heim. Eine Vierzigjährige aus Jüchsen. Die ist extra geschieden und zieht hier mit so 'nem zwanzigjährigen Schwarzen los. Also daß die anderen Frauen hier nicht gut reden über so was, das ist doch klar. Der Deutsche, der sagt: Sippe zu Sippe. Deutsch zu deutsch. Der Schwarze soll zu Schwarzen gehen, wo er hingehört. Und die Frauen, die was mit 'nem Schwarzen hatten, wie lange waren die verrufen. Und man sieht es ja auch an dem Kind, das dann heranwächst. Es ist heut nicht mehr so, wie's war nach dem zweiten Weltkrieg, als die Amis hier waren, die Kinder waren doch Bastarde. Ein weißes uneheliches Kind heute, das kriegt den Namen der Mutter, und keiner fragt. Aber ein Mischling, das ist immer noch was anderes.

Ich find, 'ne deutsche Frau gehört nicht zu den Schwarzen, absolut nicht. Und ich würde auch keine Schwarze haben wollen, das gehört sich nicht. Eine einzelne Person, die würdest du vielleicht umerziehen, der Umerziehungsprozeß, der würde sich immer vom Weißen aus vollziehen, die Schwarze würde sich anpassen. Und auch eine Weiße würde den Schwarzen, wenn sie nicht bei ihm zu Hause ist, umerziehen. Er muß aus der Sippe raus, dann kann man ihn anpassen.

Manchmal überlege ich, ob man die Moçambiquaner besser nicht zusammen in einem Heim konzentriert hätte, sondern zu einzelnen Familien, deutschen Familien in der Nachbarschaft, zur Untermiete hätte geben sollen. Da müßten dann aber die familiären Verhältnisse aufs I-Tüpfelchen hinhauen, da dürfte keine leichtlebige Frau dabeisein. Und wer weiß, ob die Moçambiquaner das mitgemacht hätten, nachdem sie die Freiheit erlangt hatten. Denn sie wurden ja – solange sie unter Kolonialherrschaft lebten – als Kinder zu weißen portugiesischen Familien gegeben. Der Paolo, der war selbst zwei Jahre bei einer portugiesischen Familie, und er hatte es nicht gut dort, nur Dreckarbeiten, sagt er. Und im Heim kriegen sie vielleicht noch ein klein wenig mehr Sozialismus mit wie in dem privaten Kreis der DDR-Bevölkerung. Denn welcher deutsche Mann würde sich wegen des Moçambiquaners abends hinsetzen und nur das DDR-Fernsehen anmachen? Im Heim beim Gemeinschaftsempfang kann man bestimmt nicht Westen sehen. Und dann hättest du ja als Bürger der DDR an Schulungen teilnehmen müssen, wie verhältst du dich diesen Menschen gegenüber usw.

Der Paolo macht sehr schöne Geschenke. Das erste Jahr, wir hatten ihn zu Weihnachten eingeladen zum Abendbrot, er hat genauso seinen bunten Teller gekriegt wie jeder von uns, Plätzchen, einen Weihnachtsmann, meine Frau hatte den Pullover mit Norwegermuster gestrickt, zum Geburtstag hat sie ihm dann noch die Mütze dazu gemacht, also da brachte er, in Weihnachtspapier eingewickelt, einen Weihnachtsmann. ›Ein Geschenk‹ draufgeschrieben, noch ein bißchen kraklig. Drinnen Dollarstücke aus Schokolade. Mir schenkte er zum Geburtstag Rasierwasser, meiner Frau ein wunderschönes Kosmetiktäschchen mit Inhalt. Also ehrlich, ich wär ja nie auf den Gedanken gekommen, meiner Frau so'n Ding zu schenken. Weil ich weiß, was meine Frau braucht, und vor allem, wovon ich auch was hab, beispielsweise einen Kasten Pralinen.

Er hatte Schwierigkeiten wegen der Umstellung mit dem Essen und bekam einen Bandwurm. Und da hab ich ihm geraten: ›Du mußt viel Gemüse essen!‹

Manchmal abends kam er auch, spontan, um acht Uhr klopft's. Sag ich: ›Was ist denn los, was willste denn?‹

›Will Gemuse essen!‹ Das mit den Umlauten ist absolut nicht drin.

Sag ich: ›Du spinnst, abends um acht!‹

›Nu, warum spinn?‹

›Na, abends um acht macht man kein Gemuse mehr. Und das heißt nicht Gemuse, sondern Gemüse, ja, morgen mittag kannste kommen zum Mittagessen.‹

›Nun gut. Gibt's Gemuse?‹

›Ja.‹

Wenn er mitißt, mußt du dich beeilen mit dem Essen, daß du gleichzeitig fertig bist. Oder vor ihm, weil du ja 'nen zweiten Schlag essen willst. Denn wenn du nach ihm fertig bist, kommst du nicht zum zweiten Schlag. Dann räumt er ab – wenn er fertig ist, ist die ganze Familie fertig –, stellt alle Teller zusammen ...

Ein Flug nach Maputo kostet hin und zurück 6000 Mark. Ich würd schon mal sparen, um da runterzufliegen. Aber eigentlich möchte ich nicht nach Moçambique, sondern nach ... na, was früher Deutsch-Südwestafrika war. Da läuft jetzt im Westfernsehen 'ne wunderschöne Sendung, Fernfahrer, mit Manfred Krug. Als er unten ist in Windhoek und weiter rauf will, östlich, rät man ihm, nicht weiterzufahren, weil die Weißen da verschwinden. Ich kenne auch einen deutschen Farmer aus Deutsch-Südwestafrika. Der hat damals, zur Zeit der Nitribitt, eine Europareise gemacht. Seine Schwester wohnte mit meiner Schwester in Saalfeld zusammen. Die hat er auch besucht und mir geschildert, wie das mit den Schwarzen wirklich ist. Die wollen ja gar nicht selbständig arbeiten, die arbeiten gerne unter der Herrschaft der Weißen, da lernen die nämlich was. Und wenn er in die Stadt gefahren ist mit seinem schwarzen Chauffeur und hat sich einen neuen Anzug gekauft und zu seinem Chauffeur gesagt: ›Nu, kauf dir auch einen neuen‹, da hat der Schwarze erwidert: ›Nein, ich will lieber den vom Master, der vom Master ist besser als ein neuer!‹ So ist das, und das möcht' ich mal sehen dort unten in Afrika.«

Ich hatte Klaus Meurer, als er goldzahnzeigend aus dem Fenster schaute, gefragt, ob er inzwischen unten war in »Deutsch-Südwestafrika«.

Er schüttelte den Kopf. »Sehe ich aus, als ob ich einen Goldesel im Keller stehen habe?«

Außerdem gebe es heute angenehmere Urlaubsreisen. Da müsse man sich nicht anschauen, wie die Schwarzen in Afrika leben ...

Drei Tage später weiß ich, daß es in Suhl noch »afrikanische Überlebende« gibt; moçambiquanische Vertragsarbeiter, die vor zwanzig Jahren in die DDR kamen und das Ende des Sozialismus und die Wende ohne Ausweisung überstanden haben.

Einer von ihnen spielt Gitarre, ein anderer schlägt die afrikanische Trommel. Beide singen. Und die Zuhörer klatschen verhalten, denn die afrikanischen Klänge sollen nur die Eröffnung der Fotoausstellung »Auf halbem Wege Kamerun« umrahmen.

Der Suhler Oberbürgermeister sagt dem polnischen Fotografen freundliche Worte, erklärt lachend, daß er auf der Landkarte nachschauen mußte, in welchem Teil Afrikas Kamerun (»Das war ja wohl mal deutsch.«) liegt, und dankt den Musikern, Adelino Massuviro und Tomas Setou*, »die in unserer Stadt zu Hause sind«, für die original afrikanische Atmosphäre.

Dem Gitarristen Adelino, klein und schmächtig, wachsen über der Oberlippe und am Kinn kurzgeschnittene gekräuselte Barthaare. Aber auf der Kopfmitte fehlen ihm, was für einen Afrikaner selten ist, die Haare. Deshalb trägt er auch im Zimmer eine schwarze Baskenmütze. Er ist nicht tiefschwarz wie Tomas, der Trommler, ein muskulöser Schwergewichtler mit dichtem Kraushaar, wulstigen Lippen und großen kräftigen Händen. Gemeinsam ist ihnen, daß sie reden und lachen und lachen und reden. Und beide sind verheiratet. Adelino seit 1993 mit Ana, einer Moçambiquanerin, die auch 1980 in die DDR gekommen ist, und Tomas mit Karin, einer deutschen Frau, die wie er im Fajas arbeitete. Schon 1985 hatten sie sich verlobt, durften aber in der DDR nicht heiraten, sondern erst 1994.

»Ihre Frau heißt Karin?«

»Sim, Karin.«

Ich erzähle, daß ich 1982 auch eine Karin interviewt hatte, diese Karin sei damals jedoch mit dem Moçambiquaner Lino verlobt gewesen. Tomas zuckt unwissend mit den Schultern und schlägt einen Trommelwirbel.

»In welcher Abteilung hat Karin gearbeitet?«

»In der Rollermontage.«

»Die Karin, mit der ich sprach, arbeitete auch in der Rollermontage.«

Er wisse nichts von einem Lino, sagt Tomas. Und überhaupt: »Die Uhr tickt nur ab dem Tag, an dem wir uns kennengelernt haben.«

Ich frage, ob wir irgendwann über sein Leben reden könnten.

»Não. Nein.«

»Auch nicht, wenn ich keine Namen nenne, alles anonym bleibt?«

»Não. Nada. Nichts!« Ich müsse das verstehen. Es sei wegen seiner Frau. »Frauen haben am meisten unter der Öffentlichkeit zu leiden. Sie sind wehrlos, wenn sie als ›Negerschlampe‹ geschimpft werden.«

Er dagegen könne sich wehren, sagt der Afrikaner mit der Boxerstatur. »Beispielsweise damals bei der Telekommunikationsumschulung in Zella-Mehlis. Zwanzig Arbeitslose, achtzehn Deutsche, ein Russe und ich. Ein Deutscher, vielleicht so alt wie ich, er hatte eine kleine Tochter, hetzte die anderen gegen mich auf. Bis auf zwei, die sagten: ›Hör auf mit dem Scheiß‹, schwiegen alle oder freuten sich, wenn er fluchte: ›Alles stinkt hier, wenn du reinkommst, du Nigger!‹ Jeden Tag eine neue Beleidigung. Der Lehrer wußte es, doch er unternahm nichts. Und der Direktor, bei dem ich mich beschwerte, den interessierte nur das Geld, das er pro Umschulungsmensch vom Arbeitsamt kassierte. Als es immer schlimmer wurde, sagte ich zu dem Russen, der mir auch nicht half: ›Wart ab, die wollen erst mich. Aber wenn ich weg bin, kommst du dran! Erst die schwarzen Ausländer, dann die weißen Ausländer.‹ Die Frau auf dem Arbeitsamt meinte bedauernd: ›Ja, das ist eine schlimme Zeit für Sie, Herr Setou. Das verstehen wir.‹ Und draußen war ich. Wie zuvor bei der Post ...«

Er lacht immer noch, während er spricht.

Als Adelino ihn auffordert, die Sache mit der Post und dem

26

Fernsehen zu erzählen, verfinstert sich allerdings Tomas' Gesicht. Nada! Nichts wird er erzählen. Nada! Und er beginnt, mit den flachen Händen seine Trommel zu traktieren. Ein wildes Schlagsolo. Als er aufhört, klatschen die Ausstellungsbesucher.

Ich verabschiede mich. Und Adelino sagt: »Kommen Sie am Freitag in die Jugendstunde vom Kirchenkreis. Die leite ich. Anschließend können wir reden.«

Adelino ist im Kirchenkreis Henneberger Land Jugend- und Ausländerbeauftragter. Jeden Freitag trifft er sich mit jungen Leuten im Kellerraum des Kirchenamtes. Die Wände sind bemalt mit Weihnachtssymbolen, daneben hängen Poster von »Brot für die Welt«, Starfotos von Popkünstlern, die ich nicht kenne, Kinoplakate. Die Jüngsten sitzen auf den Thekenstühlen. Ein Dutzend Jungen und Mädchen reden durcheinander.

»Wie stelle ich mir Gott vor?« Adelino steht vor einer großen Papierwand. Was die jungen Leute ihm leise und nachdenklich oder sehr laut und spontan zurufen, schreibt er säuberlich mit Filzstift an die Wand.

»Geduldig«, »liebend«, »sehr weise«, »Gott ist alles, was schön und lebendig ist« ...

Adelino hebt seine schwarzen Hände mit den helleren Innenflächen wie zur Beschwörung vor sein Gesicht und fragt dann weiter: »Warum glaube ich an Gott?«

Hätte ich, während er die Antworten (»Er gibt Kraft«, »Er beschützt«) aufschreibt, schon gewußt, daß er, der in seinem Dorf im Glauben an die Naturgötter aufgewachsen ist und immer noch an sie glaubt, nach dem Besuch einer Missionsschule katholisch getauft wurde, später der marxistisch-leninistischen Jugendorganisation OJM und der FRELIMO-Partei beitrat und heute im evangelischen Kirchenkreis jungen Leuten Gott nahebringt, dann hätte ich den zweiundvierzigjährigen Moçambiquaner zuerst gefragt: »An welchen Gott glaubst du?«

Adelinos Geschichte:

In einem kleinen moçambiquanischen Dorf »irgendwo in Afrika, aber nicht weit entfernt von der Welt«, ist Adelino als ältestes von acht Kindern aufgewachsen. Eigentlich als dritt-ältestes, aber die zwei vor ihm Geborenen starben. Insgesamt sind sieben Geschwister Adelinos an Typhus, Malaria, Masern oder Hunger gestorben.

»Meine Mutter hat fünfzehn Kinder geboren.« Sie sei noch zierlicher und kleiner als er. »Mutter reicht mir gerade bis zu den Schultern.« Adelino mißt ungefähr 1,70 Meter.

»Mein Vater ist größer und kräftiger, er verlegte Gleise für die portugiesische Eisenbahngesellschaft.« Damals war Moçambique noch eine portugiesische Kolonie. »Wahrscheinlich hat o meu pai – mein Vater – die Strecke dicht an unserem Dorf vorbei in die Welt bis zur 150 Kilometer entfernten Provinzhauptstadt Nampula mitgebaut.«

Später stellte der portugiesische Chef den Vater als Hausdiener und Koch ein. So litt er bei der Arbeit keinen Hunger. Zu Hause aßen sie, »wenn die Götter uns Regen geschenkt hatten«, massa, Maisbrei mit grünen spinatähnlichen Matapablättern. Manchmal auch Maniok, eine kartoffelähnliche Wurzel.

Das Wasser holte Adelinos Mutter in einem alten Dreißig-Liter-Benzinfaß, das sie auf dem Kopf balancierte, von einem kilometerweit entfernten Brunnen oder einem kleinen Tümpel. Wenn die Kinder sechs oder sieben Jahre alt waren, mußten auch sie nach Wasser laufen.

»Kennst du den Unterschied zwischen Europa und Afrika? Drehst du hier den Hahn auf, läuft und läuft das Wasser. Brauchst du in Afrika Wasser, läuft und läuft und läuft das Kind.«

Manchmal, wenn die Tümpel und Brunnen ausgetrocknet und die Erde verbrannt waren, zogen die Dorfbewohner zu den Kultstätten ihrer Götter, zum hundert Jahre alten Affenbrotbaum, dem Haus des Fruchtbarkeitsgottes, oder dem Tümpel, in dem die Wasserschlange lebte, und erflehten Regen.

In der Dorfschule, die von einem portugiesischen Missionar geleitet wurde, besuchte Adelino die ersten zwei Klassen. Bevor die dritte Klasse begann – man erzählte, die Lehrer hätten die Schüler sexuell mißbraucht –, zündete der weiße Missionar die Schule an. Ein Holzhaus mit Grasdach. »Es brannte schneller als ein Buschfeuer. Schneller, als wir Kinder nach Löschwasser laufen konnten.«

Zwölf Jahre später sollte Adelino noch einmal vor einem lichterloh brennenden, mit Elefantengras gedeckten Haus stehen. Es war das Haus seiner Eltern und Geschwister …

Die Dorfschule wurde nicht wieder aufgebaut. Und der portugiesische Eisenbahnchef gab seinem Hausangestellten ein Empfehlungsschreiben an den Direktor der portugiesisch-katholischen Missionarsschule in Nampula. Adelino wurde aufgenommen.

»Von unserem Dorf, nicht weit entfernt von der Welt, fuhr ich in die große Stadt, wohnte dort bei meinem Onkel. Alle im Dorf beneideten mich. Über die Stadt dachte man damals das gleiche, was ein Afrikaner heute über Europa denkt: ›Dort gibt es alles!‹« Aber der Reichtum der Stadt sei sehr relativ gewesen. »Hungerten die Menschen dort, konnten sie sich nicht mehr helfen. Wir im Dorf wußten noch, wo wir eßbare Insekten fangen, Blätter sammeln und Wurzeln ausgraben konnten.«

An der Missionarsschule lernte Adelino, daß die Portugiesen große Krieger und berühmte Seefahrer waren, daß Lissabon die Hauptstadt des Mutterlandes ist. Geschichte und Geographie von Moçambique behandelten die Lehrer erst nach der Unabhängigkeit des Landes. Beispielsweise erfuhr er nun, daß Lourenço Marques, der portugiesische Eroberer, nach dem die Hauptstadt der Kolonie Moçambique benannt worden war, bei seiner Landung Tausende Afrikaner vom Schiff aus mit Kanonen beschießen ließ und daß Monomotapo, Gründer des alten afrikanischen Reiches am Sambesi, ein tapferer, edler Held gewesen sei. Doch der größte Held seiner Missionarsschulzeit wurde für Adelino, der täglich miterlebte, wie Kinder verhun-

gerten, an den gewöhnlichsten Krankheiten starben, erblindeten, taub oder als Krüppel geboren wurden, Jesus von Nazareth.
»Er tat alles, was weder der Curandeiro, der Zaubermann in meinem Dorf, noch der Priester in unserer Schule konnte: Hungrige satt machen, Blinde sehend und Gelähmte wieder gehen lassen.« Es gab keinen besseren Gott für Adelino! »Ich wurde getauft und als einziger in unserer Familie ein Katholik.«

Nach Abschluß der neunten Klasse (das war in Moçambique ein seltenes Bildungsprivileg) konnte auch Jesus nicht weiterhelfen, denn der Besuch einer zehnten Klasse war nur in Maputo möglich. Doch in der Hauptstadt lebte kein Onkel von Adelino. Und das wenige Geld, das der Vater verdiente, brauchte die Familie, um Salz und Schulhefte zu kaufen. Dem siebzehnjährigen Adelino blieb nur die Wahl zwischen Armee, ungelerntem Gelegenheitsarbeiter oder einer »ehrenvollen Delegierung ausgewählter Schüler zur Ausbildung in der DDR«.

Adelino meldete sich für die DDR. Er mußte aber nicht wie die anderen Mädchen und Jungen zuvor im Camp marschieren und singen lernen, er wurde wegen seiner Schulbildung sofort in die Gruppe der künftigen Sprachmittler eingeteilt und ein halbes Jahr von DDR-Lehrern in Maputo unterrichtet. Die berichteten den Sprachmittlern mit Broschüren und Vorträgen auch von den wirtschaftlichen, politischen, sportlichen und sozialen Erfolgen der DDR. »Wir glaubten ihnen jedes Wort. Auch weil in unserem Reisepaß hinter Beruf ›Student‹ stand. Ich wäre allerdings auch ohne diese Lüge als ›Vertragsarbeiter‹ gefahren.«

Seine Entscheidung damals wurde eine Entscheidung für zweiundzwanzig Jahre seines Lebens.

»Heimweh?«

»Mein Heimweh ist die Verantwortung für Zuhause. Aus Vaters kleinem Häuschen wurde inzwischen ein ›Waisenhaus‹. Meine Schwestern, deren Männer starben, noch bevor sie vierzig Jahre alt waren, kamen mit ihren Kindern zurück, und die jüngsten Geschwister leben immer noch zu Hause. Vater und Mutter müssen jeden Tag, auch wenn die Maisernte auf den Feldern verdorrt ist, fünfzehn hungrige Mäuler stopfen. Wenn ich monatlich 50 DM spare und sie nach Hause schicke, helfe ich, daß sie überleben können. Das ist mein Heimweh, verstehst du?«

Er hat 1980 nicht geahnt, wie lange seine Reise dauern würde. »Als wir im Dezember 1980 auf dem Flughafen in Schönefeld ankamen, wußten wir zwar, daß die Betriebe in der DDR volkseigen und modern sind, daß die machambas, die Felder, genossenschaftlich bestellt werden, daß Medizin und Bildung für alle Bürger kostenlos ist, daß Partei und Volk eine Einheit bilden, aber keiner hatte uns von Winter, Schnee und Kälte in der DDR erzählt. Manche von uns waren ohne Jacke gekommen.«

An die Winterkälte hatte er sich bald gewöhnt. »Aber nach Arbeitsschluß gingen wir nach links in unser Wohnheim und die deutschen Arbeiter unseres ›sozialistischen Kollektivs‹ nach rechts in ihre Häuser. Sie luden uns nicht privat ein, und wir durften sie nur bei offiziellen Feierlichkeiten in unsere Wohnheimisolation mitnehmen. Gemeinsam waren nur: sozialistischer Wettbewerb, Gewerkschaftsfunktionen, Schule der sozialistischen Arbeit, Demonstrationen zum 1. Mai ... Wir sollten sozialistische DDR-Arbeiter mit schwarzer Hautfarbe werden. Aber ich war in Moçambique in meinem kleinen Dorf, nicht weit entfernt von der Welt, aufgewachsen.«

Adelino hat sich in der DDR bis Anfang 1990 nicht gewagt, in die Kirche zu gehen. »Ich wußte, daß unsere moçambiquanischen Chefs sozialistischer sein wollten als die DDR-Funktionäre und deshalb nicht nur Frauen, die ein Kind bekamen, sondern auch Kollegen, die hier den Gottesdienst besuchten, nach Afrika zurückschickten.« Er macht eine lange Pause. »Natürlich sollte ein Gläubiger seinem Gott mehr gehören als anderen Menschen. Ich hätte also meinen Glauben auch in der DDR öffentlich leben müssen. Aber manchmal, wenn es um das Überleben geht, ist die Stärke des Menschen auch seine moralische Schwäche.«

Nach vier Jahren Planerfüllung in der DDR durfte Adelino, wie alle anderen moçambiquanischen Vertragsarbeiter, zum erstenmal nach Hause fliegen. Er konnte seinen Einsatz damit beenden oder, wenn es die Behörden genehmigten, »die DDR um fünf Jahre verlängern«.

In Nampula gelandet, rieten ihn OJM-Funktionäre und Freunde, nicht in sein Dorf zu fahren. »Die Züge werden von den RENAMO-bandidos in die Luft gesprengt, die Busse beschossen, dein Dorf ist vielleicht schon niedergebrannt. Laß deine Eltern lieber hierherkommen. Nampula ist noch sicher.«

Adelino sagte: »Meine Eltern haben auch keine kugelsicheren Westen«, und fuhr in einem von FRELIMO-Soldaten eskortierten Zug die 150 Kilometer von Nampula bis zu seinem Dorf, nicht weit entfernt von der Welt, in eineinhalb Tagen. Als er ankam, brannte das Haus der Eltern lichterloh. Mutter, Vater und die Geschwister fand er nach langem Suchen in einem Versteck im Busch. Nachts schliefen sie aus Angst vor Überfällen in den breiten Kronen der Affenbrotbäume. Adelino wollte bei ihnen bleiben. Doch sein Vater, inzwischen wieder Gleisbauer, sagte: »Dich werden die RENAMO-Leute als ersten erschießen, wenn sie erfahren, daß du, mein Sohn, im Auftrag der FRELIMO fünf Jahre im Ausland bei den weißen Kommunisten gearbeitet hast.«

So flog er zurück.

Adelino betreute danach die Neuankommenden. Er erklärte ihnen, was sie, bei aller verkündeten internationalistischen Freundschaft, außer warmer Winterbekleidung in der DDR noch beachten müßten.

»Vor allem pünktlich zur Arbeit kommen! Wenn ihr, mit eurer schwarzen Hautfarbe, zu spät am Band steht, fällt das eher auf als bei einem Weißen.«

Und: »Wenn ihr nachts feiert, denkt daran, daß ihr nicht zu Hause in Afrika seid!«

Und: »Wenn euch ein Deutscher von unverbrüchlicher Freundschaft erzählt, umarmt ihn sehr herzlich. Ist er erschrocken und wehrt eure Umarmung peinlich berührt ab, hütet euch künftig vor ihm. Er spricht mit gespaltener Zunge.«

Und: »Wenn euch DDR-Jugendliche in der Disko als ›Mosis‹ oder ›Neger‹ beschimpfen, reagiert nicht darauf, geht weiter, ohne euch umzudrehen.«

Und: »Wenn ihr mit dem Mädchen eines Deutschen tanzt, rechnet immer damit, daß es anschließend eine Schlägerei geben kann.«

Ja, auch in der DDR sei es häufig zu Schlägereien zwischen jungen Deutschen und Afrikanern gekommen.

Und dann sagt Adelino sehr beiläufig: »Aber in der DDR hatte jede Schlägerei ihren logischen Grund: mal zuviel Alkohol, mal Streit wegen eines Mädchens. Es gab immer einen Anlaß. Doch heute gehst du friedlich durch die Stadt, und plötzlich tauchen ein paar Gestalten auf, die du nicht kennst, die dich nicht kennen, mit denen du weder Bier getrunken, noch um ein Mädchen gestritten hast, sie kommen und schlagen dich einfach zusammen. Grundlos.«

1989 ist Adelino in die sozialistische FRELIMO-Partei eingetreten. Zu dieser Zeit war sie schon keine marxistisch-leninistische Kampforganisation mehr, sondern öffnete sich neuen Gedanken, und die Mitglieder diskutierten eine demokratische Verfassung für Moçambique. Beispielsweise sollte die traditionelle moçambiquanische Prügelstrafe abgeschafft werden. Diebe, Betrüger oder Ehebrecher waren bislang in Moçambique nicht zu Geldstrafen verurteilt worden, denn Geld hatte kaum einer. Und zum Absitzen der Strafe reichten die Gefängnisse nicht. Deshalb verurteilten die Volksgerichte in Moçambique die Delinquenten zu Prügelstrafe. »Nackt, festgebunden, auf dem Bauch liegend, wurden sie, gleich ob Männer oder Frauen, geschlagen. Mein Bruder auch, weil er mit der Frau eines anderen Mannes geschlafen hatte. Anschließend war er ein halber Krüppel.«

Nach Adelinos Parteieintritt begann in der DDR die Wende. »Als Erich Honecker durch Egon Krenz abgelöst wurde, habe ich einem deutschen Betreuer die Hand geschüttelt. ›Herzlichen Glückwunsch zur Wahl eures neuen Präsidenten!‹ Er schaute mich sehr böse an, so als wollte ich ihn verscheißern. Aber ich hatte es ehrlich gemeint. Es konnte doch nur besser werden. Der Betreuer fragte mich: ›Weißt du, was nun kommen wird?‹ Wie sollte ich es wissen? Er brummte: ›Dann wirst du bald spüren, was du heute noch nicht weißt. Zieht euch warm an, ihr Afrikaner!‹«

Im Dezember 1989 flog Adelino zum zweiten Mal nach Hause und wurde in Maputoer Großbetrieben in FRELIMO-Parteizellen eingeladen, um über die Ereignisse in der befreundeten DDR zu berichten. »Die Arbeiter fragten mich, ob es der Anfang vom Ende des Sozialismus in der DDR sei. Ich antwortete wie ein schlechter Propagandist: ›Nein, die glauben dort noch an die Sache, genau wie ihr hier.‹«

Wieder in Suhl angekommen, erfuhr Adelino als erstes, daß der Betrieb die Arbeitsverträge mit den Moçambiquanern kündigen würde. Bevor die DDR-Arbeiter wegen der sinkenden Auftragslage entlassen wurden, mußten die Vertragsarbeiter, selbst wenn der Vertrag noch zwei, drei Jahre lief, nach Hause! Diejenigen, die sofort zur Rückkehr bereit waren, erhielten pro Kopf 3000 DM. Die sich weigerten, konnten noch drei Monate bleiben, bei 70 Prozent des Bruttolohns. Dann sollten sie, weil ihr Aufenthalt an den Arbeitsvertrag gebunden war, endgültig abgeschoben werden.

»Ich hatte wirklich zu schnell gratuliert. Kaufte mir Musikinstrumente und wollte in Moçambique mein Geld mit Musikmachen verdienen. Doch Ana, meine moçambiquanische Freundin, sagte: ›Wir leben schon zehn Jahre in diesem Land. Man kann uns doch nicht wie Aussätzige behandeln und zurückschicken ...‹«

In dieser Zeit großer Unsicherheit kümmerten sich nur ein Gewerkschafter, der Viernauer Pfarrer Eberhard Vater und seine Frau, die Sozialarbeiterin und Ausländerbeauftragte der Kirche Christina Vater, um die hilflosen Afrikaner.

»Die DDR-Kollegen mußten sich um sich selbst kümmern«, entschuldigt sie Adelino. »Und schließlich hatten wir, die Mohren, unsere Schuldigkeit getan.«

Weil Christina Vater ihnen Mut machte, daß sie, wenn es ihnen gelingen würde, aus dem Arbeitsvertrag auszusteigen, und sie länger als acht Jahre hier gewesen wären, eine Aufenthaltsgenehmigung beantragen könnten, blieben Ana, Adelino und sechs andere Moçambiquaner in Suhl. Die übrigen zweihundert packten ihr Hab und Gut und kauften für die 3 000 DM Kühlschränke und Radios und Fahrräder.

Bevor die erste Gruppe zum Flughafen Berlin-Schönefeld fuhr, hatten DDR-Frauen den moçambiquanischen Vätern, die vier oder fünf Jahre hier gewesen waren und unwiderruflich zurückmußten, deren Kinder noch einmal in die Arme gelegt. Heulendes Elend ...

Die Moçambiquaner fuhren in Bussen zum Flughafen. Ihr Gepäck wurde auf einen LKW verladen. In Berlin-Schönefeld fehlte der LKW mit Koffern, Kühlschränken, Fahrrädern. Er war auch eine halbe Stunde vor dem Abflug noch nicht angekommen. Das Gepäck würde mit der nächsten Maschine in der nächsten Woche nachgeschickt, vertrösteten sie die Betreuer. Doch die Moçambiquaner weigerten sich, ohne ihr Gepäck in die Maschine zu steigen. Sie fuhren mit dem Bus zurück nach Thüringen.

Dort war das Heim inzwischen schon teilweise ausgeräumt. Die Rückkehrer riefen Pfarrer Vater an. Seine Frau bereitete einige Schüsseln Kartoffelsalat und besorgte noch nachts beim Fleischer des Dorfes Bockwürste. Als das Gepäck zurückkam, fuhren sie eine Woche später noch einmal zum Flugplatz.

Adelino hat die Pfarrersfrau bei einer der letzten Sitzungen der Kombinatsleitung kennengelernt. Sie hatte auf dem Suhler Marktplatz über den »versteckten Rassismus gegen die Vertragsarbeiter« gesprochen, hatte berichtet, daß ihr als Sozialarbeiterin der Zutritt zum Wohnheim der zweiundzwanzig Mädchen aus Namibia, die in Oberhof im Hotelgewerbe arbeiteten, verweigert wurde; daß sie nach Bitten der Mädchen, ihnen bei ihren Problemen zu helfen, auf Strümpfen und allen vieren unter dem Pförtnerfenster hindurch ins Heim kriechen mußte; daß sie die Moçambiquaner in Suhl abends heimlich weit vor dem Heim zu Veranstaltungen abholen müßte; daß man ihr als Vertreterin des Runden Tisches in Betrieben gesagt hatte: »Bevor wir unsere Arbeiter entlassen, schmeißen wir alle Ausländer raus, denn die Verträge mit denen haben nicht wir, sondern die Kommunisten abgeschlossen.«

Für diese Worte, für ihre Kritik am »versteckten DDR-Rassismus gegen ausländische Vertragsarbeiter« sollte ausgerechnet sie sich in der Kombinatsleitungssitzung entschuldigen.

Widerrufen!

Doch Frau Vater widerrief nicht.

Adelino erinnert sich, daß er damals in dieser Sitzung dachte: Aha – es ist also möglich, seine kritische Meinung öffentlich zu formulieren. »Das war neu für mich, das hat mir Mut gemacht, und ich ging zum erstenmal wieder in die Kirche.«

In dieser Sitzung der Kombinatsleitung hatte der Direktor für Kader und Bildung am heftigsten versucht, Frau Vater zum Widerruf zu bewegen.

Sieben Jahre zuvor hatte ich seinen Vorgänger, Genossen Seiler, zu den ersten moçambiquanischen Arbeitern in Suhl befragt. Genosse Seiler war groß und kräftig, brummig, aber freundlich. Es wurde ein doppelzüngiges Interview. Je nachdem, ob das Tonband lief oder ob es ausgeschaltet war.

»Die Unterhosen auf Kante, im Sommer die kurzen vorn ...«

Gesprächsprotokoll von 1982, Nr. 2

Ewald Seiler, sechzig Jahre, Direktor für Kader und Ausbildung im VEB Fahrzeug- und Jagdwaffenwerk. Zuvor dreißig Jahre Offizier in der Nationalen Volksarmee.

»Als wir hörten, die übergeordneten staatlichen Organe hätten entschieden, daß unser Stammbetrieb moçambiquanische Werktätige auf der Grundlage des bestehenden Regierungsabkommens erhält, haben wir – das Kollektiv, welches die Verantwortung gegenüber der Partei und dem Generaldirektor zu tragen hat – versucht, uns Literatur zu besorgen. Es war nicht einfach, portugiesische Wörterbücher zu bekommen. Wir haben die unmittelbaren Betreuer qualifiziert, indem sie sich mit der Lage in Moçambique, auch von der Geographie her, beschäftigten. Und es wurden die Funktionäre und Meister geschult. Wir haben begonnen, portugiesische Wörter zu lernen, und ich habe sehr schnell begriffen, was dieser revolutionäre Ausspruch bedeutet ... na, wie heißt er schnell ... äh ... Lunte ... (Zwischenbemerkung von mir: »A luta continua – der Kampf geht weiter?«) ... ja ... a luta continia. Unser Wissen hat sich inzwischen erweitert. Wir haben uns durch die Beziehungen mit den jungen moçambiquanischen Menschen ein vollkommeneres Bild geschaffen. Es ist so, daß ein junger Freund beim Öffnen eines Briefes zu weinen begann. In diesem Brief wurde mitgeteilt, daß enge Verwandte durch Terrorbanden ums Leben gekommen sind. Die Sorge um den einzelnen moçambiquanischen Freund ist für uns Klassenpflicht, Pflicht, die sich aus dem proletarischen und sozialistischen Internationalismus ergibt. Man muß mit großer Hochachtung auch von den Kollegen des Betriebes sprechen, die sich um solch einen Freund nun besonders gesorgt haben.«

Nachdem das Tonband ausgeschaltet war: Man müsse den

Moçambiquanern viel mehr erklären. Er war mit seiner Tochter in Suhl in der Bar. Drei Frauen hingen dort an zwei Moçambiquanern und ließen sich bis 24 Uhr von ihnen aushalten. Anschließend zogen sie lachend mit zwei Bundesdeutschen ab. Man müsse den moçambiquanischen Kollegen sagen: Diese Schmarotzerinnen leben nur von euch, und ihr habt euer Geld mühsam verdienen müssen.

Während der Tonbandaufzeichnung: »Inzwischen haben sich auch Beziehungen privater Natur mit Mädels, jungen Frauen, Familien, Brigademitgliedern angebahnt. Es ist bei einer Einschätzung der Situation festzustellen, daß deutsche Arbeitskollegen aus dem Urlaubsort an moçambiquanische Freunde hier in Suhl Grüße geschickt haben. Und in einzelnen Fällen ist zu verzeichnen, wie der Freund ... also der im ›Neuen Deutschland‹ abgebildet ist, der sich künstlerisch betätigt ... Das war für mich schon ein Erlebnis, als ich ihn gefragt habe: Wen hast du denn hier porträtiert?, wurde mir geantwortet: Das weißt du nicht, das ist der Genosse Honecker!

Selbst ein solches Erlebnis – schon vom Inhalt her – zeigt, daß selbstverständlich von unserer Seite das Verständnis dafür aufgebracht werden muß, daß die Freunde die Freizeit auch nutzbringend für sich, zur Reproduktion ihrer Arbeitskraft benötigen. Es gibt inzwischen acht Freunde, die den Befähigungsnachweis im CO_2-Schweißen erworben haben. Viele Freunde beherrschen das Zusammensetzen von Mopeds. Sie möchten sich jetzt noch als Reparateur befähigen. Hier stehen zur Zeit gegenwärtig dreißig Namen fest. Die beiden Regierungen haben sich inzwischen ... auf der Basis eines Abkommens geeinigt, daß Freunde im beiderseitigen Einvernehmen ihren Aufenthalt nach den vier Jahren verlängern können und – nach sechzig Tagen Heimaturlaub – hier im Betrieb sich im Laufe weiterer zwei Jahre eine Qualifikation erarbeiten ... Es ist den Freunden die Möglichkeit gegeben, hier relativ gutes Geld zu verdienen, weil sie unter anderem auch in ihrer Freizeit bereit sind, in der Produktion zu helfen. Ich möchte so sagen: Manchen

38

Samstag in der Endmontage hätte der Betrieb streichen können, wenn die moçambiquanischen Werktätigen nicht so eine hohe Bereitschaft gezeigt hätten. Damit kommen sie in Besitz von Geld, man bietet ihnen Möglichkeiten, die sie in ihrer Heimat nicht einmal erträumt hatten. Für mich ist beeindruckend, daß die Mehrheit dabei nicht nur an sich, sondern an die Verwandten in der Heimat denkt und Gegenstände nach Hause schickt, das geht vom Moped über einen Küchenherd bis hin zur großen Diskoanlage. Wir sind der Meinung, wenn sie ihr Geld so anlegen, ohne gegen die Gesetze hier oder in Moçambique zu verstoßen, ist es eine nützliche Sache.

Was die Kleidung angeht – die Suhler reden viel darüber, weshalb sie Kleidung anhaben, die man nur in dem Spezialladen Intershop[1] kaufen kann: Es ist nicht zu vermeiden, die Freunde haben ihre Quellen, wo sie westliche Währung gegen unsere Mark umtauschen. Es gibt das Gerücht, daß wir ihnen einen Teil des Lohnes in Westgeld auszahlen würden! Das ist Unfug. Es wurde nicht eine westliche Währung in der geringsten Summe an einen moçambiquanischen Werktätigen gezahlt …

Seit Wochen gibt es im Heim der moçambiquanischen Freunde einen Wettbewerb über das beste Quartier mit entsprechenden Benotungen. Diese Methode ist so ausgearbeitet, daß jeder um eine gute Zensur kämpft. Und mein Auge hat feststellen können bei meinem letzten Besuch, daß sich bis auf wenige Zimmer tatsächlich alles zum Besten gewandelt hat. Daß sie Schwierigkeiten haben, bestimmte Regeln der Ordnung einzuhalten, besonders in Gemeinschaftsräumen wie Küchen und Klubs, dürfte wohl keine Besonderheit sein. Das soll es auch dort geben, wo Bürger der DDR in Gemeinschaftsunterkünften untergebracht sind. Es liegt an uns, sie auf diesem Gebiet durch ein gutes Reglement, gute Organisation zu erziehen, die Ord-

1 Intershop – Läden, in denen Ausländer mit westlicher Währung und DDR-Bürger mit eingetauschten »Forum-Schecks« vorwiegend westliche Waren einkaufen konnten.

nung lieben zu lernen, als eine Voraussetzung für ein gutes, geregeltes Leben.«

Nachdem das Tonband ausgeschaltet war: Noch mal was zu dem Wettbewerb um das saubere Zimmer. Er habe ihnen da den Schrank aufgemacht und gesagt:»Das müßtet ihr euch mal bei mir in der Wohnung anschauen! Da habe ich die Schrankordnung! Nicht meine Frau!« Es sei natürlich Pech für sie, hier einen Direktor für Kader und Bildung zu haben, der vorher dreißig Jahre Offizier war. Bei ihm zu Hause liege im Schrank immer noch alles wie bei der Armee. Die Unterhosen auf Kante, im Sommer die kurzen vorn und die langen hinten, im Winter umgedreht. Also fragt er: »Warum macht ihr das nicht?« – »Keine Lust!« – »Weshalb keine Lust?« – »Nun, keine Zeit!« – »Mach es trotzdem«, sagt er, »und freu dich danach, wie schön gerade alles liegt!«

Während der Tonbandaufzeichnung: »Der Alkohol ist für sie ein Teufel. Nach meinem Empfinden und Erkennen würde ich einschätzen, daß es unter der großen Gruppe, nun … 0,2 Prozent sind, die noch dem Alkohol verfallen sind. Wir haben erste Erfolge zu verzeichnen, daß diszipliniert und auch im Kollektiv dafür gesorgt wird, ein Übermaß an Alkohol zu vermeiden.«

Nachdem das Tonband ausgeschaltet war: Was habe man nicht schon für idiotische Anweisungen erlassen, kein Alkohol im Wohnheim! Das war genauso wie beim Verteidigungsminister Hoffmann, als der befahl, keinen Alkohol mehr in den Kasernen! Da besoff man sich eben draußen oder machte Löcher in den Zaun, schmuggelte Schnaps in Krankenautos und Geschützrohren hinein.

Während der Tonbandaufzeichnung: »Wir sehen es als eine unserer Hauptaufgaben an, die moçambiquanische Leitung der Einsatzgruppe zu lehren, wie man arbeiten muß, um Erfolg zu haben. Eine Schwierigkeit besteht in solchen Fragen wie Disziplin, Selbstdisziplin, Vorbildlichkeit, Organisation von Maßnahmen, Planung, echter Kontrolle der erreichten Ergebnisse und praktischer, gemeinsamer Zusammenarbeit. Man muß die Emotionen der Freunde aus Moçambique beachten. Wer sie kritisiert, muß sauber sein und darf nicht denselben Fehler haben oder ihn zulassen. Sie fragen: ›Warum kritisiert ihr uns, weil wir im Betrieb auf den produzierten Mopeds fahren? Die deutschen Kollegen fahren doch auch.‹ Und jeder, der mit ihnen gut auskommen will, muß erst beweisen, daß er keinerlei, aber keinerlei rassistische Voreingenommenheit besitzt, weil sie anderer Hautfarbe sind. Sie fühlen das ganz genau. Ich kann sehr viele Beispiele anführen, wo im nachhinein festgestellt werden mußte, daß auch bei werktätigen Bürgern unseres Staates diese gefährliche Ideologie des Rassismus noch nicht ganz überwunden ist. Das merkt man selbst bei Meistern, die die Moçambiquaner grob, überheblich – sogar mit Worten, die ich nicht einmal jetzt aussprechen werde – bezeichnen. Wir mußten uns mit Bürgern und Anwohnern vom Heim auseinandersetzen, die, weil ein bestimmter Musiklärm sie belästigt, Forderungen stellen, wie die Freunde bestraft werden müßten, die das Maß überschreiten. Dahinter verbirgt sich ohne Zweifel auch eine rassistische Ideologie, die uns und unserer Weltanschauung fremd ist.«

Nachdem das Tonband ausgeschaltet war: Oben in Berlin, die großen Meister da, die hätten die große Gusch, wie man das hier machen soll mit den Moçambiquanern. Da verlangen sie, um 22 Uhr muß jeder von ihnen im Internat sein, andererseits verlangen sie aber auch, man sollte sie wie gleichberechtigte erwachsene DDR-Bürger behandeln. Wer annimmt, daß so ein Junge um 22 Uhr hier ist und vier Jahre lang nur onaniert, der ist ein Idiot. Sie haben also ein Buch angelegt, in das jeder einträgt, wo er hinfährt und wann er zurückkommt. Im Ernstfall – »stell dir vor, in Moçambique bricht ein Krieg aus« – müssen sie erreichbar sein.

Noch was zur Ordnung. Jetzt habe einer, der eine Vier für sein Zimmer bekommen hat, die Zensur mit dem Fingernagel weggekratzt. Sie schämen sich. Man kann sie also doch besser erziehen als unsere Leute. Neulich in der Sitzung schiebt ihm der Parteisekretär einen Zettel zu: »Dreiunddreißig Moçambiquaner eine Stunde zu spät zur Schicht erschienen – es konnten vierzig S 51 weniger montiert werden.« Sagt er ihm, »Genosse, der Schuß geht nach hinten los«, und hat alle Stechkarten der Schicht kontrollieren lassen. Also von den dreiunddreißig, die angeblich eine Stunde zu spät gekommen wären, waren zwanzig pünktlich, zwei bis zehn Minuten zu spät, fünf hatten Urlaub, drei waren krank, und nur drei waren wirklich eine Stunde zu spät gekommen. Aber bevor man Selbstkritik übt, schiebt man es lieber auf andere, und da ist es am leichtesten, auf die Moçambiquaner.

Während der Tonbandaufzeichnung: »Soviel möchte ich erklären: Es gibt keinen moçambiquanischen Werktätigen, der mir nicht immer Aufmerksamkeit und einen bestimmten Respekt entgegengebracht hat. Ich habe das beim letzten Heimdurchgang feststellen können: Da es in den Nachmittagsstunden war, lagen die Freunde nur mit Turnhose bekleidet auf dem Bett. Als wir eintraten, standen sie auf, zogen erst ein Hemd an und haben uns dann die Hand zum Gruß gegeben. Das ist ein kleiner Ausdruck für den Respekt, den sie uns entgegenbringen.

Worüber sehr viel diskutiert wird, ist, daß sie in den besten Jahren ihres Lebens vier Jahre lang nicht nach Hause dürfen. Und daß sie deswegen nach dem anderen Geschlecht naturgemäß nicht nur schauen, sondern auch greifen. Es ist deswegen unverständlich, wenn einzelne Werktätige diese Erscheinung mit schmutzigen Worten wiedergeben oder sogar, weil einer beim Tanz seine Hände dorthin gelegt hat, wo es für einen gesitteten Bürger nicht erlaubt ist, schon daraus gemacht wird: Das sind Anzeichen für die hier vorgekommenen Vergewaltigungen. Ich möchte hier erklären, daß es bei der hohen Zahl der Moçambiquaner insgesamt nur einen Fall gibt, der von unserer Justiz geahndet wurde, wo ein moçambiquanischer Werktätiger gegen eine Bürgerin der DDR Gewalt zur Anwendung gebracht hat. Alles andere ist aufgebauscht, überspitzt, naja – ich erlaub es mir hier: Was das Vergewaltigen von Frauen betrifft, gehören immer zwei Seiten dazu.«

Nachdem das Tonband abgeschaltet war: Noch mal zu den Frauen: Also wenn seine Tochter mit einem Schwarzen ankäme, er würde sie rausschmeißen. Er sei streng dagegen, daß die Frauen was Ernsthaftes mit den moçambiquanischen Freunden anfangen, damit erst gar nicht diese Probleme entstehen.

Während der Tonbandaufzeichnungen: »Es gibt eine noch nicht genau festzustellende Anzahl junger Freunde, die durch den Umgang mit unseren Genossen sich hier einen neuen Bewußtseinsstand erarbeitet haben, die fest zur Sache in ihrer Heimat stehen, sehr emotional beeindruckt sind von ihrem großen Vorbild Samora Machel, die auch spontan bei Veranstaltungen FRELIMO-Hymnen singen. Die FRELIMO-Partei ist gut beraten, wenn sie die Rückkehr dieser Freunde politisch und organisatorisch gut vorbereitet. Die Moçambiquaner müssen begreifen, daß sie in der Deutschen Demokratischen Republik nicht nur gelernt haben und sich ein Leben als qualifizierte Fachleute erarbeiten konnten, sondern daß es ein Auftrag und eine Ehre gewesen ist, vier Jahre in der Deutschen Demokratischen Republik gelernt zu haben, und das unmittelbar an der Grenze zum gemeinsamen Klassenfeind, dem Imperialismus.«

Im gleichen Jahr, in dem ich mit dem Kaderdirektor gesprochen hatte, feierten Christina und Eberhard Vater zwanzig Kilometer von Suhl entfernt in ihrer Pfarrgemeinde Viernau ein Fest. Sie weihten das »Vater-« oder »Glaubenshaus« ein – ihre kirchliche Begegnungsstätte, zu der sie gegen den Widerstand von Partei und Staat mit Hilfe vor allem junger Leute mühevoll eine Scheune ausgebaut hatten. Mit Räumen für Veranstaltungen und Andachten und mit Übernachtungszimmern, in denen (ein mittleres Hotel für DDR-Verhältnisse!) fünfundzwanzig Betten standen.

Anschließend »wohnten« bei ihnen: Liedermacher, die Auftrittsverbote hatten und in der Kirche für eine Nudelsuppe, eine Kollekte und ein Bett sangen. Frauen, die mit Moçambiquanern, Kubanern, Vietnamesen oder anderen in Internaten kasernierten Ausländern befreundet waren und deshalb nirgendwo in der DDR für ihre Liebe ein Hotelzimmer erhielten. Antragsteller auf Ausreise aus der DDR, die in der Obhut der Kirche »mal für kurze Zeit aus dem Verkehr gezogen werden mußten«. Versehrte, die in der Begegnungsstelle nicht scheel angeschaut wurden, sondern unter ihresgleichen waren. Manchmal standen Farbige aus Leipzig oder Dresden um Mitternacht hilflos auf dem Bahnhof von Zella-Mehlis, und der Bahnhofsvorsteher rief die Vaters an, daß »Schwarze nicht mehr weiterkommen«. Dann fuhren die Vaters und holten sie.

Nachdem Adelino mir erzählt hatte, daß die beiden Kirchenleute für Ana und für ihn Mama und Papa geworden seien, daß Pfarrer Vater ihre Tochter taufte, daß beide sogar zu ihrer Hochzeit nach Moçambique gekommen seien und dort nicht in einem der Hotels, sondern in der armseligen engen Hütte von Anas Familie in einem Vorort von Maputo gewohnt hatten, möchte ich die Vaters kennenlernen.

Ich habe Glück, muß nicht bis Magdeburg, wo sie noch bis vor wenigen Tagen als Ausländerbeauftragte der Kirche und als Pfarrer arbeiteten, sondern nur bis Mühlhausen fahren. Dort werden sie in das alte Elternhaus Eberhard Vaters einziehen. Er ist seit einigen Tagen Rentner, Pfarrer im Ruhestand, und sie auf Jobsuche. Als ich ankündige, daß ich gegen 8.30 Uhr mit dem Zug ankomme, laden sie mich zum Frühstück ein. Also kaufe ich auf dem Bahnhof in Gotha frische Brötchen. Eberhard Vater, der mich abholt, hat zuvor auf dem Bahnhof in Mühlhausen Brötchen gekauft. Sowohl die aus Gotha als auch die aus Mühlhausen sind von der schlimmen aufgeblasenen Westart.

Das schlichte Einfamilienhaus am Rand der Stadt haben die Vaters durch einen Kubuswürfel im Bauhausstil vergrößern lassen. »Schöne gerade Wände, keine Dachschrägen, gut zum Bilderaufhängen«, schwärmt Pfarrer Vater. Er zeigt mir seine Aquarelle. Bereits in Thüringen hat er Landschaften gemalt, doch erst in der Magdeburger Börde sind seine Bilder leicht geworden, durchsichtig von Horizont zu Horizont. »Wer malt, kann auf dem Regenbogen wandern und spürt etwas von der Gerechtigkeit, von der Verantwortung auch für Vergessene und Verstoßene.« Eberhard Vater, sein Gesicht mit der randlosen Brille ist gerahmt von einem grauen Bart und störrischen Haaren, gehört zu den Sechzigjährigen, bei denen man zuerst die Lebendigkeit der Augen und erst dann das Alter bemerkt. Seine zehn Jahre jüngere Frau redet schnell. Lustige Augen in einem runden, fröhlichen Gesicht. Nichts Abgehärmtes, Leidendes. Vermutlich auch nicht in ihrer Seele. Leise Orgelmusik von Bach im Zimmer. Runder, überladener Frühstückstisch. Weil vorerst niemand von der Konfitüre nimmt, lege ich mein Aufnahmegerät auf das Marmeladenglas.

Die auf dem Marmeladenglas aufgenommene Geschichte von »Frau Vater« (so meldet sie sich am Telefon) und Herrn Vater:
»Begonnen haben unsere Beziehungen zu den Afrikanern, als Kämpfer des ANC aus Südafrika im Suhler Krankenhaus zwar behandelt wurden, aber sich ansonsten, wie unser Missionspfarrer klagte, kein Mensch um sie kümmerte. Wir luden sie zu uns ein. Ich weiß noch«, erzählt die Frau des Pfarrers, »daß sie, nachdem ich die Tür geöffnet hatte, sehr lange vor der Schwelle des Gemeindehauses standen und mir unentwegt in die Augen schauten. Erst dann traten sie ein. Später erklärte mir José ihr vorsichtiges Abwarten so: ›Wir haben in Soweto oder Johannesburg brutalsten Rassenhaß erlebt. Aber es gibt auch die versteckten, feigen, hinterhältigen rassistischen Vorurteile, die man nur an den Augen erkennt. Deshalb haben wir euch lange in die Augen geschaut und darin gesehen, daß wir willkommen sind. Sonst wären wir nicht wiedergekommen.‹ Im Laufe der Zeit stellten sie uns immer neue afrikanische Freunde vor. Wer einen Südafrikaner kannte, kannte bald alle Südafrikaner, die in der DDR lebten. Und die kannten wieder Moçambiquaner, die sie mitbrachten ...«

Vater unser … Nicht allen Kirchenleuten gefiel das Engagement der beiden. So klopfte bei ihnen eines Tages ein junger Mann an die Tür. Er habe Ahnung von Holz, sagte er und fragte, ob er helfen könne beim Bau des Begegnungshauses. Als Pfarrer Vater wissen wollte, wer ihn schicke, antwortete der junge Mann: »Meine Neugier auf Sie.« Denn in seiner Kirchgemeinde Steinbach-Hallenberg beteten sie: »Wir falten die Hände, beten für Pfarrer Vater und seine Frau, daß sie wieder auf den rechten Weg kommen.«

Auf den »Irrweg« geriet Christina Vater durch ihren Beruf als Krankenschwester. Sie hatte den in der DDR unerfüllbaren Wunsch geträumt, bei Albert Schweitzer im Urwaldhospital Lambarene arbeiten zu können. Außerdem war sie erblich vorbelastet. Familienangehörige hatten in der Vergangenheit »Ungläubige« in Afrika missioniert. Allerdings lehnt sie diese Art der Bekehrung – nur ein Christ ist ein Mensch – und Missionierung als intoleranten Machtanspruch ab. Statt dessen ist für sie die Arbeit mit den Ausländern Besinnung auf die urchristliche Verheißung, eine gemeinsame Aufgabe von protestantischen und katholischen Christen und Atheisten. »Wenn man bei dieser Arbeit eine Weile zusammen gegangen ist, kommt die Seele von alleine nach.«

Eberhard Vater erwarb seinen Missionsauftrag nicht unbedingt im Elternhaus. Sein Vater, aus der Kirche ausgetreten und Genosse, war verantwortliches Ratsmitglied für Handel und Versorgung in Mühlhausen. »Doch bei dieser Tätigkeit hörte auch der beste Genosse sehr schnell auf zu agitieren und wurde ein Realist.« Und sein Sohn Eberhard ging weder in die Freie Deutsche Jugend[1] noch zur Kasernierten Volkspolizei[2], sondern in die Junge Gemeinde und zum Theologiestudium. »Allerdings wurde man als Mitglied der Jungen Gemeinde in

1 Freie Deutsche Jugend (FDJ) – Jugendorganisation der DDR.
2 Kasernierte Volkspolizei (KVP) – Von 1952 bis 1956 Bezeichnung für die im Aufbau befindlichen Streitkräfte der DDR; im Januar 1956 umbenannt in Nationale Volksarmee.

der Schule immer hintenan gestellt. Und bei der KVP-Werbung beschimpfte mich der Offizier als eingeschleustes negatives Element aus Westdeutschland. Überall spürte ich die Ausgrenzung. Diese Ausgrenzung war damals meine erste Erfahrung mit einer besonderen Art des Rassismus. Denn es ist doch gleich, ob man wegen einer anderen Hautfarbe oder wegen einer anderen Ideologie ausgegrenzt und beleidigt wird.«

Auch Christina Vater erinnert sich an Beleidigungen. »Ich, eine fünfunddreißigjährige Frau, und im Auto saßen oft schwarze junge Männer! Mich rettete in Viernau und Umgebung nur, daß ich die Frau des Pfarrers war! – In anderen Orten hörte ich schon manchmal, wie sie schrien ›Negerschlampe‹. Aber selbst gute Freunde oder Dorfbewohner, die in unser Begegnungshaus kamen, fragten mich ängstlich oder sorgenvoll: ›Sag mal, die dürfen sich wirklich an euren Handtüchern abtrocknen, die Schwarzen? Und in eurer Badewanne sitzen, wo ihr am nächsten Tag selber badet? Ihr wascht deren Wäsche zusammen mit eurer in einer Maschine? Und die kochen in eurer Küche?‹« Fragen, in der »solidarischen DDR« noch leise, hinter vorgehaltener Hand gestellt, aber zur Wendezeit laut und provozierend. »Damals habe ich die Welt nicht mehr verstanden. Ein junger Mann, er war im Kirchenrat, teilte uns eines Tages mit, daß für ihn Schluß sei mit der Kirche, er arbeite jetzt wie andere im Dorf für die DVU. Und betonte, daß er nichts gegen uns persönlich habe. ›Weil ihr bei der Wende auf der richtigen, der fortschrittlichen, Seite gestanden habt, gegen die alten Kommunisten, deswegen habt ihr persönlich jetzt Ruhe vor uns!‹ Inzwischen allerdings, sagte er, wären wir zurückgebliebene Verräter an den neuen deutschen Idealen, wie sonst könnten wir uns mit Behinderten und Negern abgeben?‹«

Das war die Zeit, als Ana und Adelino die Vaters kennenlernten. Die Zeit, in der jeder, der die 3 000 DM Abfindung akzeptiert hatte, unweigerlich nach Moçambique zurückmußte. Die Zeit, in der niemand die alten, geheimen Regierungsverträge zwischen der DDR und Moçambique kannte und auch Vertragsarbeiter wie Ana und Adelino, die schon zehn Jahre in der DDR gearbeitet hatten, nach den Plänen der bundesdeutschen Regierung abgeschoben werden sollten.

Bei minus 15 Grad standen Christina Vater und andere Ausländerbeauftragte damals in Erfurt stundenlang vor dem Gebäude, in dem die Innenministerkonferenz tagen und beschließen sollte, daß die moçambiquanischen und vietnamesischen Vertragsarbeiter keine Aufenthaltsgenehmigungen erhalten sollten wie die vergleichbaren Gastarbeiter in der BRD, sondern sofort abgeschoben werden. Sie sprachen jeden Innenminister an, diskutierten, übergaben eine Erklärung aller ostdeutschen Bischöfe für das Bleiberecht der Moçambiquaner und Vietnamesen. Am Abend meldete das Fernsehen: Die Konferenz habe nicht, wie vorgesehen, die Abschiebung beschlossen, sondern sich erst einmal vertagt ...

»Ich habe an diesem Tag in der Kälte an die wenigen Mutigen gedacht, die dageblieben waren, an Ana und Adelino, die inzwischen Mama und Papa zu uns sagten.«

Arbeit im alten Betrieb hatten die beiden Afrikaner keine mehr. Ana, die in der DDR ihren Abschluß als Textilfacharbeiterin erworben hatte, putzte Büros, und Adelino nahm im Westen Gelegenheitsjobs an. Schließlich landete der schmächtige, feingliedrige Afrikaner bei einer Umzugsfirma in Frankfurt und wurde auf Probe eingestellt. (Er erzählt mir später: »Ich habe damals Dinge geschleppt, die viel schwerer waren als ich. Doch ich hatte immer Angst, mir einen Schaden fürs Leben zu holen. Ich hatte ja noch nicht einmal ein Kind mit Ana gezeugt.«)

Pfarrer Vater besorgte ihm bei der Kirche eine ABM-Stelle als Sozialarbeiter. Und 1992 wurde Tochter Geny geboren. Geld verdienten die zwei sehr wenig. Ana schulte zur Altenpflegerin um (später würde eine alte, pflegebedürftige deutsche Frau sie im Heim anschreien: »Gehen Sie weg, ich lasse mich nicht von einer Negerin anfassen!«). Pfarrer Vater riet zur Heirat. Als Verheiratete mit Kind würden sie mehr verdienen. Adelino sagte, das sei unmöglich. Würde er, wie es die Tradition verlange, alle Verwandten seiner Frau und seine Familie zur Hochzeit einladen, müßte er alle nach Deutschland holen. Dafür bräuchte er an die 100000 DM.

Sie beschlossen, in Maputo zu heiraten, und luden ihre »weißen Eltern« zur Feier nach Moçambique ein. Und die Vaters flogen nach Afrika.

Sie wohnten in Matola, einem Vorort von Maputo, in dem »Häuschen« (nach deutschen Verhältnissen eine primitive Gartenlaube) von Anas Familie. Mit Dornenhecken und flachgeklopften Blechteilen alter Benzinfässer von den Nachbarhütten abgegrenzt, steht es unter einer schattenspendenden Akazie. Davor die Feuerstelle, Ziegelsteine, auf denen ein Topf steht oder ein Wasserkessel hängt. Ana und ihre Schwester kochten darauf das Hochzeitsessen für vielleicht fünfzig oder hundert Gäste (jeder, der von der Straße kommt, ist willkommen). Neben der Feuerstelle eine Bastschale für den Reis und den Mais, ein Wasserfaß und der dicke schwere Mörser, in dem der Mais zerstoßen wird.

Nicht nur gekocht wird im Freien. Die Afrikaner waschen, essen und schlafen (auf einer Bastmatte im Sand) auch vor der Hütte. Nur die deutschen Gäste schliefen – wegen der Schlangen – im Haus auf einer Luftmatratze ohne Luft. Und die Vaters empfanden ihre zwei mit Klamotten prall gefüllten Koffer letztlich als unnützen, überflüssigen Reichtum, mit dem sie nicht wußten wohin in der engen Hütte ohne Schränke und ohne Regale. Ana dagegen hatte ihre Kiste in Deutschland mit wirklich nötigen Dingen vollgepackt: Geschirr, Töpfe, Kleidung für alle Familienangehörigen, Lampen, Glühbirnen, Luftmatratzen. Das wichtigste für die Hochzeitsfeier konnten sie allerdings aus Deutschland nicht mitbringen, das organisierten sie unermüdlich von früh bis abends auf dem Schwarzmarkt und in den umliegenden Dörfern: einen Ochsen (der noch geschlachtet und nachts bewacht werden mußte), eine Ziege, vierzig Hühner, Brennholz, Tische, Stühle, Wasser, Reis, ein halber Zentner mindestens, und Mais, Zwiebeln, Knoblauch, Salz ... Für das offizielle Hochzeitszeremoniell in Maputo und für das traditionelle Fest im Haus der Braut.

Die Trauung nahm ein moçambiquanischer Beamter mit Schärpe vor, im Hintergrund die Fahne der Republik, die Nationalhymne wurde gespielt. Und nach dem Ja-Wort Blumen niedergelegt am Grab von Samora Machel, dem ersten Präsidenten nach der Unabhängigkeit, der später bei einem von Südafrika initiierten Flugzeugabsturz ums Leben kam. Das Festessen fand an langen Tischen in einem großen Saal statt. Die Unmengen von Speisen, die Ana und die anderen Frauen, beim Kochen Lieder singend, tagelang zubereitet hatten, waren binnen kurzem, so als ob ein Heuschreckenschwarm in eine Plantage mit jungen Bananenstauden einfällt, von den Gästen bis auf die letzten Krümel vertilgt. Den Vaters servierte man extra.

Es gab nicht genügend Teller, damit alle Gäste gleichzeitig essen konnten. Wer satt war, wusch deshalb seinen Teller ab und reichte ihn an den nächsten Gast weiter, zuletzt einer fremden, gelähmten Frau, die abseits saß. Sie aß sehr langsam, während die anderen schon sangen und tanzten.

Die Brauteltern waren stolz. »Nach sechzehn Jahren Bürgerkrieg die erste traditionelle Familienfeier! Ana und Adelino haben unserer Familie endlich ihre Würde wiedergegeben.«

Der einzige Wermutstropfen an diesem Tag: Adelino und Ana wurden, obwohl gläubig, nicht kirchlich getraut. Der Superintendent von Maputo weigerte sich, den Segen zu sprechen.

»Ihr gehört nicht zu unserer Gemeinde, habt keine Verbindung zu uns gehalten, keine Spenden überwiesen. Ihr seid hier nicht zu Hause.«

Pfarrer Vater reichte den Segen in Deutschland nach.

Danach begannen die Neuvermählten ihre Schulden abzuzahlen. Rund 25 000 DM hatten den beiden die Flüge nach und in Moçambique und die traditionelle Hochzeit, das Wiederherstellen der Würde, gekostet.

Die Vaters versuchten, sich in ihrer Arbeit als Ausländerbeauftragte in Magdeburg ein wenig von der Fröhlichkeit, der Freundlichkeit, von der afrikanischen Unbeschwertheit trotz Armut zu bewahren. Es fiel nicht leicht. Am Himmelfahrtstag 1994 wurden in Magdeburg Ausländer johlend durch die Straßen gejagt. Fernsehteams, die zufällig zur Stelle waren, verbreiteten diese schrecklichen Bilder, die an die Szenen erinnerten, als sechzig Jahre zuvor Hitlers Schlägertrupps die Juden wie Vieh durch die Straßen trieben, in alle Welt. In einer großen amerikanischen Zeitung, die ihre Leser damals befragte, in welchen gefährlichsten Regionen der Welt UNO-Schutztruppen stationiert werden sollten, wurde an erster Stelle Nordirland-Belfast und an zweiter Stelle Magdeburg genannt ...

Doch auch der »ordentliche amtliche Rassismus« beunruhigte die Vaters. Beim Verwaltungsgericht in Mühlhausen hatten sie beispielsweise erlebt, wie ein junger westdeutscher Richter zu einem Afrikaner, im Beisein eines Landtagsabgeordneten, eines Beobachters vom Bischof und anderer Offizieller, sagte: »Ihnen glaube ich gar nichts. Sie und Ihresgleichen lügen immer.«

Oder die »amtliche Umsiedlung« der Vietnamesen in Bad Langensalza. »Die lebten dort friedlich integriert in ein Wohngebiet, manche hatten Arbeit, ihre Kinder gingen dort in den Kindergarten oder zur Schule. Doch plötzlich beschloß die neue demokratische Regierung in Thüringen die kasernierte Unterbringung. Keine Proteste der Kirche halfen. Die Vietnamesen mußten ihre Wohnungen räumen, danach wurden alle mit Bussen abtransportiert.«

Christina Vater hatte sich in Moçambique ihren Lambarene-Traum erfüllt. Sie konnte als Krankenschwester endlich in Afrika helfen. Verteilte Tabletten gegen Fieber, versorgte eitrige Wunden, gab den Menschen dort Medizin und Hoffnung ...

Auch Tomas, der athletisch aussehende Trommler, in der DDR Kfz-Feinmechaniker, danach Gelegenheitsjobs auf dem Bau, Briefträger und Leiharbeiter, hat sich einen Traum erfüllt. Mühevoll erlernte er einen neuen Beruf, erhielt gerade seinen Abschluß als Schweißer und schreibt nun täglich Bewerbungen. Ich denke, daß er als Ausländer wahrscheinlich geringere Chancen auf eine Anstellung hat als ein Deutscher.

»Nein, im Gegenteil«, berichtet Tomas. Die Ausländer sind allemal billiger als Deutsche. Bevor der Unternehmer einen Deutschen auf dem Bau für 10 Euro einstellt, nimmt er lieber einen Ausländer, selbst Afrikaner, für den die deutschen Tarife nicht gelten, und zahlt dem 7 Euro.«

Eigentlich wollte Tomas nicht mit mir reden. Weder über sein früheres Leben in der DDR oder sein jetziges in der BRD noch über das von Karin, mit der er sich 1983 verlobte und die er 1994 geheiratet hat. Aber nachdem Adelino mit ihm gesprochen hat, ist Tomas unter der Bedingung, daß ich seinen richtigen Namen nicht nenne, bereit, mir seine Lebensgeschichte zu erzählen. Auch die schlimme Sache bei der Post ...

Der lange Neubaublock, in dem Tomas wohnt, noch in der Nähe vom Stadtzentrum, aber schon am Fuße des Suhler Hausberges, des von alten Eisenerzstollen durchlöcherten Dombergs, gelegen, wird großzügig modernisiert. Neue Fassaden, gläserne Aufzüge, Wintergärten. An den Hauseingängen sind noch keine neuen Namensschilder angebracht. Ich frage einen Bauarbeiter, ob er weiß, in welchem Aufgang ein Afrikaner wohnt. Er dehnt die Silben seiner Antwort, als müßte er einen Kaugummi aus dem Mund ziehen.

»Jaaa, so einen Neeeger habe ich hier schon mal gesehen.« Aber der müßte wohl bald ausziehen, denn die Mieten werden nach dem Umbau ordentlich steigen. »Und die kann so einer, der sich den ganzen Tag auf Staatskosten zu Hause die Eier schaukelt, dann Gott sei Dank nicht mehr bezahlen!«

Ich steige, alle Schilder an den Wohnungstüren lesend, bis in den vierten Stock hinauf. Die Tür von Karin und Tomas Setou ist wie das Spielzimmer eines Kindergartens mit Teddy-, Puppen- und Katzenabziehbildern beklebt. Auch im Wohnzimmer niedliche Bilder und Püppchen und Papierblumen. Und ein großes Hochzeitsbild. Seine Braut trägt eine Schleife aus Spitze im blumengeschmückten dunklen, lockigen Haar. Sie schaut sinnend, als wolle sie die Zukunft voraussehen. Tomas dagegen blickt ganz gegenwärtig und aufmerksam zu dem nicht sichtbaren Redner. Ich krame in meinem Gedächtnis. Ja, so ungefähr sah sie aus, die Karin, mit der ich 1982 gesprochen habe. Zierliche Gestalt, schmales Gesicht. Und Tomas bestätigt mir, daß sie es wohl gewesen sei. Aber einen Lino, mit dem sie verlobt gewesen sein soll, kenne er nicht. Sagt er. Und beendet das Thema abrupt, indem er mir die Fotos des kleinen Sohnes zeigt ...

»Auch Kartoffeln ißt er oder Thüringer Klöße.«

Gesprächsprotokoll von 1982, Nr. 3

Karin Sommer, 23 Jahre, verlobt mit Lino, Arbeiterin in der Rollermontage, in der Lino und andere Moçambiquaner am Band stehen.

»Lino hatte ein Auge auf mich geworfen, das hatte ich schon in der Rollermontage gemerkt. Aber da war noch nichts. Da bin ich noch mit einem anderen Moçambiquaner gegangen, mit dem Sergio. Aber mit dem habe ich nach drei Monaten Schluß gemacht, weil er soviel gesoffen hat. Er soff eben gern, weil ›saufen stark macht‹, sagte er. Und dann hat Lino mir einen Brief geschrieben, daß er mit mir ins Kino gehen möchte und daß ich ihm gefalle, ›von Kopf nach Fuß‹. Seitdem gehen wir zusammen, seit fast zwei Jahren. Meine Kollegen gucken mich deshalb nicht scheel an. Die mischen sich auch gar nicht ein, denn die wissen ganz genau, daß sie von mir dann eine passende Antwort kriegen. Es sind fünfzehn Moçambiquaner in der Brigade, und wir machen natürlich auch zusammen Brigadefeiern. Es gibt welche im Betrieb, nicht in unserer Brigade, die hetzen: ›Ih, wie kann man nur mit einem Neger gehen?‹ Da kannste nur sagen: ›Halt die Fresse, du Arschloch!‹ Aber einer alleine sagt einem das nicht, nur wenn sie viele sind oder besoffen, vor allem Jungens, so etwa achtzehn Jahre alt, Mädchen gucken einen nur schief an.

Sie haben zwar andere Lebensgewohnheiten, die Moçambiquaner, aber Lino und ich versuchen uns gegenseitig anzupassen. Zum Beispiel beim Kochen. Wenn ich koche, dann ißt er eben auch das gern, was wir hier kochen. Auch Kartoffeln ißt er oder Thüringer Klöße, er probiert alles, was er noch nicht kennt. Und wenn er sagt, okay, es schmeckt, dann kochen wir es öfter. Er macht Reis oder gebratenes Huhn. Allzuviel kocht er natürlich nicht.

Die DDR-Kerle, mit denen ich bisher gegangen bin, die sind doch fast alle blöd gewesen und nicht treu. Die Moçambiquaner sind treuer. Mein Freund ist sehr eifersüchtig, er hat Angst, daß er, wenn er mich verliert, wieder allein ist. Die anderen Moçambiquaner beneiden ihn um mich. Meist haben sie doch nur lose Verhältnisse, und unsere Verlobung, das war mehr so etwas wie ein Protest gegen die deutschen Kollegen und um öffentlich zu zeigen, daß wir zusammengehören. Es gibt außer mir hier im Fajas nur noch drei Mädchen, die fest mit Moçambiquanern gehen.

So ein richtiges Familienleben kann ich mit meinem Freund nicht machen. Es ist verboten, im Heim zu schlafen, aber ich klettre unten zum Küchenfenster hinein und gehe hoch zu ihm. Sein Freund schläft meist am Wochenende nicht im Zimmer. Meine Eltern haben zwar nichts dagegen, daß er mit nach Hause kommt, auch zum Sonntagessen, aber für immer dort wohnen, das erlauben sie nicht. Meine Mutter arbeitet im Centrum in der Küche, mein Vater auch hier im Fajas. Das erstemal haben sie zwar dumm geguckt, als ich mit ihm ankam, aber dann wurden sie freundlicher. Es ist ja auch mein Besuch.

In meinem Zimmer wohnt noch meine Schwester mit drin. Doch weil sie jetzt Zwillinge bekommt, erhält sie eine eigene Wohnung. Dann werden wir am Wochenende bei mir schlafen können. Ich möchte nicht wie die Moçambiquaner vier Jahre lang in diesem Heim wohnen müssen. Es ist alles so lieblos. Nackte Wände im Fernsehraum, da könnte man ein paar Bilder hinhängen, Filmschauspieler oder anderes. Und man ist dort nie allein, immer soviel Lärm. Die ganze Nacht Musik.

Lino war bisher nur in der Rollermontage wie ich. Er ist seit zwei Jahren hier in der Abteilung und kennt jeden Arbeitsgang. Er kann zwar einen Roller von vorn bis hinten auseinandernehmen, aber weiter kann er nichts. Keine Maschine bedienen, nichts. Das ist ja das Schlimme. In der Brigade reden wir nicht mit den Moçambiquanern darüber, die anderen denken wohl noch nicht so weit. Aber ich hab Lino schon oft gesagt: ›Mensch, euch bescheißen sie hier von vorn bis hinten. Wenn du nach Moçambique zurückfährst, Junge, was haste dann gelernt, nichts, nichts!‹ Er hat ja Angst davor, wenn seine Mutter ihn zu Hause fragt: ›Was hast du gelernt?‹, und er muß sagen: ›Nichts.‹

Wenn er wieder heimfährt, heimmuß, werden wir uns schreiben. So schlimm wird's auch nicht, vielleicht kommt er zurück und studiert hier. Schreiben, schreiben, immer schreiben. Und wenn er Urlaub hat, kann er herkommen.

Ein Leben lang auf ihn warten werd' ich wohl nicht können. Ich habe schon lange darüber nachgedacht, was ich machen würde, wenn ich mit runtergehen könnte. Eine Arbeitskollegin sagt, die leben nicht schön dort, die haben keine schönen Häuser und so.

Aber ich glaube, sie leben schöner als wir. Die kleinen Häuschen, die er mir gezeigt hat, mir gefallen sie. Er wohnt in Nampula, zwei Stunden zu fliegen von Maputo. Sein Bruder schreibt ihm oft, richtet viele Grüße an die Schwägerin Karin aus. Lino hat schon viele Bilder von mir an seine Familie geschickt. Mal sehen, wie's sich weiter entwickelt. Reizen würde es mich schon, nach Afrika zu gehen. Aber erstens ist das hier meine Heimat, hier bin ich geboren. Und mich von den Eltern zu trennen, das wäre schwer.

Ich bin heut noch genauso verliebt wie vor zwei Jahren. Auch bei der Arbeit schmusen wir, ich kann's gar nicht mehr lassen, immerzu küssen und schmusen. Wenn ich einen kennenlerne und er gefällt mir sofort, könnt' ich ihn aufessen. Ob er mich aufessen kann, das weiß ich nicht. Vor allem, soviel ist an mir ja nicht dran.

Portugiesisch kann ich kaum, nur ein paar schlimme Worte. Außerdem ›guten Tag‹, ›guten Nachmittag‹ und ›gute Nacht‹. Ich hab versucht, es selbst zu lernen, aber ich vergesse alles so schnell. Obwohl er gut deutsch redet, das hat er meist von mir, würde ich hier gerne einen Lehrgang machen für Portugiesisch.

Ich könnte mich ja zum Meister qualifizieren. Aber solange der Lino da ist, mach ich es nicht. Er hat Angst, daß ich dann aus der Rollermontage rausgehe. Ich sollte schon drei Monate Schule in Gehlberg machen. Gewerkschaftsschule und so was, das hab ich auch abgelehnt, wegen ihm. Weil er damals geweint hat. Damals hat er zum erstenmal geweint. Und dann noch mal, als sie mich für drei Monate als besser bezahlte Springerin in die Mopedmontage stecken wollten. Obwohl ich es wollte, hab ich gesagt: Hab kein Interesse. Das war noch im ersten Jahr, als wir zusammen gingen. Und wenn ich heute ein Angebot bekäme, zur Meisterschule zu gehen, ich würd es auch wieder ablehnen. Wegen Lino. Wenn er mal aus der Rollermontage rauskönnte, würde er gehen, hat er gesagt. Dann würde ich ihn in den Pausen eben öfters besuchen.

Wenn er in der DDR bleiben könnte, würden wir heiraten. Kinder bekommen. Kleine Mulattenkinder sehen sehr schön aus. Ich möchte auch ein Kind von ihm, bevor er weggeht. Ich nehm zwar die Pille, aber irgendwann, wenn meine Schwester ausgezogen ist, werd ich doch ein Kind von ihm bekommen. Bisher habe ich noch nichts von allem bereut. Ich möchte keinen anderen Mann.«

56

Vielleicht hätte ich Tomas, den Trommler, in seiner renovierten Neubauwohnung zuerst die Frage stellen sollen, wo und wann er auf seiner afrikanischen Trommel übt. Möglicherweise wäre ich dann besser mit ihm ins Gespräch gekommen, und er hätte keinen langen Monolog gehalten. Einen Monolog, zu dessen vollständigem Verständnis mir wahrscheinlich eine Information fehlt, von der Tomas annimmt, daß sie jedermann bekannt ist ...

»Ich habe nichts gegen die Deutschen, wirklich nichts. Das müssen Sie mir glauben. Wie sonst sollte ich über zwanzig Jahre hier unter Deutschen leben und mit einer Deutschen verheiratet sein? Ich habe auch nie behauptet, daß alle im Dorf Nazis sind, ich habe nicht einmal gesagt, daß einer von ihnen ein Nazi ist, wie könnte ich so etwas behaupten, ohne es zu wissen ... Ich habe nur gesagt, daß ich nichts dafür kann, daß ich eine schwarze Hautfarbe habe, und daß man den Leuten sagen muß, daß meine Hautfarbe keine Krankheit ist. Das stimmt doch, oder?«

Er schaut mich an, als bräuchte er meine Bestätigung für diese Wahrheit. Lacht, als ich nicke. Ein kindlich unbeschwertes Lachen, das sein pausbäckiges Gesicht trotz des strengen Schnurrbarts über der Oberlippe rund und lustig aussehen läßt.

Er freut sich und ist, wie er sagt, stolz auf sich. »Denn trotz aller Beschimpfungen und Widrigkeiten im Leben habe ich mich nicht, wie mancher DDR-Bürger nach 1990, aufgegeben.« Er hat sich durchgeschlagen. Beim Otto-Versand in Ohrdruf, als Hilfsarbeiter beim Bau der Augenklinik in Masserberg, Leiharbeiter auf Baustellen in Baden-Baden, Passau, Nürnberg, bei Abrißarbeiten in Suhl. »Ich habe Karins Betrieb, wo sie die Roller montiert hat, mit abgerissen. Ich hätte auch unser Wohnheim in Heinrichs abgerissen, um Arbeit zu bekommen. Geweint dabei, aber es abgerissen! Was der Chef sagt, der dir Arbeit gibt, muß gemacht werden.«

Er hat Preßlufthämmer gebaut, auf Baustellen in Schweinfurt und an der Lahr gearbeitet. Und auch bei der Post in Meiningen. Als Briefträger. Aber nur sehr kurz. Obwohl man ihm eine gute Arbeit bescheinigte, wurde er schnell wieder entlassen. »Das war meine schlimmste, meine schmerzlichste Entlassung. Und nicht einer von diesen Journalisten hat eine einzige Zeile geschrieben, als die Post mich entließ.«

Ich frage ihn verwundert, weshalb die Journalisten ausgerechnet über seine Entlassung berichten sollten?

»Weil sie – als ich in Vachdorf als schwarzer Briefträger beschimpft und deshalb in den Fahrdienst versetzt worden bin – zu Hunderten kamen, um über mich zu schreiben. Wie afrikanische Heuschrecken!«

Ich schaue den Trommler erstaunt an und stottere: »Du … Sie … waren dieser schwarze Briefträger, über den 1995 in allen Zeitungen und auf allen Fernsehkanälen berichtet worden ist?«

»Wußten Sie das nicht?« Jeder hätte doch sein Foto gesehen, wie ein Fahndungsbild. »Überall zeigten sie mit den Fingern auf mich oder drehten sich um, das ist doch der …« Keinem Journalisten hat er damals noch ein Wort gesagt.

Die Geschichte vom schwarzen Briefträger in Vachdorf:

Tomas Setou wurde vom Arbeitsamt vermittelt und von der Post in Meiningen als Aushilfsbriefträger für die kleinen Orte Bellrieth, Vachdorf und Leutersdorf eingestellt. Kurze Einweisung durch seine Vorgängerin. Aber niemand von der Post informierte wenigstens die Bürgermeister, daß ein neuer Briefträger (was im Dorf immer ein Ereignis ist) die Post austrägt, geschweige denn, daß er ein Afrikaner ist!

»Ich spreche gut deutsch, ich habe keinen bösen Blick, unterhalte mich gern mit den Leuten … In Belrieth und Leutersdorf klappte auch alles. Ich war freundlich zu den Leuten, und die Leute waren freundlich zu mir.«

In Vachdorf dagegen ist das Postaustragen schwerste Detektivarbeit. Die Häusernummern sind dort nicht in der Reihenfolge, in der die Häuser stehen, angebracht, sondern nach dem

Baujahr der Häuser durcheinander gemischt. Also neben dem alten Haus mit der 4 steht vielleicht das gerade gebaute mit der 102 und dann folgt die 18 ...

»Aber wie soll sich ein neuer Briefträger damit auskennen und wie erst ein afrikanischer, der jahrelang bemüht war, sich die deutsche Ordnung anzugewöhnen!«

Tomas fragte also die Vachdorfer, wo dieser Werner und wo jener Werner (über zwanzig Familien heißen in Vachdorf mit Nachnamen Werner) wohnt. Und einige schickten – ob aus Spaß oder aus Ernst weiß niemand genau – den schwarzen Briefträger in die falsche Richtung.

Und dann das: »Ich klingele, ein Mann öffnet, und ich frage höflich, ob er der richtige Adressat des Briefes sei. Da schreit er mich an: ›Verschwinden Sie, Sie Neger! Seit wann trägt ein Schwarzer hier die Post aus? Wir wollen keine Post von einem Neger!‹ Ich dachte zuerst, immer denke ich das erst einmal in solchen Situationen: Der macht Spaß. Aber er machte keinen Spaß. Er war wütend, böse und aggressiv. Da habe ich ihm gesagt: ›Wenn Sie von einem Afrikaner keine Post nehmen, holen Sie sich Ihren Brief gefälligst selbst in Meiningen ab.‹ Ich war erst verärgert und empört, doch später nur noch traurig. So hat man mich zwar schon in der Kneipe, aber noch niemals bei meiner Arbeit beleidigt.«

Tomas meldete den Vorfall seiner Dienststelle in Meiningen. Dort versetzte man ihn sofort vom Zustelldienst in den Fahrdienst und schickte ihn in die Rhön.

Das ist die Geschichte des Tomas Setou über sein sehr kurzes Leben als Briefträger. Sie wäre hier zu Ende, *wenn* nicht eine Volontärin der Lokalzeitung »Meininger Tageblatt« einen Bekannten bei der Post gehabt hätte, der ihr einige Tage später diese Geschichte erzählte. Sie veröffentlichte den Vorfall am 12. August 1995 in einem kleinen, sehr objektiv gehaltenen Artikel mit der Überschrift »Keine Chance für Moçambiquaner?« Damit hätte die Geschichte des Tomas Setou über sein sehr kurzes Leben als Briefträger wiederum zu Ende sein können, *wenn* nicht zu dieser Zeit alle Journalisten in Deutschland an den Fingern geknabbert und wie Goldsucher jedes Sandkörnchen dreimal umgedreht hätten, denn die Politiker genossen ihren hart erarbeiteten Urlaub, und kein Verteidigungsminister schickte den armen Journalisten Badefotos seiner neuen Freundin. Sommerloch! Und die Deutsche Presseagentur fand während dieser journalistischen Durststrecke auf der Lokalseite der kleinen Lokalzeitung den kleinen Artikel mit dem Fragezeichen. Machte im übertragenen Sinn ein Ausrufezeichen dahinter (»Wegen seiner schwarzen Hautfarbe darf ein Mann aus Moçambique in Vachdorf keine Briefe mehr austragen«) und verbreitete die Meldung am Montag, dem 14. August, deutschlandweit.

Schon wenn ein Briefträger von einem Hund gebissen wird, rührt das die Nation. Doch wenn ein Briefträger keine Briefe mehr austragen darf, weil …

Vielleicht wäre die Geschichte des Tomas Setou über sein sehr kurzes Leben als Briefträger mit der Verbreitung der DPA-Meldung trotz des Sommerlochs zu Ende gewesen, *wenn* in dieser Geschichte nicht *alles* gestimmt hätte. Einige Journalisten hatten eine Story fürs Gefühl, andere Journalisten konnten sich als entschiedene Gegner von Fremdenfeindlichkeit und Rassismus profilieren. Und alle konnten vereint, und das war das wichtigste, in das Horn der Westmedien blasen: der Osten – ein Hort des neuen Rassismus. (Wäre jener erste Artikel auf der Lokalseite einer kleiner bayrischen Lokalzeitung erschienen, wahrscheinlich hätte kein Hahn danach gekräht.)

Aber noch am gleichen Tag, als die DPA-Meldung über die Ticker lief, suchten Dutzende Journalisten auf den Landkarten den kleinen Ort Vachdorf. Und schon am Nachmittag war Vachdorf in der Hand der Medienvorhut. Zehn Tage lang dauerte die Besetzung. Von ARD über RTL bis PHOENIX, von der Frankfurter Rundschau bis zur Badischen Zeitung – alle, alle kamen. Sie lauerten den alten Frauen hinter den Friedhofsmauern auf, wenn sie die Gräber der im letzten Krieg gefallenen Männer gossen. Sie verfolgten die Kinder bis auf den Schulhof, fanden, wie der extra angereiste BZ-Starreporter, unter den achthundert Vachdorfern dumpfe (im Dorf als geistig nicht sehr helle bekannte) Leute wie den Zweiundsiebzigjährigen, der gerne unter Honecker lebte, weil die Schrippen damals so billig waren, der aber die schönste Zeit seines Lebens »eindeutig unterm Führer« hatte. Weil da die Bockwurst nur 20 Pfennig kostete ...

Nazi-Dorf!

Die Schlagzeilen der nächsten Tage: »Schande! Dorf verjagte seinen Postboten, weil er farbig ist« – »Ich habe den Mohren nur einmal gesehen« – »Post beugt sich Rassisten« – »Nicht nur der Ökokäse stinkt in Vachdorf« – »Besichtigung eines Tatortes«. Und der Kommentar eines Rundfunkreporters endete: »Vachdorf verdient es, von der Landkarte ausradiert zu werden.« Politiker wie der CDU-Fraktionsvorsitzende des Thüringer Landtages bezeichneten Vachdorf als Schande für den Freistaat Thüringen ...

Und der Gemeinderat von Vachdorf sitzt täglich hilflos zusammen, um gemeinsam mit dem Bürgermeister und dem Pfarrer das Böse vom Ort abzuwenden. Doch weder eine Unterschriftensammlung für Tomas Setou noch Gebete helfen den Vachdorfern – der Bannstrahl der vierten Gewalt hat sie getroffen. Gnadenlos werden, weil das ausländerfeindliche Bild für eine linke Zeitung wie die TAZ nicht braun genug sein kann, noch Schimpfwörter für Tomas Setou wie »Du Stinker« und »Du Aids-Schleuder« (die er nie gehört hat, wie er mir sagt) als Zugabe erfunden, und der eine Vachdorfer, der Tomas Setou beschimpft hat, wird fürsorglich vermehrt: »Manche Vachdorfer verweigerten sogar die Annahme der eigenen Post.«

Und der Korrespondent der französischen Nachrichtenagentur AFP – drei Dörfer sind wirksamer als eins – meldet am 15. August in alle Welt, daß der schwarze Briefträger »in drei Orten sogar wissentlich in die falsche Richtung geschickt worden ist«.

Und der Vachdorfer Getränkehändler wird nicht mehr beliefert, Meininger Puppenspieler weigern sich, vor Vachdorfer Kindern zu spielen. Bei den Chaostagen in einer westdeutschen Großstadt beschließen linke Chaoten, nach Vachdorf zu fahren und dort Feuer zu legen – die Polizei sperrt Vachdorf ab. Und Tomas' Eltern rufen besorgt aus Moçambique an. Sie hätten sich schon bei der deutschen Botschaft erkundigt, weil im Radio berichtet wurde, daß der schwarze Briefträger Tomas Setou in Thüringen Verfolgungen und Repressalien ausgesetzt gewesen sei.

Und dann geschieht noch folgendes völlig unbemerkt: Obwohl die Pressesprecherin der Deutschen Post AG Herrn Tomas Setou eine ordentliche und fleißige Arbeit bescheinigte und öffentlich erklärte, daß die Meininger Post ihn behalten wolle, wird Tomas Setou nur Wochen nach dem Vorfall mitgeteilt, daß man ihn leider nicht weiter beschäftigen könne. (»Meine Vorgesetzte«, erzählt mir Tomas, »die mich sehr mochte, hat mir damals gesagt: offiziell wegen Personaleinsparung, aber in Wirklichkeit, weil die Meininger Post nicht noch mal solch einen Vorfall riskieren will.«)

Und kein Journalist schrieb auch nur ein Wort über Tomas Setous Entlassung, denn, so sagt es Tomas, es war nur »der alltägliche Rassismus einer kleinen deutschen Behörde«. Keine journalistische Sensation!

Tomas lacht mich freundlich an. Ich fühle mich nicht gut, wechsle das Thema. Frage nach seinem Geburtsort, nach Vater, Mutter, Geschwistern. Erfahre, daß er aus Maputo stammt, wo sein Vater als Buchhändler im Büro der Eisenbahn arbeitete, daß zehn Kinder von zwölfen überlebten, drei Mädchen und sieben Jungen, daß einer seiner älteren Brüder in der DDR arbeitete, Fotos von der großen Stadt Leipzig und Hefte und Stifte und Hemden nach Hause schickte und Tomas auch in dieses Land wollte. Daß er dann im Vorbereitungscamp für den DDR-Einsatz lernte: »Die DDR ist ein sozialistisches Land. In der DDR werdet ihr einen Beruf erlernen. DDR – die

Leute sind freundlich. Und der größte Teil ist für den Sozialismus.« Daß er dann, als er vom Flughafen mit einem Bus nach Thüringen fuhr und keine großen Städte wie auf den Fotos seines Bruders sah, nur Wald und Berge, dachte: Das kann schon nicht mehr die DDR sein, wir werden entführt in ein anderes Land! Daß er in das große Wohnheim in Suhl einziehen mußte, »in solch große Häuser hatte man die Bergleute in Südafrika gesteckt, und wenn uns damals jemand gefragt hätte, wer sofort wieder zurückfliegen will, hätte ich mich gemeldet.«

Doch Tomas gewöhnte sich an Wald, Berge, das Heim und die Arbeit. Schlug dann in der moçambiquanischen Kapelle »Astros« die afrikanische Trommel. »Wir traten sehr häufig auf, auch bei ›Rock für den Frieden‹ in der großen Suhler Stadthalle.«

Ich frage ihn nach Rassismus, wie er ihn damals erlebt hat.

»Rassismus, wie das? Unter Musikern gibt es keinen Rassismus, da gibt es nur gute oder schlechte Musiker. Und schwarze Musiker sind überall auf der Welt meist die guten Musiker. Außerdem … Rassismus war in der DDR verboten! Erst mit der neuen Freiheit nach der Wende hatten die DDR-Bürger die Freiheit, die in ihnen wohnende Fremdenfeindlichkeit auszusprechen und auszuleben. Denn Rassismus konnte man verbieten, aber er war trotzdem in den Menschen drin.«

Er erinnert sich an eine offizielle Einladung zu einem Treffen von Amateurbands in die NVA-Kaserne nach Bad Salzungen. »Schon an der Wache guckte man uns komisch an. Und wir wurden nicht wie die anderen Musiker in den Saal geführt, sondern von zwei Soldaten mit Gewehren in einen kleinen Raum gebracht, der vergittert war wie ein Gefängnis. Dort teilte man uns mit, man hätte nicht gewußt, daß die Kapelle ›Astros‹ Moçambiquaner, also ausländische Musiker, wären. Befehl vom Kulturoffizier: Kein Auftritt in der Kaserne und sofort wieder nach Hause!«

Manchmal trifft Tomas Kollegen, mit denen er im Fajas zusammengearbeitet hat. »Die schauen mich immer entgeistert an und fragen: ›Du bist hier? Es wird aber Zeit, daß du nun gehst.‹ Manche würden noch den Satz voranstellen: ›Ich habe nichts gegen Ausländer … *Aber* wir haben allein genug Ausländer …«

Er hat schon oft darüber nachgedacht, zurückzugehen. Vor allem, wenn seine Frau angepöbelt wird. Doch er meint jedesmal, sie solle nicht hinhören. »Wir Afrikaner sagen: Harte Worte brechen keine Knochen!« Ihren Sohn Lionel (nach dem Sänger Lionel Richie benannt) schicken sie, obwohl weder er noch Karin gläubig sind, in einen christlichen Kindergarten. Sie denken, daß die Kinder dort nicht aggressiv sind, weil ihre Eltern ihnen vielleicht gesagt haben: Menschen mit schwarzer Hautfarbe sind auch Gotteskinder …

Tomas versucht, Streit mit Deutschen immer mit Worten zu schlichten. Denjenigen, der ihn bei der Telekommunikationsumschulung in Zella-Mehlis ständig beschimpft hat, fragte er: »Was soll aus deiner Tochter werden, wenn du so über Ausländer sprichst? Was wird, wenn sie vielleicht später im Ausland studiert oder einen Afrikaner heiraten will?«

Seine moçambiquanische Staatsbürgerschaft will der schwarze Briefträger nicht tauschen, auch seine Hautfarbe nicht. Nicht einmal, wenn es möglich wäre, völlig schmerzlos und kostenlos ein kleines Gen einzupflanzen, und man danach sofort weiß wäre. Nein, er wird in Afrika, sagt er, als schwarzer Mensch begraben werden.

»Wenn wir Geld hätten für ein kleines Geschäft in Moçambique, würden wir zurückgehen. Allerdings würde es Karin dort schwerhaben. Wie soll sie Afrika verstehen, sie, die Afrika noch nie gesehen hat? Wie soll sie dieses Land und die Menschen verstehen, wenn ich, der ich über zwanzig Jahre in Deutschland bin, die Deutschen immer noch nicht verstehe?«

Ich weiß wieder nicht, was er meint. Und er erklärt mir, daß es noch eine Fortsetzung zur Vachdorfer Geschichte gebe. Eine, von der er noch niemandem erzählt hat.

Linksextreme Deutsche, die ihn, den »von Rassisten Verfolgten«, gegen die Rechten, gegen die Neonazis verteidigen wollten, hätten nach den Berichten im Fernsehen und in den Zeitungen alte Frauen in Vachdorf angerufen und sie als »Nazischweine« beschimpft und dem Bürgermeister gedroht: »Wir brauchen nur noch drei Namen von euch Faschisten, dann brennen deren Hütten ...«

»Verstehe einer die Deutschen. Vor wem muß ich Angst haben, vor den deutschen Rassisten, die Ausländer hassen, oder vor den Deutschen, die Rassisten hassen? Hassen, um gewalttätig gegen jedermann sein zu können.«

Die Interviewpartner, mit denen ich vor zwanzig Jahren sprach, suche ich noch immer.

In Suhl-Heinrichs frage ich in Geschäften und auf der Straße nach dem ehemaligen Genossen Rehm, dem SED-Sekretär des Wohnbezirkes. Niemand erinnert sich mehr an ihn. Und als ihn dann doch einer kennt und mir sagt, daß er in der Nähe des Heinrichser Bäckers wohnt, ich dort jedoch eine Woche lang vergeblich an seiner Tür klingele, schließlich von Hausbewohnern erfahre, daß er bei seiner Lebensgefährtin wohnt und nur einmal in der Woche seinen Briefkasten hier leert, schreibe ich ihm einen Brief, erinnere ihn an unser damaliges »Moçambiquaner-Gespräch« und bitte, daß wir uns in diesen Tagen noch einmal darüber unterhalten. Aber ich bekomme keine Antwort.

Auch von der Wirtin der »Gaststube Krells Brauerei«, die mir 1982 von ihren moçambiquanischen Gästen berichtet hatte, erhalte ich zwar die Adresse, aber auf meinen Brief antwortet sie ebenfalls nicht.

»Chef, die Mutti gibt uns nichts!«

Gesprächsprotokoll von 1982, Nr. 4

Roswitha Menz*, Wirtin der Heinrichser »Gaststube Krells Brauerei«, in der die deutschen und moçambiquanischen Arbeitskollegen vor, während und nach der Arbeit trinken.

»Ich bin erst seit drei Monaten hier in der Gaststätte in Suhl-Heinrichs. Vordem arbeitete ich in Suhl in der Milch-Mokka-Eisbar. Ich war früher schon mal in Heinrichs verheiratet, wußte auch, wie die Heinrichser sind. Die sind eben blöd. Ganz ehrlich, die sind blöd. Die denken, nur sie hätten hier was zu sagen.

Kaum hatten wir die Gaststätte übernommen, da hieß es: ›Die Moçambiquaner müßt ihr rausschmeißen, die dürfen nicht rein!‹ Da hab ich gesagt: ›Ich schmeiß nur jemanden raus, wenn er randaliert.‹ Da schimpften sie: ›Aber die haben hier schon das Lokal zusammengepocht.‹ Sag ich: ›Das war doch bei jemand anders. Nicht bei mir. Solange sie sich anständig benehmen, solange sitzen sie genauso hier wie ihr!‹

Im großen und ganzen komme ich mit allen Moçambiquanern aus. Bis auf ein paar, wenn die Schnaps intus haben, fangen die an zu stänkern. Aber dann kriegen sie eben nichts mehr. Ich hab einen Spezi dabei, der ist mir schon 'n paarmal umgekippt. Das letztemal vor drei Wochen. Ich sprech: ›Du kriegst keinen einzigen Schnaps mehr. Du hast randaliert, du kriegst nix!‹ – ›Warum?‹ fragt er. ›Weil du nichts kriegst.‹ – ›Gar keinen?‹ – ›Du kriegst solange keinen Schnaps, bis es weh tut!‹ Der hat zwei Wochen lang keinen gekriegt. Und dann hab ich ihm erst einen am Tag, dann zwei gegeben.

Manchmal gehen sie dann zu meinem Mann und beschweren sich: ›Chef, die Mutti gibt uns nichts!‹ Und derjenige, der hier eine Schlägerei anfängt, der kommt nie wieder rein. Das wissen sie ganz genau. Und ich kann in der kurzen Zeit alle schon ganz genau voneinander unterscheiden.

Den reservierten Tisch für die Moçambiquaner, den haben

wir eingeführt. Denn früher haben sie überall gesessen. Und die Heinrichser haben gesagt, da setzen wir uns nicht mit hin! Ehrlich. Erst hatte ich ihnen in der Ecke einen Tisch reserviert, aber da hatte ich sie nicht unter Blickkontrolle. Wenn ihr Tisch voll ist, kommen sie zu mir und fragen, ob sie sich woanders hinsetzen können. Dann geh ich herum und frag die Leute. Was die Fremden sind, die akzeptieren sofort, daß sich ein Moçambiquaner zu ihnen an den Tisch setzt. Aber die Einheimischen grundsätzlich nicht. Höchstens ein paar Aufsichtsleute von Fajas oder andere, die mit den Moçambiquanern zu tun haben, erlauben es.

Am liebsten würden einige von den Heinrichsern die Moçambiquaner irgendwo abgetrennt in einem Lager nur für sich leben lassen. Da wird viel von Solidarität geredet, aber in Wirklichkeit sieht es oft ganz anders aus. Das ist auch das, was ich so hasse und worüber ich mich so aufrege, wenn die Heinrichser sagen: Nehm se und schmeiß se raus! Nehm se und schmeiß sie raus! Mein Sohn ist zur Zeit selber in Moçambique und hilft als Kfz-Mechaniker. Wenn den Moçambiquanern es mit meinem Sohn dort genauso machen würden, wie ich es nach dem Willen einiger Gäste hier mit den Moçambiquanern machen soll, also ich würde Tag und Nacht keine Ruhe mehr finden. Die Moçambiquaner wissen, daß mein Sohn unten ist. Deshalb sagen sie wohl auch Mutti zu mir.

Ihre Eßgewohnheiten sind ein bißchen anders als unsere. Sie wollen sehr fett essen, Eisbein, Jägerschnitzel, Feuerfleisch, extra scharf. Eier essen sie übrigens nicht sehr gern.

Es gibt auch Moçambiquaner, die haben schon ein Mädchen, einer sitzt mit seinem Mädchen fast jeden Tag hier rum. Sie scheinen zusammen zu arbeiten. Wenn's eine Liebe zwischen Schwarz und Schwarz und Weiß und Weiß gibt, warum soll's nicht auch eine zwischen Weiß und Schwarz geben? Ich würde natürlich keinen Moçambiquaner heiraten, von der reinen Logik her. Die gehen wieder weg. Ich bin dazu schon zu alt, um alles dafür in einen Topf zu kriegen. Ein junger Mensch sieht das nun mal anders.

Ostern haben wir hier erfahren, daß vorn am Konsum ein Moçambiquaner beschossen worden ist. Eine große Schweinerei! Wie können sie dem eine Ladung Schrot reinjagen. Da würde sich jeder andere von uns auch wehren. Der Bengel hat mit dem Luftgewehr geschossen, das er zur Jugendweihe bekommen hat. Wollt's ausprobieren. Wie beim Ku-Klux-Klan. Ich mein', das ist ja genau dasselbe wie damals, als der Kumpel – ein Weißer – aus dem Klo kam und latschte mir eine. Eine Maulschelle. Ich hab zurückgepocht, da lief ihm gleich das Blut, dann bin ich in die Küche und wollt' das große Schlachtmesser vom Koch holen. Doch der hat sich in die Tür gestellt. Ich hab den Typen vorher weder bedient noch sonst was, ich weiß überhaupt nicht, wie ich zu der Maulschelle gekommen bin. Es ist nicht vorstellbar, was man wieder geredet hätte, wenn das ein Schwarzer gemacht hätte. Überhaupt, wenn hier eine Schlägerei war, dann fragen alle: ›Die Schwarzen wieder?‹ – ›Ne‹, sag ich, ›die Schwarzen tun uns gar nichts.‹

Singen tun sie kaum am Tisch, sie hören gerne Diskomusik, und fabelhaft tanzen können sie. Wir hatten schon paarmal Familientanz hier, aber an den Tagen tu ich die Moçambiquaner ein bißchen raus. Da ist Pärchenbetrieb – meist ältere –, und sie haben keine Partner. Ich habe dann drangeschrieben ›Geschlossene Veranstaltung‹, damit das nicht so auffiel. Aber wir werden natürlich auch mal für sie einen Abend machen müssen. Damit das nicht zu kraß wird. Kundschaft haben wir genug, manchmal geht keiner mehr rein. Aber die meisten Moçambiquaner sind ja nun sehr schlank! Es gibt aber auch schon einige Dicke unter ihnen. Das sind wohl die Obersten, die eine Weile hier sind.

Außer dem einen Pärchen haben wir hier auch ein sechzehnjähriges junges Ding, die büxt laufend von zu Hause aus und geht mit den Moçambiquanern. Die sitzt immer hier am Negertisch und wartet darauf, daß einer kommt. Egal wer. Dann ist sie wie so eine Wilde. Und dann kommt die Mutter hierher, schreit rum, will sie nach Hause holen. Vorige Woche habe ich der Göre gesagt: ›Also Mädel, so geht das nicht! Werd dir mit deiner Mutter einig, auch wenn sie dich wieder ins Heim geben will, sonst muß ich dir Gaststättenverbot geben!‹ Aber sie sagt nur: ›Laßt mich doch alle in Ruh, ihr seid alle blöd!‹

Viele von den Fajasarbeitern, die sich über die Moçambiquaner aufregen, daß die faul sind, die sitzen selber den ganzen Tag nur hier in der Kneipe. Für die könnte man die Stechuhr auch im Wirtshaus anbringen. Wir haben Stammgäste, Arbeiter, die regelmäßig früh um zehn, halb elf kommen und um zwei, halb drei zum Schichtschluß wieder gehen. Und sie verdienen ein Schweinegeld. Ich versteh das auch nicht, wie die das machen, aber die gehen mit 1200 Mark im Monat heim. Also der Betrieb dürfte sich langsam mal einen anheuern, der nichts anders macht, als hier zu sitzen und aufzuschreiben, wer hier trinkt. Da könnten sie im Betrieb viel Geld einsparen. Zum Stechen gehen sie um halb drei Uhr schnell mal rüber, dann sitzen sie wieder hier.

Natürlich machen die Afrikaner das nach! Einer von ihnen, mein Schnapskumpel, saß mittags hier, kurz vor der Schule. Ein Bier und ein Schnaps, ich brachte es ihm, noch ein Bier und einen Schnaps. Ich brachte es ihm. Dann war die Zeit zur Schule ran. Er wollte noch ein Bier und noch ein Schnaps. ›Nein‹, sag ich, ›du gehst zur Schule.‹ – ›Nix Schule‹, sagte er, ›heute mache ich blau.‹ Ich hab ihm gesagt: ›Du kriegst kein Bier, entweder du gehst zur Schule, dann kannste wiederkommen und kriegst ein Bier.‹ – ›Ja, dann muß ich eben bezahlen.‹

Man kann eben auch als Wirtin nicht nur aufs Geld schauen! Natürlich hätte ich mehr verdient, wenn ich ihn hätte weiter trinken lassen. Nur die große Gusche haben, die Leute aus Moçambique hierherholen und sich nicht um sie kümmern, sich nicht einfühlen in sie, das geht nicht.«

Drei Wochen nachdem ich ihr geschrieben hatte, meldet sich Roswitha Menz am Telefon und entschuldigt sich. Sie ist auf

Gran Canaria gewesen. An unser Gespräch erinnert sich die Gastwirtin nicht mehr. Aber falls ich wegen der moçambiquanischen Gäste Nachfragen hätte, könnten wir uns treffen. Am besten gleich morgen, Rentner hätten keine Zeit, übermorgen würde sie wieder verreisen. Wir verabreden uns im Suhler Stadtcafé.

Roswitha Menz ist eine zierliche, sehr lebendige Frau. Genauso schnell, wie sie spricht, wandern ihre Augen umher, beobachten die Kellnerin. »Ich habe nebenbei in vielen Suhler Gaststätten gearbeitet. Meist an den Wochenenden als Aushilfskellnerin.« Ansonsten war sie Prüferin im Jagdwaffenwerk, »bis auf die Zeit, in der wir die Gastwirtschaft in Heinrichs in Kommission hatten.« Doch das hat nicht lange gewährt. »Wegen einer Wirbelsäulenverletzung konnte mein Mann nicht mehr an der Theke stehen, keine Bierkästen mehr heben. Ein Betrunkener hatte ihn brutal zusammengeschlagen.«

»Ein Moçambiquaner?«

»Nein, ein Deutscher!«

Bevor sie die Gaststätte verließ, hatte sie noch einmal das Lieblingsessen der Moçambiquaner gekocht: extra scharf mit Chili gewürztes Feuerfleisch. Manche der Afrikaner hat sie später in anderen Gaststätten wiedergetroffen. »Und keiner von ihnen machte mir Ärger, nicht einer hat – wie manch ehrbarer DDR-Bürger – bei mir die Zeche geprellt.« Allerdings hätten sie auch niemals ein besonders großzügiges Trinkgeld gegeben. »Mal 20, mal 30 Pfennig. Und jedesmal fragten sie, mich dabei groß anschauend: ›Mama, bist du zufrieden?‹«

Heutzutage trifft sie kaum noch einen Afrikaner in Suhl. »Jedenfalls am Tag nicht, wenn ich durch die Stadt laufe.« Denn abends geht sie nicht mehr aus dem Haus. »Wir bleiben abends zu Hause. Wer weiß, was passiert, wenn diese Schläger in Suhl keine Schwarzen, keine Vietnamesen oder keine Linken zum Abreagieren finden, die lassen dann auch an alten und versehrten Menschen ihre Wut aus.«

Im Urlaub im Ausland dagegen würde sie nachts sogar allein durch die engsten Gassen der Altstädte laufen. Ohne Angst haben zu müssen.

Ich zeige ihr Fotos der Moçambiquaner aus dem Jahr 1982. Sie erinnert sich nur noch an wenige. An Manuel beispielsweise. Manuel sei ein »guter Kunde« gewesen.

Tomas, der Trommler, hatte mir gesagt, daß Manuel noch in Suhl wohnt, genau wie Lázaro*, der zur Zeit seine Umschulung als NC-Dreher absolviert, im nun schon alten Suhler Neubaugebiet. Ob Manuel arbeitet, weiß Tomas nicht. »Er hat wohl Probleme mit dem Alkohol. Begann zu trinken, als er in die DDR gekommen war. Und trinkt immer noch.« Außerdem sei er sehr oft krank. »Er hat schon eine Zeitlang die Versehrtenrente erhalten«, sagt Tomas. »Manuel muß regelmäßig ins Krankenhaus. Mal versagen Nieren und Leber, oder er kann nicht gehen, nicht essen. Bei ihm ist immer was krank ...«

Auch als ich Manuel anrufe und frage, ob wir miteinander reden können, hat er einen Krankenhaustermin. Aber heute, am Sonntag, könnten wir uns unterhalten. Er würde mir Geschichten aus seinem Leben erzählen. Ich müßte auch seinen Namen nicht ändern, ihn würde keiner von den Assis, den Glatzen, schlagen: »Die Jungens kennen mich alle seit vielen Jahren.«

Die Wohnung von Manuel, der noch wie ein großer, lausbübischer Junge aussieht, ist schmucklos. Weder ein Bild aus Moçambique noch Papierblumen oder afrikanische Schnitzereien. Nur eine alte lackglänzende DDR-Schrankwand, Couch, Sessel, Tisch und Fernseher. Die Weinflasche, die ich mitgebracht habe, stellt er, als ich sage, daß ich Auto fahren müsse, zufrieden als Reserve für den Abend zur Seite. Abends kämen seine Kumpel, deutsche Kumpel ... Einer davon, im Gegensatz zum kleinwüchsigen Manuel ein Riese, taucht, während wir uns unterhalten, immer wieder auf. Eine Büchse Bier in der Hand, fragt er, wie lange das Gespräch noch dauere.

»Das ist Fredi* aus Schwarza«, sagt Manuel. Er hat schon in

der DDR oft mit ihm ein Bier getrunken. »Wir waren immer zusammen. Aber dann mußte er wegen eines Blödmanns, einem meiner moçambiquanischen Kollegen, mit dem er sich geprügelt hat, für achtzehn Monate ins Gefängnis. Wurde wegen Rassismus verurteilt. Der Moçambiquaner hatte ein Messer in der Hand. Fredi mußte sich verteidigen, aber er wurde wegen Körperverletzung und Rassismus verurteilt. Rassismus – dabei war ich, ein Afrikaner, sein Kumpel.«

Ich bezweifle, daß in der DDR wirklich offiziell Rassismus in der Urteilsbegründung stand, und will diesen Fredi selber fragen, doch er holt er sich keine Bierbüchse mehr. Manuel verspricht, daß er, sobald er aus dem Krankenhaus zurück ist, ein Gespräch mit Fredi organisieren wird.

Weshalb er in das Krankenhaus müsse? Nun, das sei eine lange Geschichte. Seit fünf Jahren hätten die Ärzte seine seltene Krankheit immer noch nicht vollständig erkannt. »Mal stimmen die Blutkörperchen nicht, dafür ist die Niere o. k., am nächsten Tag sind die Beine geschwollen, aber die Blutkörperchen wieder in Ordnung, doch das Herz arbeitet nicht mehr richtig … Alles Störungen der Körperfunktionen. Sie kennen mich schon auf der Station. Wenn ich die Versehrtenrente wieder beantragen wollte, würde der Chef sofort unterschreiben!«

Doch das will er nicht. Manuel wartet auf einen Termin zur Umschulung als kaufmännischer Angestellter. »Damit ich einen ordentlichen Beruf habe, wenn ich nach Moçambique zurückgehe.«

Er war schon zwölf Jahre nicht zu Hause. »Wegen einer Frau, sie lebte bei meiner Mutter, und wir sind wie Geschwister aufgewachsen. Sie wohnt noch in Maputo, ist verheiratet und hat Kinder. Aber wenn wir es schaffen, uns fünfzehn Jahre nicht zu sehen, dann wird sie noch meine Frau werden, hat sie versprochen.«

Außerdem gibt es eine Wette zwischen ihm und seinen beiden älteren Brüdern. »Wer es schafft, bis vierzig unverheiratet zu bleiben, gewinnt die Wette. Mein ältester Bruder heiratete schon mit dreiundzwanzig. Der Mittlere lebt zwar mit einer Frau zusammen, aber sagt nicht, ob er mit ihr verheiratet ist.« Wegen dieser Wette, so erzählt Manuel, habe er auch seine deutsche Freundin nicht geheiratet, die immerhin drei Kinder von ihm hat. (»Und noch kurz bevor das dritte geboren wurde, mit einem anderen Mann abgehauen ist.«)

Und worum habt ihr gewettet?

»Um eine riesengroße Plantage mit Kokosnüssen und Früchten, das Erbe meiner Großeltern. Sie waren reiche Kaufleute in Inhambane.«

Manuel wird in diesem Jahr vierzig. »Und dann bin ich ein gemachter Mann. Wenn ich es schaffe, noch drei Jahre länger zu warten, bis ich nach Moçambique fahre und meine Brüder und meine Mutter wiedersehe, habe ich eine Plantage und eine Frau …«

Und dein Vater?

»Er fuhr ein Taxi in Maputo. Was er jetzt macht, weiß ich nicht. Schon als ich Kind war, kam er kaum noch nach Hause. Hatte viele Frauen. Einen meiner Halbbrüder traf ich später wieder, doch auch bei dessen Mutter ist er nicht geblieben.« Manuels Mutter arbeitete in einer Druckerei. Sie brachte Bücher und Hefte mit nach Hause, und die Kinder konnten dank des Geldes vom Kaufmannsgroßvater sogar in Maputo die Hochschule besuchen. Auch Manuel ist mit neun Jahren auf eine Privatschule geschickt worden. »Wir hatten weiße Lehrer aus Portugal.« Leider hätte er, der jüngste der drei Brüder, die Schule aber nicht beenden können. »Denn als die FRELIMO-Truppen die Portugiesen verjagten, schloß man die Privatschule.« Wahrscheinlich wäre es sein Schicksal, immer zu spät zu kommen. 1989 hätte er in der DDR seine Berufsausbildung als Schweißer und Lackierer begonnen, kurz bevor der Betrieb alle Moçambiquaner entließ.

»Aber alles halb so schlimm, am 11. September werde ich vierzig, bin unverheiratet, also Gewinner des Erbes, ein reicher Mann, Plantagenbesitzer …«

Es klingelt wieder. Ein junger Mann mit schmuddligem, abgeschabtem Anorak sagt, daß sie in der Kaufhalle überlagerte Wurstbüchsen umsonst bekommen haben. Sie bräuchten nur noch Brot und ein paar Büchsen Bier. Manuel hat kein Bier, aber er sagt, daß er in einer halben Stunde runterkomme ...

Ich frage, ob es nicht besser gewesen wäre, hier zu heiraten, als auf die Plantage in Afrika zu warten.

Não, nein, nein! Sein Freund Lázaro, der NC-Dreher gleich nebenan, der sei mit einer Deutschen verheiratet und müsse sich deshalb auch danach richten, was seine deutsche Frau wolle. »Wie Tomas bei seiner Karin.«

»Karin, die zuvor mit diesem Lino verlobt war?«

»Ja, sie arbeitete mit Lino in der Rollermontage.«

»Sie hat mir 1982 erzählt, daß sie nie mehr einen anderen Mann wolle als ihren Lino. Aber ein Jahr später war sie mit Tomas verlobt. Weshalb?«

Manuel sagt, so als sei das die nebensächlichste Sache der Welt: »Weil ihr Lino inzwischen im Gefängnis saß und danach sofort nach Moçambique abgeschoben wurde.«

Ob ich mich nicht erinnern würde? »Im Winter 1982/83 haben sich Lino und zwei andere Moçambiquaner im Zug zwischen Meiningen und Suhl mit einem NVA-Soldaten gestritten. Alle waren betrunken. Und sie haben ihn im Streit während der Fahrt aus dem Zug geschmissen. Der Soldat war tot.«

Ich frage Manuel zweimal, ob die Geschichte stimmt.

Ja, sagt er. Sie wurde offiziell im Heim ausgewertet, aber sie durften in der Öffentlichkeit nichts darüber berichten.

Nun verstehe ich, weshalb Tomas, der Briefträger, mir nichts über Lino, den früheren Verlobten seiner Frau, erzählt hat ...

Manuel hat seine deutsche Freundin kennengelernt, als sie erst vierzehn Jahre alt war. »Sie saß fast jeden Tag auf der Bank vor dem Wohnheim. Schwänzte oft die Schule und wartete auf mich. Damals war ich achtzehn Jahre alt. Aber die anderen Kollegen warnten mich. Es sei hier nicht wie in Afrika möglich, ein Mädchen mit vierzehn zu bumsen und dann zu heiraten. Also habe ich die Finger von ihr gelassen, sonst wär's wohl mein letzter Tag in der DDR gewesen. Aber sie war wie eine Wilde, sie kam immer wieder. Und ich war heilfroh, als man mich 1985 nach Neustadt in den Landmaschinenbaubetrieb schickte. Dort sagte mir später ein Kumpel, der aus Suhl zu Besuch kam: ›Du, Manuel, das Mädchen ist jetzt achtzehn, jetzt geht's.‹ Ich hab sie dann nach Neustadt geholt, die Eltern waren froh, daß sie weg war. 1990 sind wir zurück nach Suhl gegangen, lebten zusammen. 1994, einen Monat vor der Geburt des dritten Kindes, ist sie dann verschwunden. Irgendwohin in den Westen. Ich konnte sie damals doch nicht heiraten wegen der Wette. Oder hätten Sie wegen einer Frau auf eine große Plantage verzichtet?«

Alimente, sagt er, muß er keine bezahlen, er verdient ja nichts!

Wir verabschieden uns. Weil er am nächsten Tag ins Krankenhaus muß, möchte er – unentwegt klingelt irgendeiner – noch ein wenig mit den Kumpeln feiern. Aber er will mich bei seinem Freund Lázaro, dem Dreher, anmelden. Es sei besser, vorher anzurufen, damit der in Ruhe seine Fernsehsendung zu Ende gucken könnte. »Lázaro ist offiziell kein Moçambiquaner mehr. Er hat seine Heimat eingetauscht gegen die deutsche Staatsbürgerschaft. Als einziger Moçambiquaner aus Suhl. Aber er schaut jeden Tag für extra Geld das portugiesische Fernsehen mit Berichten aus Moçambique. Ich dagegen werde Moçambiquaner bleiben, ich will kein Deutscher werden.«

Lázaro, so hat Manuel gesagt, wohnt gleich nebenan. Ich laufe also die Straße von der Nummer 23, in der Manuel wohnt, hinauf, bis sie bei 64 endet. Und laufe dann die Nummern wieder zurück, frage die Leute, muß einen Abstieg hinunter und finde etwas abseits der Häuserzeilen am Anfang das Ende, die Nummer 83. Vachdorf ist überall, denke ich, zumindest in den Neubaublocks …

Am Klingelbrett steht nicht Lázaros afrikanischer Name, sondern der seiner deutschen Frau.

»Zur Sicherheit, für alle Fälle«, sagt der Afrikaner, der einen deutschen Bierbauch hat.

Ich frage ihn zuerst nach dem toten NVA-Soldaten neben dem Bahngleis.

»Ja, einer von den drei moçambiquanischen Kollegen kam noch nachts zu mir und hat mir alles erzählt.« Diese Geschichte würde stimmen. Ansonsten aber, er lacht, müßte man bei Manuels Erzählungen aufpassen. »Ein lieber, guter Junge ist er. Aber man kann ihm immer nur die Hälfte glauben, er erzählt die phantastischsten Geschichten, um sich selbst etwas vorzumachen. Einer, der zwölf Jahre nicht zu Hause war, verliert doch alle Wurzeln.«

Von der Frau, die er fünfzehn Jahre nicht sehen darf, von der Wette um die Plantage weiß sein bester Freund Lázaro nichts. Er weiß nur, daß Adelinos Frau Ana für Manuel den Kontakt zu seiner Mutter wiederhergestellt hat. »Aber er hat ihr trotzdem nicht geschrieben. Er will wohl gar keinen Kontakt mehr.«

Manuel sei sehr krank. Aber er habe keine unbekannte Krankheit, sondern … »Also die Folge von zuviel Alkohol. Er hat immer schon deutsche Freunde gehabt, die mit ihm trinken. Assis und sogar Mitglieder dieser Banden, die andere zusammenschlagen. Auch ihn haben sie schon einmal zusammengeschlagen, ich weiß es. Aber er gibt es nicht zu, weil er sich sonst schämen muß, daß er sie nun in seine Wohnung mitnimmt, diese Schläger, und mit ihnen trinkt. Er ist genauso geworden wie ein deutscher Assi. Die sagen doch: ›Wozu arbeiten, mir reicht die Stütze. Und solange ich nicht arbeite, muß ich keine Alimente bezahlen, also werde ich doch nicht für die Alimente arbeiten.‹ Das ist die Lebensmaxime dieser Assis, dieser Nazis.« Lázaro sagt, das merke ich später im Gespräch, für Assi mal Nazi und für Nazi mal Assi. »Manuel hat, seitdem er in der DDR ist, vieles hier nachgemacht. Und seine afrikanischen Wurzeln sind längst verdorrt. Aber wir dürfen ihn nicht allein lassen«, sagt Lázaro, der gläubige farbige Katholik und deutsche Staatsbürger.

»Unsere Leute haben auch die Moçambiquaner versaut.«

Gesprächsprotokoll von 1982, Nr. 5

Rudi Gradtke, 62 Jahre, seit 37 Jahren im Betrieb, Meister, hat lieber mit Moçambiquanern als mit DDR-Kollegen zusammengearbeitet.

»Seit 1946, im Oktober waren es 36 Jahre, arbeite ich im Betrieb. Bin aus der Gefangenschaft gekommen und gleich hierher. War 'ne Zeitlang als Monteur eingesetzt im Fahrradbau, danach Schichtleiter, noch mal umgeschult. Ich hatt' zwar 'nen Beruf – Fischer gelernt, ich komme aus Niederschlesien, ist jetzt polnisch –, aber hier in Suhl mußte ich nach dem Meisterlehrgang – das war der erste Meisterlehrgang, der überhaupt hier gelaufen ist, wir haben noch über drei Jahre machen müssen –, damit sie den Meister anerkannten, noch nebenbei den Werkzeugschlosserfacharbeiter nachgeholt, nach Feierabend. Gefeilt und alles, du weißt ja, was Lehrlinge, die Stifte, alles machen müssen. Und das als Schichtleiter!

Dann habe ich ein Jahr die ersten Mopeds im Werk mitgebaut, die S-50-Moped-Montage eingerichtet, später übernommen. Und danach war ich drei Jahre in der Leitung, Abteilung ›Sozialistischer Wettbewerb‹.

Hat mir nicht gefallen als Sesselbumser da oben, bin ich wieder in die Produktion, Bereichsleitung, Dispatcher, sieben Jahre in der Montage. Die fahren da 29 Mopedtypen, England-Ausführung, BRD-Ausführung, Afrika-Ausführung usw. … Über einhundertsechzig Arbeitskräfte, in zwei Schichten, das war dann doch zu viel für mich. Für meine letzten Jahre hab ich mir was

Ruhigeres ausgesucht, bin Meister in der Radspinnerei. Man soll wissen, wie lange man so was kann, ich bin jetzt 62. Im April 86 werde ich 65, könnte aufhören, aber ich werde noch bis Oktober bleiben, vierzigjähriges Jubiläum. Und dann ist endgültig Schluß.

Was ich in den vierzig Jahren nicht geschafft habe? Naja, nimm die Ordnung und Sauberkeit – so 'ne große Abteilung wie die Montage, das ist 'n Saustall von oben bis unten. Hier stecken sie doch alles rein: Lehrlinge, Bereitschaftspolizisten, Schüler, Ausländer, Aushilfen aus den Büros – und jeder schmeißt seinen Dreck, sein Papier dahin, wo er will. Plan, Plan! Nur die Mopeds, die vom Band kommen, zählen.

Da ist es auch nicht leicht, sich um die einzelnen Leute zu kümmern. Wir haben beispielsweise einen dabei, der jeden Monat ein- bis zweimal blaumacht, weil er am Tag zuvor gesoffen hat. Angesoffen darf er nicht arbeiten, also bleibt er gleich zu Hause. Aber wenn er da ist, legt er eine saubere Arbeit hin. Ein strenger Verweis war jedes Jahr in den Akten, er hat nie Jahresendprämie bekommen, das war bei ihm schon eingeplant. Aber ich war jedesmal froh, wenn der Kerle wieder erschien. Ob das die richtige Art als Leiter ist, weiß ich nicht. Doch in unserer Gesellschaftsordnung, wenn's kein Straffälliger ist, irgendein Kollege muß sich ja mit dem Mann beschäftigen. Hätt' ich 'n rausgeflammt, wäre er vielleicht ein Assi geworden. Entschuldige, du wolltest ja was von den Moçambiquanern wissen. Die moçambiquanischen Kollegen waren anfangs sehr begeistert von dem, was sie hier erwartet, haben eine vorbildliche Arbeitsdisziplin und einen Eifer hingelegt, da konntest du nur staunen. Wenn wir es als Kollektiv verstanden hätten, sie weiter so zu beeinflussen, wäre auch alles gut gelaufen. Aber leider muß ich sagen, daß am Band, in der Montage, fast neunzig Prozent der Arbeitskräfte keine geistigen Größen sind. Es gibt kaum welche, die den Facharbeiter haben, nicht mal die von den Leitungskräften, und nur wenige, die einen 10-Klassen-Abschluß haben. Statt dessen negative Burschen mit einer unmöglichen Disziplin, die auch die moçambiquanischen Kollegen versaut haben. Wer 'nen Facharbeiter hat, geht nicht freiwillig ans Band. Da stehste acht Stunden an der Zange, kannst nicht mal zehn Minuten aufs Klo. Fließbandarbeit ist 'ne Arbeit, die man abschaffen sollte. Mir haben die DDR-Kollegen in der Montage mehr Sorgen gemacht als die Moçambiquaner. Wenn du mich fragst, ich würde am liebsten nur mit Moçambiquanern arbeiten. Während der Arbeitszeit saufen, das wissen sie, das ist verboten, haben sie am Anfang auch nicht gemacht …

Natürlich haben wir versucht, ihnen beizubringen, was sie zu Hause brauchen können, nicht nur Mopeds bauen, auch Maschinen bedienen und so. Sie sind Arbeiter, und ich bin Arbeiter. Da hilft man sich. Und Weiß oder Schwarz spielt da keine Rolle, höchstens, daß sie mehr Stolz haben, mehr Nationalstolz, auch auf ihre schwarze Farbe.

Nimm unsere Mädchen. Bei mancher ist von Stolz keine Spur, im Gegenteil. Daß die moçambiquanischen Kollegen von vielen unserer Mädchen bis aufs Hemd ausgenommen werden, das ist amtlich. Moçambiquanische Kollegen, die von mir, weil ich auch Schöffe am Kreisgericht bin, eine Rechtsauskunft haben wollten, erzählten mir, daß sie eine deutsche Freundin hatten und ihr 'nen Ring, 'ne gute Hose kauften und anderes teures Zeug. Plötzlich war'n sie auseinander, das Mädchen ging, und die Moçambiquaner wollten mit aller Gewalt ihre Sachen wiederhaben. Wenn die Frau zurückgeht, muß sie die Geschenke zurückgeben, das wäre bei ihnen in Afrika so. Sie verstehen nicht, daß man das in der DDR nicht wiederkriegt.

Sie verdienen gutes Geld, einige haben bis zu 160 Überstunden im Monat. Ist gesetzlich verboten, aber wir sagen nichts. Acht Stunden Frühschicht in ihrer Abteilung, und dann kommen sie zu mir und machen noch mal acht Stunden Sonderschicht am Band. Ich habe sie meist für die zweite Schicht gebraucht bis um 22 Uhr. Früh um 6 Uhr begannen sie dann ihre Arbeit in der Motorenfertigung oder anderswo. Die Meister von dort riefen oft an, weil der Mann bei ihnen keine Leistung gebracht hat.

Aber nachmittags kam er wieder – ›Meister, Sonderschicht machen!‹ Und ich war froh, daß er da war, um den Plan zu erfüllen.

Auseinandersetzungen, die mit Aussprache oder Verweis endeten, gab es in der Brigade selten. Einer hat mal zu einem Moçambiquaner gesagt: ›Du schwarzes Schwein, mach, daß du an deine Arbeit kommst.‹ Da haben wir eine Disziplinarmaßnahme eingeleitet. Auch in den Arbeitsberatungen, die ich jeden Monat gemacht habe, habe ich den DDR-Kollegen gesagt, wie wir uns den Moçambiquanern gegenüber verhalten. Ich habe auch darauf aufmerksam gemacht, daß das Wort Neger oder Schwarzer nicht zu gebrauchen ist, obwohl ich das Wort Schwarzer gar nicht so verwerflich finde, denn wenn ein Moçambiquaner zu mir Weißer sagt, hat er ja auch recht. In der Arbeit sind wir sowieso gleich. Das gab es nicht: Hier sitzen in der Pause die Moçambiquaner, hier sitzen die DDR-Arbeiter. Höchstens hier sitzen die moçambiquanischen Arbeiter und die aus der DDR und dort sitzen die Leiter!

Manchmal allerdings möchte ich in das Gehirn der Moçambiquaner gucken können. Was sie in der Schule erzählt bekamen, wie wir den Sozialismus aufbauen – und was sie dann in der Praxis für Erfahrungen machen müssen. Sie haben sich öfter bei mir beklagt: Die Lehrer erzählen, in der DDR muß man sachgerecht und sparsam mit dem Material umgehen, aber die DDR-Kollegen gehen nicht sparsam damit um, und die Leiter – das könnte ich gewesen sein – schimpfen mit den Moçambiquanern, wenn sie zum Feierabend den Arbeitsplatz kehren und nicht alle Schrauben auflesen, aber die DDR-Leute haben den Müll einfach weggeschüttet! Und wenn ich nachguckte, war es in der Tat so: Die Moçambiquaner haben gekehrt, die Deutschen das Zusammengekehrte weggeschüttet. Die Moçambiquaner werden immer wieder vergleichen, was man ihnen hier vom Sozialismus erzählt und wie er konkret auf der Arbeit aussieht.

Ums abzuschließen – so gut, wie die Brigade ist, wo du die Moçambiquaner reinsteckst, so gut werden sich die Moçambiquaner entwickeln. Tust du sie in so 'ne Sautruppe wie hier, geht es ins Auge. Arbeiter werden nu' mal zuerst von Arbeitern, also von denen, mit denen sie arbeiten, erzogen.«

Lázaro, der Dreher, ist auf den ersten Blick von dunklerer Hautfarbe als Adelino, Tomas und Manuel. Kohlrabenschwarz. »Ich bin ein Urafrikaner«, sagt er stolz. Rechts neben seiner Wohnzimmertür hat er die grün-schwarz-gelbe Flagge von Moçambique an die Wand gezwickt. Links im Regal stehen aus Eichenholz gedrechselte moçambiquanische Becher, Mörser und Vasen. Und im Fernsehapparat läuft das über Extraschlüssel für Extrageld bestellte Programm mit Nachrichten aus Moçambique.

Ich frage, ob es stimmt, daß er der einzige in Suhl lebende Moçambiquaner ist, der seine Staatsbürgerschaft abgegeben und dafür die deutsche angenommen hat.

»Ja, nur ich darf ins Rathaus gehen zur Wahl. Und ich kann mich als Arbeitsloser mit meinen Sorgen direkt in der Stadtverwaltung bei Herrn Oberbürgermeister Martin Kummer melden. Alle anderen müssen zur Ausländerbehörde. Denn ich bin ein Staatsbürger der BRD.«

»Weshalb?«

»Meine Kollegen aus Magdeburg und Dresden sagten: ›Man weiß nie, was noch für eine Regierung in Deutschland kommt. Es gibt nur eine Sicherheit, daß man dich eines Tages nicht noch ausweist: Lázaro, du mußt deine Heimat hergeben.‹«

Er schaltet, weil es beim Tonbandinterview stört, den Fernseher ab.

Ruhiger wird es im Zimmer trotzdem nicht. Denn nun krächzt und pfeift und schwadroniert ein Wellensittich so laut in seinem Käfig, daß er bei der Aufnahme nicht zu überhören ist. Lázaro nimmt ein Tuch, deckt es über den Käfig. Und sofort ist Ruhe.

»Mit Menschen das zu machen ist nicht möglich«, philosophiert Lázaro. »Ihre Schreie sind immer zu hören. Nur, wer hört Menschenschreie?«

Bevor er in die DDR ging, »um zu lernen, zu lernen und nochmals zu lernen«, war Lázaro in Moçambique schon verlobt. »Wir hatten zwei Kinder, Sofia und José. Sofia ist am Hunger gestorben.«

Als er 1984 zum erstenmal nach Hause flog, hatten seine Briefe mit der Ankündigung seiner Ankunft seine Verlobte Fátima nicht mehr erreicht. Sie war vor den mordenden und plündernden Soldaten zu ihrer Mutter auf die kleine Insel Barabad geflohen. Zwischen Angoche, ihrem gemeinsamen Heimatort auf dem Festland, und der Insel hätte Lázaro vier Stunden rudern müssen.

»Aber auf der Insel Barabad leben unsere alten traditionellen Geister, und jedes kleine Boot, das sich der Insel nähert, wird von ihnen zerstört. Die Haie fressen die Ruderer.« Lázaro besaß kein Boot, er stand lange am Meer. Und schrie und schrie. »Aber niemand hat mich gehört, meine Verlobte nicht und auch mein Kind nicht.«

Seine Eltern waren tot. »An kleiner Krankheit im Bauch und in der Lunge gestorben. Es wäre zu heilen gewesen, aber es gab keinen Arzt und keine Medizin.« Nur zerschossene und in die Luft gesprengte LKW mit verkohlten Leichen.

Lázaro flog zurück in die DDR. 1997, als er wieder nach Moçambique kam, hat er auf einem Video seine Stadt, die ehemalige Verlobte, die längst verheiratet war, und seinen Sohn José zur Erinnerung aufgenommen.«

Noch einmal, erzählt er, hätte er geschrien. »Aber diese Schreie konnte niemand hören. Ich lag 1990 drei Nächte zwischen Obdachlosen auf dem Münchener Hauptbahnhof. Menschen stiegen über mich hinweg wie über eine abgestellte Kiste. Aber die Kiste atmete, weinte. Sie schrie. Lautlos.«

Lázaro war 1990 im Neustädter Landmaschinenwerk »Fortschritt«, wie alle anderen Moçambiquaner auch, gekündigt und »abgeschoben« worden. Er flog jedoch nicht wie die anderen zurück, erhielt drei Monate Visaverlängerung. Fuhr zu seiner Freundin Bärbel* nach Suhl.

»Ohne Arbeit und ohne Wohnung wird man dich einsperren«, hatten seine Kollegen zum Abschied gesagt. Also suchte er sich einen Job in Coburg. Eine Wohnung allerdings fand er dort nicht. Ein mit ihm arbeitender Italiener sagte damals: »Hier hast du keine Chance, Lázaro, hier gibt es keine Wohnung, du mußt in eine große Stadt gehen.« Und als Lázaro davon erzählt, redet er, der sich sonst müht, lange, verständliche Sätze zu sprechen, so laut, so schnell und so abgehackt, daß ich das Tonband wieder und wieder abhören muß, um ihn zu verstehen.

»Er sagt also: ›Gehst du in große Stadt!‹

›Große Stadt, wo ist das?‹

›Ja, Hamburg, Nürnberg, München – dort viele Wohnungen leer, und Arbeit gibt es.‹

Ich frage ihn, wie man hinkommt in die große Stadt.

›Mit Zug!‹

Ich kaufe eine Fahrkarte nach München. Komme dort an. O mein Gott – viele Leute, großer Bahnhof, große Stadt. Lázaro weiß nicht, wohin gehen. Ich kenne keinen Menschen. Ja, große Stadt, sehr große Stadt! Aber dann kommt Polizei, ich verstecke mich. Drei Tage im Bahnhof auf der Erde geschlafen. Dann finde ich einen älteren Mann, fünfunddreißig Jahre, Marokkaner, ein Penner ohne Wohnung. An den rangehängt. Er zeigt mir, wo es warme Suppe gibt. Wo Caritas Essen verteilt. Aber er sagt auch: ›Du, Lázaro, kein Papier, also auch keine Arbeit. Nur Pfarrer, guter Mann, kann dir noch helfen.‹ Am nächsten Tag bringt der Pfarrer Decken und Tee, nimmt mich mit in sein Büro. Gibt mir 100 DM. Sagt: ›Aber verstecke es, damit es dir keiner klaut.‹ Er weist mir Wohnung an in der Kerch, im Kellerraum, da schlafen schon viele.

Aber dann die Polizei in München. Die sagt: ›Du hast nur Ausreisepapier, du bist illegal, ohne Stempel der Bundesrepublik! DDR-Stempel hier ungültig, illegal!‹ Ich schreie: ›Ich komme von Regierung mit Vertrag, mit Arbeit, nicht Flüchtling, nicht Asylant …‹ Aber sie sagen: ›Geh zurück in den Osten, wir müssen dich hier verhaften und abschieben!‹ Ich gehe nach Suhl, sage, daß ich zehn Jahre in DDR gearbeitet. Aber die Beamten nur sehen Stempel und Abschiebepapiere von München. Sie behandeln mich wie einen Fremden, Flüchtling, Asylbewerber. Dabei kannte ich hier jede Straße genauso gut wie sie. Aber ich war ein Fremder.«

Nach dem Erlaß der Innenministerkonferenz für vietnamesische und moçambiquanische Vertragsarbeiter bekam auch Lázaro nach Intervention in Erfurt eine Aufenthaltserlaubnis.

»Doch in meinem Paß war mit roter Schrift noch zu lesen: ›Ausreise‹. Zuerst ich habe Paß saubermachen lassen, und dann habe ich 1992 als erster Moçambiquaner in Suhl geheiratet. Bärbel geheiratet.«

Adelino war ihr Trauzeuge. Und der Oberbürgermeister gratulierte persönlich.

»Als ich danach beschloß, auch die deutsche Staatsbürgerschaft anzunehmen, gaben sie mir auf der Behörde vieles Papier. Sagten: ›Überlegen Sie richtig, Herr Lázaro Cossa. Mit Ihrem Paß geben Sie Ihr Land ab, die Heimat!‹ Ich zwei Wochen überlegt, aber ich will hier leben, schon weil ich nicht sterben möchte wie meine Mutter und mein Vater, weil sie hatten keinen Arzt und keine Medizin … Und dann die Arbeit, als Ausländer bekommst du immer nur kurze Arbeit. Weil Unternehmer denken: Aha, ein Ausländer! Will sehr schnell viel Geld machen und dann wieder weg nach Hause. Ich nicht. Ich bleibe hier, ich bin ein deutscher Arbeiter.«

Bevor er deutsch wurde, den moçambiquanischen Ausweis abgab und sich den deutschen Paß im Rathaus abholte, hat er zwei, drei Bier getrunken. »Bei der Einbürgerung überreichte mir Herr Martin Kummer persönlich die Papiere. Er sagte: ›Du bist jetzt wie unser Sohn, Lázaro Cossa.‹«

Und das hätte er immer beherzigt, das mit dem Sohn. Wenn er Probleme hatte, beispielsweise als die Firma, bei der er arbei-

tete, pleite ging und er einen neuen Job brauchte, ging er »wie
ein deutscher Bürger ins Rathaus zu Herrn Martin Kummer«.

Zweimal hat er persönlich mit Oberbürgermeister Kummer
gesprochen. Beide Male war er zuvor krankenhausreif geschlagen worden. Das erstemal in Suhl-Nord zur Weihnachts-
zeit. Er kennt die Leute dort im Wohngebiet, hat mit ihnen
Fußball gespielt.

»Ich trinke mein Bier in Gaststätte neben Rewe. Gehe. Sechs
Glatzen hinter mir. Und plötzlich, ohne was zu sagen, schlagen
sie zu. Bum! Bum! Eine Rippe kaputt. Geblutet. Im Krankenhaus hat die Kripo alles aufgenommen.« Anschließend ging
der deutsche Bürger Lázaro Cossa zum Oberbürgermeister.
Der war, so erzählt Lázaro, sehr bestürzt.

»›Ich kenne das Problem. Wir müssen dagegen ankämpfen.‹
›Aber wie kämpfen?‹ fragte ich. ›Die waren sechs und ich
nur einer …‹«

Das nächstemal schlug man ihn im Sommer 2001 auf dem
Rummel in Suhl zusammen.

»Ich unterhalte mich mit den Leuten. Da kommen welche,
die ich nicht kenne, schreien: ›Neger, mach dich raus! Was
willst du hier?‹ Sie schlagen, ich wehre mich. Aber zwei halten mich fest, die anderen schlagen zu. Meine Frau Bärbel
ruft: ›Helft doch!‹

Ein Deutscher informiert die Polizei und das Krankenauto.
Im Krankenhaus hat die Polizei wieder alles aufgenommen.
Und danach gehe ich wieder zu Herrn Martin Kummer und
sage: ›Was mach' mer nu? Ich kann mich nicht jeden Abend in
der Wohnung langweilen und verstecken. Ich will rausgehen,
ich bin doch ein deutscher Staatsbürger.‹«

Inzwischen würde die Polizei »auf Anweisung von Herrn
Martin Kummer« beim Rummel und anderen Volksfesten
Streife fahren.

Die deutschen Glatzköpfigen, die den deutschen Lázaro geschlagen hatten, konnten von der Polizei inzwischen ermittelt
werden. »Meine Frau Bärbel ging zur Polizeidirektion und

wollte wissen, ob sie bestraft sind, aber man sagte ihr: ›Ne, noch net!‹«

Seine Frau ist zierlich, hat kurze Arme und sehr kleine Hände. »Sie ist zu schwach, sie konnte mir nicht helfen, sie konnte nur schreien.«

Abends, wenn die Angestellten ihre Büros verlassen haben, macht sie stundenweise das Arbeitsamt sauber. »Alleine nachts lasse ich sie nicht mehr. Dann hole ich sie.«

Und früher, in der DDR?

Früher sei er nachts oft vom Suhler Zentrum bis ins Wohnheim nach Heinrichs gelaufen. Angegriffen worden sei er nur im Dunkeln, wo man die Leute nicht erkannte. Einmal, als er in Suhl an der Ampel stand, da hätten ihn welche aus dem Dunkeln mit Steinen beworfen. »Vielleicht warten die gleichen, die früher versteckt im Dunkeln gestanden und heimlich Steine geschmissen haben, heute im Licht und schlagen zu.«

Früher wären die Konflikte oft aus Neid entstanden, weil einige Moçambiquaner sich Westgeld besorgt hatten, mit schicken Klamotten beim Tanzen protzten, ihren Mädchen Lux-Seife schenken konnten. »Und heute ist es der Neid, daß wir arbeiten, und ein Deutscher arbeitet nicht.« Aber er, Lázaro Cossa, habe keinem die Arbeit gestohlen, sondern meist nur Jobs gemacht, die Deutsche nicht machen wollten. Außerdem hätte er nie gefaulenzt, sich nie krank schreiben lassen, sich auch nur kurze Zeit arbeitslos gemeldet und immer sofort eine neue Arbeit gesucht, »weil ich nicht das Geld anderer Deutscher auffressen will«.

Einmal arbeitete er in einer Reinigungsfirma. »Dort fühlte ich mich sehr schlecht, wie die Neger, die in Afrika die Straße saubermachen. Nur daß es dort warm und hier außerdem kalt ist.« Und dann schaute er zufällig in Zella-Mehlis in eine Werkzeugfabrik. »Dort war es schön warm, auch im Winter. Es roch gut nach Öl, und man stand im Trocknen. Das wäre eine Arbeit für dich, Lázaro, dachte ich. Zuerst habe ich dort gemauert. Dann war ich ein Dreher. Als ein Arbeiter an der

Computerdrehmaschine fehlte, wollte ich sie bedienen. Da schrie der Chef: ›Um Himmels willen, Lázaro, geh weg, du machst mir alles kaputt, davon hast du keine Ahnung …‹«

Lázaro hatte damals einen unbefristeten Arbeitsvertrag als einfacher Dreher, aber er sagte: »Bitte, Chef, ich muß lernen, daß ich kann diese NC-Maschinen mit dem Computer bedienen.« Der Chef riet ihm ab. Sein jetziger Arbeitsplatz sei sicher. Was später käme, wüßte er nicht. Und selbst wenn er es schaffen würde, sich zum NC-Dreher zu qualifizieren, wüßte er nicht, ob er ihn dann einstellen könnte, denn dann wäre er ein Facharbeiter und kostete viel mehr. Trotzdem verließ Lázaro den warmen, sicheren Arbeitsplatz, um sich zum NC-Computerdreher zu qualifizieren …

Er geht zum Schrank, holt einen Briefbogen und präsentiert ihn mir so stolz, als sei er die Urkunde seiner deutschen Einbürgerung (die er mir nicht gezeigt hat). Es ist der Lehrgangsschein für Lázaro Cossa zur Qualifizierung als NC-Dreher. Und dann nimmt er ein glänzendes handtellergroßes quadratisches Stahlteil, das er zuvor schon immer auffällig von einer Stelle der Schrankwand zur anderen getragen hat, schließlich auf die Kommode legte, wo er es jetzt aus der Plastehülle polkt und es mich anheben läßt.

»Habe ich selbst gefertigt, Probearbeit auf der NC-Maschine im Lehrgang.« Er wendet es hin und her. Und stellt es dann auf den Tisch. Gibt es mir wieder in die Hand. Und strahlt und strahlt und freut sich. »Das habe ich gemacht! Auf NC-Maschine! Ich!« Und lacht, bis auch ich mich anstecken lasse von seiner Freude und wir uns – vor zwei Stunden noch schwarz-weiße Fremde – umarmen.

»Ich werde dann gut verdienen als hochqualifizierter Facharbeiter. Und endlich einen großen Container nach Hause schicken. Er kostet Porto bis nach Afrika über 1 000 DM.« Ein auseinandergenommenes Fahrrad, Kinderschuhe, Hemden, Hosen und andere Sachen liegen schon seit langem in seiner Garage.

Eine seiner Schwestern hat schon zehn Kinder geboren, wie viele davon gestorben sind, weiß Lázaro nicht. Die andere Schwester hat sechs.

»Ich muß endlich helfen können.«

Als er 1997 (seitdem hat er keine Post mehr bekommen und auch nicht mehr geschrieben) von seinem letzten Besuch aus Moçambique zurückkam, hatte er alles Geld dort gelassen und zu Hause nur noch Schulden. Seine Frau und er konnten nicht einmal mehr die Miete bezahlen.

»Da kamen die Leute von der GEWO, von der Wohnungsgenossenschaft.« Plötzlich redet er wieder sehr schnell und sehr abgehackt. »›Die Wohnung räumen! Oder sofort zahlen!‹ Wir konnten nicht zahlen … Aber obdachlos – nein! Manuel war mal fast obdachlos. Hat bei seinen deutschen Kumpels gepennt. Bei diesen Assis, Nazis. Glattgeschorener Kopf. Er braucht eben Freunde, sagt er, auch solche! ›Wenn ich nichts zu essen, zu trinken und zu schlafen habe, dann helfen sie!‹ sagt er. Aber ich und meine Frau obdachlos? Um Himmels willen. Ich gehe zur GEWO. Sage: ›Wie bitte, wohin sollen wir? Ausziehen?‹ Ach du lieber Gott, was mache ich? Und ich bitte die Leute: ›Ihr kriegt euer Geld, aber nicht ausziehen, ich alles machen, ihr kriegt euer Geld!‹«

Er ist wieder nach München gegangen. Der Pfarrer hat ihm die 3500 DM Mietrückstand beglichen. Danach blieb Lázaro zweieinhalb Jahre bei BMW und arbeitete, bis er keinen Pfennig Schulden mehr hatte. In dieser Zeit reichte Bärbel die Scheidung ein.

»Aber das war sehr dumm. Sie ist allein, ich bin allein. Wir kennen uns seit langem. Sie kocht gut. Wäscht, alles bei uns ist sauber. Sehr, sehr fleißig ist sie. Raucht nicht, trinkt nicht. Geht nicht in die Disko. Alle hatten nichts in ihrer Familie, ihre Mutter nichts, ihr Vater nichts. Und ich auch nichts.«

Nur die »Korch« (manchmal sagt er auch »Kerch«) hätten sie. »Die Korch hat uns beim Umzug mit einem Auto geholfen.« Auf seinem Nachttisch neben dem Bett liegt die Bibel.

Er geht mit seiner Frau regelmäßig jeden Sonntag zum katholischen Gottesdienst. Er ist dort der einzige Afrikaner.

In seiner afrikanischen Familie ist Lázaro, seit er die damals einzig mögliche Schule, eine katholische Missionsschule, besuchte und mit zwölf getauft wurde, der einzige Katholik. Alle anderen leben streng nach den muslimischen Regeln. »Sie beten fünfmal am Tag.« Als er 1997 bei ihnen war, hat seine Schwester das Bier, das er trinken wollte, aus dem Fenster geschüttet.

Er nimmt das Tuch vom Vogelkäfig. Schaltet das Fernsehen ein. Und bevor wir uns verabschieden, trinken wir zusammen noch ein Bier.

»Alles meine Kinder!« Pustekuchen. Nichts ist!

Gesprächsprotokoll von 1982, Nr. 6

Georg Mantel*, verantwortlich für die Vertragsarbeiter im VEB Fahrzeug- und Jagdwaffenwerk »Ernst Thälmann«, der am Geruch erkennt, daß Moçambiquaner im Haus wohnen.

»Die Moçambiquaner kamen im Abstand von jeweils einem Monat in drei Gruppen. Die ersten wurden ein Vierteljahr lang mit Essen versorgt. Für die letzte Gruppe ist allerdings nur noch ein Monat lang Essen gekocht worden. Dann hieß es: Ihr müßt alles allein machen. Damals kriegten sie nur 400 Mark Zuschuß und mußten sich nun alles selbst einteilen.

Von den zuerst Gekommenen sahen sie, die hatten schon gute Klamotten, verdienten viel Geld. Und der Betrieb sagte: Möglichst schnell in die Produktion! Für die Jungs war's ein Vorteil, sie haben gesehen, wir arbeiten und kriegen viel Geld, aber für die ganze Erziehung, das Vertrautmachen mit unseren Besonderheiten war es nicht gut. Wir haben gesagt: Ihr seid Arbeiter hier, ihr werdet in den Gewerkschaftsbund aufgenommen, mit allen Pflichten, mit allen Rechten. Das ist alles in Ordnung, aber man hat ihnen nicht klargemacht, wie sich ein Werktätiger bei uns bewegen muß, vor allem einer, der im Heim lebt.

In den ersten Monaten gab es im Heim eine strenge Ordnung. Der deutsche Diensthabende konnte den Moçambiquanern Weisungen geben, das kann er jetzt nicht mehr. Unsere Betreuer können nur dem Fabian Ratschläge geben, ob er das dann durchsetzt bei seinen Leuten, ist eine andere Frage. Und so kommt es dazu, daß einige Moçambiquaner nicht oder zu spät zur Arbeit gehen.

Also die Disziplin, die wir ihnen anerziehen sollten, haben wir ihnen nicht anerzogen. Und natürlich auch nicht vorgelebt von DDR-Seite.

Dabei waren sie am Anfang formbar. Da war's so, die hatten ihren Appell am Wochenende, einen Heimabend, einen Folkloreabend. Das ist alles ein bißchen eingeschlafen, sie haben kaum noch gemeinsame Veranstaltungen. Das gefällt mir nicht. Nur ihre Geburtstagsfeiern mit langen Tafeln, viel Bier und Broilern, die machen sie selber. Aber vorher haben sie noch ein bißchen auf militärisch gemacht, sind marschiert, haben Lieder gesungen. Also das, was sie zu Hause in ihrem Camp von der Partei, der FRELIMO, gelernt haben, das ist hier nicht fortgesetzt worden. Bei aller Achtung, Völkerverständigung und Solidarität – was alles so mit reingehört –, es sind Leute, die von uns etwas lernen sollen und die dann, wenn sie nach Moçambique zurückkommen, sagen: Wir machen das Gute, Fortschrittliche, das wir in der DDR gelernt haben, weiter, setzen es zum Vorteil unseres Landes fort.

Aber sie sind nun eingeordnet in unsere Planerfüllung. Es sind 175 da, und die haben pro Person eine bestimmte Norm – dafür muß der Betrieb soundsoviel hunderttausend Mark Warenproduktion, also Mopeds, bringen. Und deshalb tritt vor allem die politische Ausbildung in den Hintergrund. Wir können ihnen nicht mal genau erläutern, das und das hat euer FRELIMO-Parteitag beschlossen, wir in der SED haben das so und so gemacht, damit sie politisch denken lernen. Denn das sind junge

Leute, die morgen in ihrem Land wichtige Positionen übernehmen sollen. Im Moment erleben sie die DDR mit gutem Bier, gutem Verdienst, komfortablen Wohnungen, Autos, Datschen. Die deutschen Kommunisten, die 1930 in der SU lernten, die wurden vor allem politisch geschult. Aber wir bieten den Moçambiquanern Konsum und ein wenig Ausbildung und nehmen dafür ihre Arbeitsleistung. Die vier Jahre hier genießen sie bei uns einen hohen materiellen und kulturellen Lebensstandard, und wenn sie zurückkommen nach Moçambique, werden sie nur Ansprüche stellen, also werden sie leichter kapitulieren. Wir geben dem Land damit – ich hoffe, daß es in anderen Betrieben besser ist – keine guten Kader.

Ein großer Teil trachtet nur danach, hier gut zu leben. Sie kaufen sich die besten Klamotten, manche stehen damit am Band, das kann einem weh tun. Sie wollen schmuck aussehen. Wenn die Hose nach drei Wochen nicht mehr zu gebrauchen ist, wird eine neue gekauft. Am 1. Mai, als sie mit demonstrierten, da regten sich die Leute auf – wo haben die Schwarzen alle die Klamotten her? Fast nur Westklamotten, die es bei uns nicht zu kaufen gibt. Manche von ihnen kaufen im Intershop. Und nun bildet sich auch unter den Moçambiquanern schon eine Kluft – wer kann im Intershop für Devisen kaufen, wer nicht.

Aber wir wollten doch hier eine Kategorie von Menschen erziehen, die ihr Ziel nicht im Konsum sehen, sondern im Kampf für die Unabhängigkeit, den Fortschritt, die Verteidigung ihres Landes, den Aufbau des Sozialismus in Moçambique. Doch wir müssen wieder zulassen, daß sich bei ihnen Unterschiede herausbilden, sich Mißgunst entwickelt. Sie sind ein Spiegel für uns geworden, ahmen unsere Lebensweise nach, vor allem die schlechten Seiten – und wir sehen uns in ihnen wieder, wollen es nicht wahrhaben und schimpfen darüber, was *die* sich erlauben. Weil es einfacher ist, über sie zu schimpfen als über uns. Guck in ihre Mülltonnen, da liegt heute auch Brot drin, aber wenn die nach Hause kommen, die Jungens, werden sie in eine harte Realität, mit Hunger und kaum Konsumgütern, zurückgeworfen.

Und dann steht die Frage, wie behaupten sie sich. Als Sozialisten zum Nutzen ihres Landes oder als Leute, die nur auf den eigenen Vorteil aus sind, auf Posten und Privilegien, und die vielleicht sogar zu Verrätern an der Sache des Volkes werden?

Neulich bin ich zum Abendbrot in die Gaststätte in Heinrichs gegangen. Alles frei. Nur auf einem Tisch steht ein Schild ›Reserviert für moçambiquanische Kollegen‹. Also gut, die haben nun ihren Tisch. Nach und nach füllte sich das Lokal. Aber keiner von den Deutschen hat sich an den Tisch der Moçambiquaner gesetzt, und kein Moçambiquaner hat sich gewagt, an den Tisch der Deutschen zu setzen. Die Moçambiquaner bilden eine kleine Insel in der Kneipe, und so ist es in ihrem Leben auch. Oder die Moçambiquaner im Bus. Nur Deutsche drin: Der ganze Bus ist ruhig. Solange nur ein Moçambiquaner drinsitzt, ist's auch noch ruhig. Kommt ein zweiter hinzu, ist auf einmal Lärm. Unsere flüstern sich höchstens was zu. Weil's bei uns nicht üblich ist, daß man sich viel und laut unterhält, denn man will die anderen nicht stören. Für die Moçambiquaner ist das laute Reden aber eine Selbstverständlichkeit. Sie sehen ihren Kumpel am anderen Ende des Busses stehen, und sie unterhalten sich laut über alle Köpfe hinweg mit ihm. Und sie merken gar nicht, daß unsere Leute alle schweigen.

Wir kümmern uns auch psychologisch kaum um sie. Da stirbt die Mutter von einem Moçambiquaner, er kann nicht nach Hause fahren, aber wer redet mit ihm? Wir kennen uns nicht aus in ihren Sitten und Gebräuchen. Für jedes unserer kleinen Wehwehchen haben wir Konfliktkommissionen im Betrieb. Aber für sie? In ihrer Verzweiflung machen sie dann irgendeinen Blödsinn. Und wir heben drohend den Finger, aber über die Ursachen wissen wir nichts. Wenn die nun schon zwanzig Türen zerdeppert haben, ja, das muß doch wohl Ursachen haben. Die wissen doch auch ganz genau, das ist mein Zimmer, da gehört eine Tür dazu.

Wir haben viele Fehler gemacht. Wir haben sie beispielsweise sofort auf unsere Mahlzeiten, auf unsere Kost umgestellt, das ging natürlich nicht gut. Wir merkten, daß sie Reis oder anderes lieber aßen. Aber danach haben wir uns nicht gerichtet. Nun stell mal einem Afrikaner Sauerkraut hin und sag, er soll es essen. Meist haben sie es stehengelassen. Dann sind sie ins Geschäft gegangen, standen vor den Selbstbedienungsfächern und diskutierten, was gut ist, was man essen kann usw. Aber dann kauften sie auf Vorrat, wie zu Hause. Gleich für vier oder fünf Wochen.

Wir haben ihnen alle Technik im Heim überlassen, haben ihnen einmal erklärt, wenn du den Schalter nach rechts drehst, wird die Platte heiß, wenn du ihn nach links drehst, wird sie wieder kalt. Das haben sie zwei- oder dreimal gemacht, das viertemal haben sie es vergessen. Und wir wunderten uns, wenn die Platten rotglühend wurden und durchbrannten. Und daß man den Topf nicht bis zum Rand vollmachen darf, weil es dann überkocht, das wußten sie nicht. Wahrscheinlich hatten sie zu Hause nur im Freien gekocht, wo man kleckern kann.

Sie sind sportlich zu begeistern. Aber auf dem bißchen Sportplatz, den wir noch hatten, baute der Betrieb eine Baracke für irgendeine Abteilung. Schluß mit Fußball für die Moçambiquaner. Das betrifft nicht nur die Moçambiquaner, die sozialen Errungenschaften, die wir uns in zwanzig Jahren hart erarbeitet haben, die machen wir uns jetzt oft gedankenlos kaputt. Zehn Minuten brauchen die Leute zum Mittagessen, dann könnten sie während der Mittagspause noch zwanzig Minuten in der Sonne sitzen, aber das geht nicht mehr, weil die Grünanlage vollgepackt ist mit Gestellen für den Mopedtransport. Oder nehmen wir unseren Speiseraum. Der sieht so aus, daß man sich schämt, Gäste hineinzuführen. Die sanitären Anlagen sind schlecht. Alles unsauber. Unsere Fahrzeuge stehen oft wochenlang im Hof, verdrecken. Und dann wollen wir mit den Moçambiquanern über Qualität reden.

Sie sehen bei uns die Schluderwirtschaft. Und wenn das Fernsehen kommt, machen wir schnell Ordnung auf dem Hof. Das sehen sie auch. Und wissen, daß wir sie nur als Arbeitskräfte brauchen. Mal angenommen, in Moçambique würde ein Krieg ausbrechen, und alle Moçambiquaner müßten schlagartig nach Hause. Dann würde hier die gesamte Produktion am Band zusammenbrechen. Unsere Facharbeiter sind froh, daß sie die Moçambiquaner am Band haben, denn wer will schon diese monotone Arbeit machen …

Was die Moçambiquaner kochen, das kannst du nicht essen. Schon wenn du in die Küche reinkommst, wirst du erst mal durch den Geruch abgeschreckt. Knoblauch, Fisch und vieles andere, was man nicht kennt. Dazu Schweiß und Rauch und überhaupt, man kann den Geruch nicht beschreiben. Es ist ein Geruch, der einem fremd ist. Der einen abstößt. Wenn es hier Fisch gegeben hat, der wurde meist von den Moçambiquanern aufgekauft. Selbst wenn man nicht wüßte, was das für ein Haus ist, würde man sofort riechen, irgend etwas ist hier fremd.

Ich weiß nun nicht, ob sie mit ihrem Augenlicht so schlecht sind, aber als sie ankamen, trug keiner eine Brille, und jetzt tragen fast alle Brillen. Sogar ganz moderne. Und Sonnenbrillen im Winter. Und dann laufen sie in der schlimmsten Kälte mit kurzärmeligem Hemd, es waren manchmal 10 Grad minus, durch die Gegend. Haben sie kein Kältegefühl, oder sind sie nur davon ausgegangen, daß es schick aussieht? Und dann lagen sie mit Fieber im Bett.

Aber da kommen wir wieder zum Ausgangspunkt: Wer hat es ihnen erklärt? Und um es mal grundsätzlich zu sagen: Vieles liegt natürlich auch daran, daß für die Betreuung der Ausländer nur ein einziger Direktor verantwortlich ist. Der Direktor für Kader und Ausbildung, der Genosse Seiler. Das ist ein alter Offizier, der in der Armee für Versorgungsfragen verantwortlich war. Von dem allein kann ich die Lösung all dieser Probleme nicht erwarten. Auch wenn der sich, wenn der Minister kommt, zehnmal hinstellt und sagt: ›Ich hab zwar nur zwei Kinder, aber jetzt habe ich 175 Kinder.‹ Das ist eben nur eine Phrase. Pustekuchen. Nichts ist.«

Der Fahrzeug- und Jagdwaffenbetrieb »Ernst Thälmann« (1988 mit noch 7000 Beschäftigten, die unter anderem 170000 Mopeds, davon mehr als 100000 für den Export, produzierten) wurde nach der Wende in den alten Fahrzeughersteller »Simson« (zur Zeit 95 Beschäftigte, die jährlich 3500 Mopeds produzieren) und das Suhler Jagd- und Sportwaffenwerk (inzwischen wieder 145 Beschäftigte) aufgeteilt.

Für die Personalakten aus der DDR fühlt sich niemand mehr verantwortlich. Sie sind archiviert. Aber ein Mitarbeiter der früheren Kaderabteilung weiß, daß wie der Genosse Direktor Seiler und Meister Gradtke auch Georg Mantel nicht mehr lebt ...

Tomas, der Trommler und für eine sehr kurze Zeit seines Lebens auch Briefträger, hatte mir gesagt, daß damals, als die Geschichte in Vachdorf geschah, Bürgermeister Korsch amtierte. Er ist heute, sieben Jahre später, immer noch (mit großer Mehrheit gewählter) Bürgermeister.

Ich frage ihn am Telefon, ob er noch einmal über die für Vachdorf schlimmen Ereignisse vom Sommer 1995 sprechen würde.

Er sagt, daß ich der erste bin, der wissen möchte, wie es nach den zehn Tagen Presserummel, »als Vachdorf und der Briefträger ihre Schuldigkeit getan hatten«, weitergegangen ist mit dem »Nazidorf«.

Wir treffen uns in seinem Büro, in einem schönen alten Fachwerkhaus.

Bürgermeister Korsch erinnert sich, nun wieder hörbar erregt, an den Belagerungszustand, als Journalisten aus Genf, Paris und wer weiß woher anriefen und drohten: »Nach dem Piepston sind Sie original bei der Deutschen Welle auf Sendung. Sagen Sie uns dann etwas zum Rassismus in Ihrem Dorf!«

»Was hätte ich denen sagen sollen? Ja, ein Bürger unseres Dorfes hat einen afrikanischen Briefträger als Neger, von dem er keine Post annimmt, beschimpft. Aber das wollten sie alle gar nicht wissen, denn alle brauchten nur eins, die Sensation. Sie hofften als erste Zeitung oder erste Fernsehstation das Foto des Mannes zu veröffentlichen, der den Postboten beschimpft hatte.

Doch selbst der Pfarrer, mit dem wir in der Kirche dafür gebetet hatten, daß alle Menschen vor Gott gleich sind, mit dem wir uns als Gemeinderat bei Tomas Setou entschuldigt hatten, selbst er sagte damals: ›Nein, den Namen des Schuldigen nennen wir lieber nicht. Wir müssen ihn jetzt vor dem Mob der Medien und linker Extremisten schützen.‹

Auch Tomas Setou hat den Presseleuten den Namen des Mannes nicht verraten … Der Mann lebt heute noch genau wie damals ziemlich zurückgezogen, ein Eigenbrötler in jeder Hinsicht. Baggerfahrer bei der Wasserwirtschaft. Unauffällig. Ein Bürger, wie Millionen in Deutschland leben. Wäre da nicht der Briefträger gewesen …

In einem dicken roten Ordner hat der Bürgermeister Presseartikel und Hunderte Briefe, aus Deutschland, Europa und sogar aus Asien, aufbewahrt. Auf den ersten Seiten die Presseartikel über den »Tatort Vachdorf«. Und dann die Briefe der Leute, die genau wie die Journalisten in ihrem Leben zuvor noch nie den Namen Vachdorf gehört hatten.

Während ich die Briefe lese, denke ich, daß dieses Buch vielleicht überflüssig ist. Daß ich statt dessen den Inhalt des Aktenordners ungekürzt veröffentlichen sollte. Hunderte Seiten alltäglicher Rassismus, Intoleranz und Haß. Deutschland, ordentlich abgeheftet …

»Auch wenn es jetzt hinterher natürlich wieder niemand gewesen sein will […], finde ich das Verhalten Ihrer Bevölkerung abscheulich und beschämend; insbesondere angesichts der Tatsache, daß Sie selbst erst kürzlich aus einem intoleranten Staat befreit werden konnten. Da ich mit solchen Leuten nichts zu tun haben möchte, werden meine Familie und ich niemals einen Fuß in Ihr Provinznest setzen, und damit werden wir wohl nicht die einzigen sein [...].

Mit antifaschistischem Gruß«   Herr K. U.[1], Hildesheim

»Es ist traurig, was die damalige DDR-Regierung an Euch verbrochen hat, aber wie Ihr Euch jetzt verhaltet, nämlich rassistisch, ist noch trauriger. Und ich schäme mich für Euer Verhalten [...]. Schämt Euch!!! Pfui!!! [...]«

B. K., Gefrees in Bayern

»Blaue Flecken sind schnell vergessen, die Angst weniger, doch wenn ein Mensch, nur weil er eine andere Hautfarbe hat, sich noch nicht einmal auf die Straße wagen kann, weil er sich davor fürchtet, angepöbelt zu werden, dann folgt daraus eigentlich die Überlegung, ob Deutschland wirklich ein so freies Land ist, wie es scheint.«

Klasse 10a, Albert-Einstein-Gymnasium
Buchholz i. d. N.,
darunter 25 Unterschriften

»Sehr geehrter Nazibürgermeister Korsch [...]. Daß so was wie Ihr noch frei rumläuft!! Der Postbote, so war aus Deinem Mund zu vernehmen, war überfordert! Ihr seid überfordert. Du gehörst auch zu den ewig Gestrigen. Die Mauer willst Du sicher auch wieder haben, altes Nazischwein. Euch sollte man in den Arsch treten. Vielleicht mal an einem der nächsten Wochenenden, du braune Sau!«   Ohne Absender

»Verbale Attacken wie ›von einem Neger nehme ich keine Briefe an‹ sind zutiefst beschämend. Sie zeugen von erbärmlicher Beschränktheit im Geist und sind menschenverachtend. Wenn diese nationalsozialistische Gesinnung das ist, was die neuen Bundesländer in die deutsche Einheit mitbringen konn-

---

1 Alle Absendernamen liegen im Original vor.

ten, würde ich mir wünschen, daß es zu dieser Einheit nie gekommen wäre!«   Herr W. K., Trier

»Wir beabsichtigten, im Oktober die Herbstferien mit unseren
Kindern in Ihrer Gemeinde zu verbringen. Dieses üble Verhalten einiger Bürger Ihrer Gemeinde hat uns veranlaßt, dies
nicht zu tun [...]. Zumindestens so lange, bis die letzten
Dummköpfe Vachdorfs ausgestorben sind.«
                              Herr F. T. und Familie, Altenburg

»Der Bundesminister für Post- und Telekommunikation,
Dr. Wolfgang Bötsch
                                        Bonn, 18. August 1995

Sehr geehrte Damen und Herren, mit großer Bestürzung habe
ich zur Kenntnis nehmen müssen, daß ein Mitarbeiter der Post
in Ihrem Dorf rassistischen Anfeindungen ausgesetzt war [...].
Deshalb kann ich es nicht einfach bei der Maßnahme der Erfurter Postdirektion [den Mitarbeiter in den internen Fahrdienst
zu versetzen, L. S.] belassen. Ich möchte den Bürgerinnen und
Bürgern Vachdorfs in einer besonderen Weise Gelegenheit geben, über ihr Fehlverhalten nachzudenken. Ich habe angeordnet, vom 4. September bis 9. September dieses Jahres in Ihrem
Dorf keine Post zuzustellen und sämtliche privaten Telefonan-
schlüsse [...] zu sperren. In der Hoffnung, daß Ihnen diese
kleine Kommunikationspause eine Hilfe bei der Integration in
unserem gemeinsamen demokratischen Rechtsstaat ist, der
sich insbesondere humanitären Traditionen verpflichtet weiß,
verbleibt mit freundlichen Grüßen Ihr
                                        Dr. Wolfgang Bötsch«

(In einem Fernschreiben am nächsten Tag: »Das Bundesmini-
sterium für Post- und Telekommunikation weist den Brief, der
gestern an alle Bürgerinnen und Bürger Vachdorfs verteilt
wurde, als Fälschung zurück. Referat für Presse- und Öffent-
lichkeitsarbeit«)

»Raus mit den Affen! Asylbetrüger, Schmarotzer, Nigger, Asy-lanten, Schweine, raus.« Ohne Absender

»Liebe Landsleute! Wir (Wanderverein, Alkoholfrei, alle gän-gigen Altersstufen) haben mit unbändiger Freude gesehen und gelesen, daß Sie einen Moçambiquenigger aus Ihrem Dorf ge-ekelt haben. Diese Asylbetrüger [...] erhalten Sozialhilfe und beglücken uns als Mörder, Banditen, Zuhälter im Tummelplatz Deutschland.« Briefstempel Frankfurt/Main

»Sehr geehrter Herr Bürgermeister. Haben Sie Dank für Ihre Haltung im ›Fall‹ des Ehepaares Setou. Den Gehässigkeiten der Dorfbewohner muß man etwas entgegensetzen. Und so möchte ich Sie bitten, Herrn und Frau Setou zu grüßen. Mögen die jungen Leute nun endlich in Frieden leben können, was ich ihnen herzlich wünsche.« Frau F. G., Hamburg

»Es stimmt nicht, daß sich alle Thüringer für Vachdorf schä-men. Schämen müssen sich die Politiker, die der deutschen Bevölkerung so viel zumuten! Die Vachdorfer denken nur lo-gisch. Warum Ausländer einstellen, wenn im Dorf Arbeitslose sind? [...] Unsere Jugend verkommt, weil sie keine Arbeit fin-det, Kulturstätten geschlossen, weil kein Geld da ist. Das Geld wird nach Afrika und sonst wohin geschickt, damit die Krieg führen können. Was machen die lieben armen Ausländer? Sie diktieren den Deutschen. Armes Deutschland. Das hat nichts mit Ausländerhaß zu tun.« Ein Brief aus Sondershausen.

»Lieber Herr Bürgermeister, liebe Edelgermanen und arisch gewachsenen Völker der Klitsche Vachdorf [...]. Das Vete-rinäramt Meiningen ist beauftragt, in der Klitsche Vachdorf eine umfangreiche Kastration und Sterilisation durchzuführen. Solches Grobzeug soll sich nicht vermehren. Ein herzliches ›Glück Auf‹ der linken Gruppe ›Solidarität‹ aus Suhl.«

»Werter Herr Bürgermeister, was ich da exklusiv von meiner Tageszeitung TA [...] erfahre, spottet jeder Beschreibung. Hier werden die Bürger eines 800-Seelen-Dorfes in einer Weise diffamiert, das kann nicht unwidersprochen bleiben [...]. Es sind verfassungsfeindliche, gesetzeswidrige Verleumdungen, gerichtet gegen 880 deutsche Bürger, die Anspruch haben auf Unverletzlichkeit ihrer Würde. Ich wünsche Ihnen als CDU-Bürgermeister im Vertrauen auf Ihre Bürger Erfolg in der Abwehr dieser Widerwärtigkeiten. In politischer Verbundenheit einer Politik der Erhaltung konservativer, liberaler und nationaler Werte verbleibe ich mit den besten Grüßen«

Herr O. B., Sondershausen
(geschrieben auf einem Kopfbogen der DSU, Deutsche Soziale Union)

»Zumindestens ist nun bekannt, daß man um das leider noch nicht trockengelegte braune Sumpfgebiet von Vachdorf einen großen Bogen machen muß, aber vielleicht ziehen Sie ja dadurch andere Bevölkerungsgruppen an: der nächste NPD-Parteitag in Vachdorf? Eine Schande für Ihr Dorf, die leider auf ganz Deutschland zurückfällt.«   Z. C., Frankfurt/Main

»Man kann von Menschen, denen man wie in der DDR lange den größten Teil der Welt verschlossen hat, keine freundschaftlichen Gefühle zu ihnen unbekannten Menschen erwarten, keine auch noch so umfassende Propaganda ersetzt persönliche Erlebnisse und Erfahrungen, die nun einmal eine Grundvoraussetzung für Völkerfreundschaft sind. Durch das Abgeschottetsein haben sich viele Menschen in der DDR leider zu ziemlich stumpfen, teilweise sogar dummen Wesen entwickelt [...]. Es bleibt zu hoffen, daß es zu schaffen sein wird, diese Leute irgendwann zum Lernen zu bewegen.«

A. L., Postangestellter, Berlin-Wilmersdorf

»Bezugnehmend auf die üble Kampagne in den Medien, sicher inszeniert durch den Schwarzen und die multikulturellen Demagogen in Deutschland, möchte ich Ihnen und Ihrem Dorf den Rücken stärken und Ihnen sagen, [...] Ihr Dorf zeigt, daß Deutschland noch nicht endgültig an Zigeuner, Scheinasylanten, parasitäre intellektuelle Spinner und [...] den Islam verloren ist. Ich spreche Ihrem Dorf meine Hochachtung aus [...]. Mit freundlichen Grüßen   Diplom-Wirt H. K.

(Die Tatsache, daß man es sich nicht erlauben kann, bei einer deutschen Lebensauffassung wie dieser sich mit seiner Adresse zu bekennen, zeigt doch den Wert dieser ›Demokratie und angeblichen Freiheit für uns Deutsche‹)«

»Ist es aber mahl bei Euch im gedanken gekommen, daß wir blanken Leute vielleicht viel schwarzer von drinnen denn die Schwarzen von draußen [...]. Ich hoffe, daß meine Schreiben mit viele Fehler, aber ich habe kein deutsch gelernt bei Euch, was wacker macht.«   Frau A. v. d. M.-K., Rüswik, Niederlande

»Vielleicht kann aus aktuellem (und peinlichem) Anlaß die Gemeinde Vachdorf über einen Schatten springen und in ihrem Gemeinwesen, wie in allen anderen menschlichen Siedlungsgemeinschaften eine geordnete Nummerierung der Wohnhäuser in den einzelnen Straßen [...] vornehmen, linke Seite ungradzahlig ab 1, rechte Seite gradzahlig ab 2 oder auch umgekehrt.«   Suhl

»Ich bewundere Ihre Bürger! Mutig, mutig. Ich bin ein Opa, 82, werde bald sterben. Ich war im Krieg, habe 16 Länder gesehen und deren Bürger. Bin glücklich in meinem Walddorf, ich glaube, bei uns könnte das eventuell auch passieren. Viele Arbeitslose, keine Kurgäste mehr, die uns Geld gebracht haben, das tut weh. Wie sagt mein alter Kumpel? Gestern ging's uns gut, heute geht's uns besser. Aber es wäre besser, es ginge uns wieder gut.«   Ohne Adresse, in Erfurt abgeschickt

»Ihre Kommune steht mitten auf der Liste von Städten und Gemeinden wie Rostock, Hoyerswerda, Magdeburg oder Gera, die inzwischen schon nahezu als Schimpfworte genannt werden müssen. [...] Sind Ihre Bürger und Wähler bereits wieder soweit, stolz nach Bonn oder Berlin melden zu können, daß Vachdorf ›ausländerfrei‹ ist? Ich frage mich wirklich, für welche Solidarität ich monatlich über 200 Mark Zuschlag zahlen muß.« Herr W. H. K., Journalist, Hochheim/M.

»Jetzt weiß Deutschland endlich, wo seine allerdümmsten Deutschen sitzen, nämlich in Vachdorf! Gegenseitige Tritte in den Hintern werden da wohl auch nichts mehr nützen?!«
Ohne Absender

»Uns fehlen noch drei bis vier Namen der Hasser! Bald brennen deren Hütten! Die schwarze Hand.«

»Wenn Sie noch einmal mit Herrn Setou zusammentreffen, sagen Sie ihm doch, wie sehr ich mich freue, daß er und all die anderen Menschen aus anderen Ländern hier in Deutschland leben. Denn das ist wirklich eine Bereicherung für uns. Ich wünsche ihm viel Mut und glücklichere Erfahrungen für die Zukunft.« Frau I. A., Hamburg

»Ich schäme mich für einen solchen Vorfall [...]. Weil in unserem Land stets viel von Ruhe, Ordnung, Sauberkeit und Sicherheit die Rede ist, der Respekt vor den Mitmenschen aber mal wieder ganz klein geschrieben wurde.«
Herr T. K., Pfarrer, Himmelkron

»Sehr geehrter Herr Bürgermeister Korsch [...]. Versetzen Sie sich nur einmal in die Lage dieses Briefträgers und stellen Sie sich vor, Sie wären Postbote in Afrika!«
Schüler der Klasse 8d, Realschule Harzheide, Norderstedt

»Die Hälfte Werners? Inzucht läßt grüßen! [...] Es grüßt ein Hamburger.«

»Ich bin auch der Meinung, daß diese Arbeit Deutsche machen sollen. Briefaustragen ist eine Vertrauensstellung, und Ausländern würde ich da auch nicht das notwendige Vertrauen schenken [...]. Die Gemeinde hat richtig gehandelt, stehen Sie zu Ihrem Worte.« Frau H. R., Sangerhausen

»Hier in Halberstadt haben ca. acht Jahre lang Bürger aus Moçambique studiert. [...] Diese Leute waren alle sehr freundlich. Ständig haben sie uns besucht, wir haben ihnen zum Weihnachtsfest Geschenke gemacht. Wenn Sie so freundlich sind, können Sie dem jungen Mann diese Zeilen geben, es gibt auch noch gute Deutsche. Sollte er antworten, würden wir ihn auch mal einladen. Wir haben uns immer gefreut, wenn die kleinen ›Schokoladenmänner‹ an der Tür geklingelt haben.«
Fam. H. R., Halberstadt

»Vielleicht müssen wir, ich schließe mich da selbst ausdrücklich mit ein, denn ich möchte die Einwohner Ihres Dorfes nicht belehren, uns eingestehen, daß wir von Vorurteilen niemals frei sind. Der entscheidende Schritt dürfte sein, sich dieses einzugestehen und dann über den eigenen Schatten zu springen.« Herr P. B., Diplom-Theologe, Schullwitz

»Meine Planung, mit einer 25köpfigen Wandergruppe im Herbst Teile des Werratals zu erwandern, habe ich inzwischen dahingehend abgeändert, daß der Abschnitt Themar bis Meiningen unter allen Umständen ausgelassen wird. Wie ich als Fachjournalist der Reisebranche darüber hinaus bekannt machen kann, was man als Tourist auch nicht außer Acht lassen sollte, darüber muß ich noch nachdenken.« Herr K. E., Erden

»Dann sollte sich die thüringische Erde auftun und Ihr Dorf darin vor Scham versinken. Es ist erschütternd, wenngleich psychologisch erklärbar, wie wenig Jahrzehnte gepredigten Internationalismus an Einstellungen und Haltungen der Einwohnerschaft unserer neuen Bundesländer auszurichten vermochte.«   Herr U. D., Mosbach

»Jetzt war es den ›alten Bundesländern‹ bis 1990 gelungen, das Ansehen der BRD im Ausland wieder etwas in's bessere Licht zu rücken, da wird mühsam Erreichtes nun wieder auf's Spiel gesetzt […]. Ein Hotelier in der Dominikanischen Republik erzählte mir, daß er keine ostdeutschen Gäste mehr aufnehmen werde. Ein Schweizer Restaurantbesitzer lehnt ostdeutsche Busgruppen ab […]. In dieser Meldung [über den schwarzen Briefträger, L. S.] spiegelt sich das wieder, was mir tagtäglich weltweit berichtet wird: ›Ihre neuen Mitbürger wissen sich nicht zu benehmen.‹«   Herr K. W. A., Schwabach, Bayern

»Sind Ihre Mitmenschen alles Rechtsradikale? Oder wird in Ihrem Ort der Nazikult hochgehalten? Ihr Ort ist eine Schande für Deutschland! Alle Einwohner in ein Flugzeug und ab nach Afrika zur Bestrafung.«   Ohne Absender

»Hat man es in Vachdorf vergessen, wie es in unserem Land während der kommunistischen Herrschaft war? Hat man vergessen, wie viele unserer eigenen Landsleute ihrer Heimat den Rücken gekehrt haben, in der Regel doch wohl um wirtschaftlicher Gründe willen? Sicher gab es auch Verfolgung um des Glaubens und der anderen politischen Meinung wegen. Wir haben 1989/90 die Freiheit gewählt und erleben dürfen. Für manch einen hat die soziale und wirtschaftliche Probleme mit sich gebracht. Wollen wir dies nun auf dem Rücken von Menschen austragen, die eine andere Hautfarbe und Nationalität haben und nun wirklich nichts dafür können?«
                                            Fam. A. H., Schmalkalden

»Wir Bürger der neuen Bundesländer sind empört, daß die Post ›Afrikaner‹ einstellt und unsere Bürger als Arbeitslose rumrennen müssen. Es ist an der Zeit, daß Deutsche ›deutsch denken und handeln lernen‹. Afrika den Afrikanern! Deutschland den Deutschen!

›Sachsenritter‹, Str. der Einheit, Ort Überall«

»Wenn ich Öko-Madenkäse aus Vachdorf in Regalen der Supermärkte sehe, werde ich an diese unmenschlichen Verhaltensweisen einiger Ihrer Bürger erinnert und diesen Käse liegen lassen.«   E. B., Mühlhausen

»Im sechsten Jahr nach dem freiwilligen DDR-Beitritt. Verehrte Dorf-Ossis! Erneut ein großes Werk in den neuen Bundesländern [...]. Die verdienten Ost-Dörfler des Volkes in Vachdorf waren siegreich. Ihr Dorf war fremdenfrei. Allerdings gab es keine Orden und Prämien wie bei Walter Ulbricht und Honecker.«

(Eine Ansichtskarte aus Köln, vorn drauf eine Karikatur: ein Ostdeutscher mit der deutschen Fahne im Mund, in der rechten Hand den Entlassungsschein und am linken Arm VW-Autoschlüssel, Bananen, Plastetüten und Pakete.)

Adelino hat am zweiten Tag der Besetzung durch die Medien auch einen Brief nach Vachdorf geschickt. »Mein Name ist Adelino Massuvira, und ich gehöre zu dem täglich angepöbelten Personenkreis, oft nur wegen meiner Hautfarbe [...]. Und ich möchte den Bürgern von Vachdorf empfehlen, das Gespräch mit uns ausländischen Mitbürgern zu suchen!«

Eine Woche später, als ein Schülerchor aus Tansania spontan in der vollbesetzten Vachdorfer Kirche auftritt, sitzen auch Adelino und Tomas unter den Zuhörern. »Nach dem Konzert haben wir lange mit dem Pfarrer, dem Bürgermeister und den Einwohnern gesprochen ...«

Während Adelino mir von Vachdorf erzählt, duftet es in seiner Wohnung nach frisch gebackenen sonntäglichen Waffeln. Das größte der drei Kinder, die stille dreizehnjährige Leonita, schon geformt wie eine achtzehnjährige Frau, deckt den großen ovalen Tisch. Geny, die quirlige, noch sehr magere Neunjährige, hat mich in dem heruntergekommenen Neubaublock schon auf der Treppe begrüßt, als sie die wöchentliche Hausordnung erledigte.

Nur Sohn Marwin, im August wird er vier Jahre alt, tut nichts Nützliches. Rennt wie ein Wirbelwind durch die Zimmer, verstreut den für die Waffeln gedachten Puderzucker auf dem Fußboden und lacht, daß er »Schnee macht«. Ana sagt, daß die Jungen in den afrikanischen Familien mehr Freiheiten erhalten als die Mädchen, die von kleinauf im Haus und auf dem Feld zu arbeiten haben. Die zwei Mädchen haben ihr Haar nach alter Tradition in viele dünne Zöpfchen geflochten. Einmal in der Woche flicht die Große der Kleinen die kunstvollen Haarsträhnen.

»Wir versuchen, uns die afrikanische Kultur zu bewahren«, sagt Ana, die sich ein grellbuntes, bis zu den Knöcheln reichendes moçambiquanisches Tuch zu einem Rock um die Hüften gewickelt hat. »Wir wollen den Kindern auch beibringen, daß jedes Stück Brot, daß alles, was man anfaßt, Geld kostet. Und daß man trockenes Brot nicht wegwerfen darf, sondern in Milch brocken kann. Leonita wollte am 8. März zu einem Konzert von irgendeinem Österreicher. Es kostet 30 Euro. Ich sagte: ›Leonita, wir können uns das nicht leisten, das mußt du verstehen. Sei froh, daß wir hier ein Dach über dem Kopf haben und täglich zu essen.‹ Das hatte Leonita vor drei Jahren noch nicht ...«

Ana kocht jeden Abend für die Familie. Warmes Essen, oft afrikanisch. Heute wird es Wirsing mit geriebenen Erdnüssen geben. Und ich bekomme schon am nachmittäglichen Kaffeetisch eine Kostprobe. Manchmal, sagt sie, kocht sie anstelle der afrikanischen Maniokblätter auch Kohlrabiblätter zu einem spinatähnlichen Gemüse. Doch das sei schwierig, denn wenn sie in der Kaufhalle die überflüssigen Kohlrabiblätter einsammelt, gibt es oft Ärger. (Ein paar Tage später beobachte ich sie in der Kaufhalle. Sie legt sich ein Bündel der langrippigen Blätter in ihren Korb. Ein junger Regalauffüller sagt barsch: »Bringen Sie das zurück, das ist hier nicht erlaubt!« Sie bringt es zurück. Kurze Zeit danach fülle ich mir eine Papiertüte mit diesen Blättern. Der Regalauffüller fragt: »Für die Haseküh?« – »Ja«, sage ich. Und er rät, nicht zuviel davon zu füttern. »Sie blähen, die Kohlrabiblätter.«)

Es klingelt. Ein Junge und ein Mädchen, beide vielleicht sechzehn Jahre alt, kommen zum Sonntagsbesuch und bringen einen nur wenige Monate alten Säugling mit. Das Baby schreit und schreit. Und Adelino, dann Geny, später Ana – alle nehmen das Kind auf den Arm und wiegen es. Reden mit ihm, lachen mit ihm, doch wahrscheinlich hat es die Flasche zu schnell getrunken. Erst speit es Adelino, dann Geny und schließlich Ana auf Hose und Rock. Doch mit Engelsgeduld wischt die dreizehnjährige Leonita alles auf. Marwin macht wieder Schnee, und das Baby schreit und schreit. Aber niemand läßt sich davon stören, kein lautes, böses, genervtes Wort. Afrikanisch-deutsche Großfamilie …

Auf einem kleinen Tisch, zwischen den Spielsachen Marwins, liegen dicke Ordner. Adelino hat sich, wie er sagt, für das Wochenende »Arbeit mit nach Hause genommen«. Seine Ausbildung als Sozialpädagoge hat er in Dresden inzwischen abgeschlossen, nun aber fährt er regelmäßig noch alle zwei, drei Monate zu von ihm selbst bezahlten Weiterbildungslehrgängen an die Hochschule.

»Die Lehrgänge haben sich gelohnt, auch das schwierige Studium der Psychologie.« Er zählt Beispiele dafür auf: In eine der Sprechstunden zur Ausländerbetreuung kam eine Frau aus Bosnien. Sie wohnte mit ihrem Mann im Asylbewerberheim auf dem Industriegelände zwischen Suhl und Zella-Mehlis. Ihr Mann, klagte sie, früher ein energischer Mensch, würde,

seitdem sie aus dem Heim in Salzgitter wegmußten und hier-
hergebracht worden seien, nur noch bedrückt und leise sprechen. So leise, als ob er ständig in sich hineinhorchen müßte.
Und Angst hätte, in sich etwas zu hören, vor dem er sich fürch-
tete. Nachts schrecke er aus dem Schlaf ...

»Die Verständigung zwischen ihrem Mann und mir war
nicht leicht. Die Sprache, gleich ob die Asylbewerber erst
einen Monat oder ein Jahr in Deutschland sind, ist immer
Deutsch, auch zwischen einem Bosnier und einem Moçambiquaner. Aber irgendwann begriff ich, was mit dem Mann
passiert war. Er, der bei Bombenangriffen in Bosnien ver-
schüttet war, hörte Tag und Nacht nur noch Detonationen von
Bomben. Und das Heim im Suhler Industriegelände befindet
sich ausgerechnet neben der Baustelle für die neue Autobahn-
zufahrt, und täglich wurde dort am Berg gesprengt ...«

Zwar konnte Adelino nicht erreichen, daß die bosnische Familie verlegt wurde, aber er meldete den Mann im Berliner
Zentrum für Kriegsopfer und Kriegstraumata an und konnte
das eine Jahr Wartezeit (!) für eine Beratung wegen Dringlich-
keit auf sechs Monate verringern. Seitdem wird der Mann dort
betreut. Ein psychologisches Gutachten bestätigt, daß die Be-
handlung des posttraumatischen Problems von langer Dauer
sein wird und in Bosnien nicht möglich ist. Das Ehepaar muß
also vorerst nicht nach Bosnien zurück, hat eine zweijährige
Aufenthaltserlaubnis und lebt inzwischen wieder in Salzgitter.

»Und sehr oft ruft der bosnische Mann mich an. Nun wieder
mit sehr lauter und klarer Stimme.«

Das Baby schreit nicht mehr. Leonita hat sich unaufgefordert
ein Tuch umgebunden und trägt das Kind wie eine afrikanische
Mutter auf dem Rücken in der Wohnung umher. Ana sieht mein
Erstaunen und sagt: »Leonita kann auch Mais im Mörser
stampfen und Wassereimer auf dem Kopf tragen. Adelino hat
sie erst 1999, als sie schon zehn Jahre alt war, aus seinem Dorf
nach Deutschland geholt.« Ich rechne, komme zu dem Ergebnis, daß Adelino 1989 bei seinem letzten Urlaub als Vertrags-

arbeiter in Moçambique nicht nur in den Betriebsparteizellen über die Wendeergebnisse in der DDR gesprochen hat ...

Er sagt: »Es war eine kurze, mit meinem Rückflug in die DDR beendete Beziehung zu dieser Frau.« Als Leonita fünf Jahre alt war, hatte die Mutter kein Geld mehr, um dem Kind satt zu essen geben zu können, und lieferte es im Dorf bei Adelinos Eltern ab. Wo Platz und Nahrung für sechzehn ist, wird es auch für siebzehn reichen ...

1999 fuhr Adelino zum erstenmal mit Ana in sein Dorf. Sie hatten Geld mitgenommen, damit Leonita eine Schule besuchen konnte. Aber als Adelino sah, wie ärmlich das Kind dort lebte, ohne Chance auf Schulbildung, kaum Kleidung ... da kaufte er kurzentschlossen ein One-Way-Flugticket. Und Adelino, der Ausländerbeauftragte des evangelischen Kirchenkreises, wohl wissend, was unterwegs passieren konnte, nahm das Kind ohne Ausreise- und Einreisepapiere mit. Kind und Vater, beide hatten schreckliche Angst. Das Kind vor dem Unbekannten nach der Ankunft in Deutschland. Der Vater vor dem Bekannten nach der Ankunft in Deutschland. Sie blieben auf den Flughäfen in Südafrika und Frankreich (dem ersten europäischen Sicherheitsfilter gegen Ausländer) ungeschoren und passierten auch noch die Kontrollen in Frankfurt/Main.

In seiner neuen Heimatstadt Suhl allerdings, wo man den Adelino Massuvira als fürsorglichen, rührigen Ausländerbeauftragten, als Initiator der »Cabana« – einer Selbsthilfegruppe für ausländische Mitbürger –, als afrikanischen Musiker und Mitstreiter gegen Rassismus – wo also alle Adelino kannten, gab es nicht einen amtlichen Versuch, ihm bei dieser, wie Adelino sagt, »verfahrenen rechtlichen Situation« zu helfen. »Bei keinem Beamten bemerkte ich den Versuch eines Lächelns, kein verstehender Vater- oder Mutterblick über das, was ich angestellt hatte.« Statt dessen: »Das ist illegal! Gegen den Paragraph soundso. Ihr Kind befindet sich illegal in der BRD ... Das wird teuer für Sie werden! Schicken Sie das Kind sofort zurück, sonst müssen auch Sie ...«

Adelino schickte sein Kind nicht zurück. Wohin auch? Und weil Moçambique nicht auf der positiven, sondern auf der negativen Länderliste der Bundesrepublik steht, das heißt auch kein vorläufiges dreimonatiges Aufenthaltsrecht für ein Kind gewährt wird, und weil es obendrein ein uneheliches Kind war und Adelino sich zuerst das alleinige Sorgerecht in Moçambique bescheinigen lassen mußte (das er im Jahre 2000 erhielt) und weil »eine Familie, wenn es sich um einen Ausländer handelt, keine Familie für die Behörden ist, sondern in erster Linie nur Gegenstand von Paragraphen und Verordnungen«, wurde der Fall an den Staatsanwalt übergeben. Adelino Massuvira war angeklagt wegen »Beihilfe zur illegalen Einreise«.

»Ausgerechnet vor dem Gericht, das mich verurteilen sollte, erlebte ich eine menschliche Reaktion. Die Richter sagten: ›Eine strafbare Handlung zwar, aber im Sinne der Familie begangen, im Sinne des Kindes.‹ Und sie stellten den Prozeß gegen eine Zahlung von 1000 DM ein.«

Die Richter haben Adelino den Glauben wiedergegeben, daß auch staatliche deutsche Behörden wenigstens warmherzig denken können. »Denn wer nicht einmal mehr warmherzig denken kann, wie soll der sich die Mühe machen, Verordnungen und Paragraphen nach Hilfsmöglichkeiten für die Betroffenen zu hinterfragen?«

Wärme.

Nie hat Adelino gehungert, seit er aus Afrika weggegangen ist. Aber gefroren, sagt er. Selbst im deutschen Juli.

Seitdem er mit Ana und den Kindern um seinen ovalen Tisch sitzt, ist ihm wieder warm. Selbst im deutschen Januar.

Wie oft habe er sich in den winterlich überheizten Zimmern des Wohnheimes in Suhl-Heinrichs nach Wärme gesehnt.

»Die Reden der Funktionäre über Solidarität und immerwährende Freundschaft machten uns das Herz nicht warm.«

Manchmal hatte einer von ihnen Glück und fand ein deutsches Mädchen, mit dem er sonntags bei deren Eltern am Mittagstisch sitzen konnte. Auch Adelino hatte einmal eine deutsche Frau. »Es war nicht einmal der Sex, es war dieser Tisch, das Essenkochen, der Sessel abends vor dem Fernseher, das ›Gute Nacht‹- und ›Guten Morgen‹-Sagen.«

Seine Freundin, diese deutsche Frau, hatte damals schon ein Kind von einem moçambiquanischen Vertragsarbeiter, der 1985 zurückmußte. Adelino war nicht lange mit ihr zusammen. Ana, die er neun Jahre zuvor beim Flug von Maputo nach Berlin das letztemal gesehen hatte, war damals nach Suhl gekommen …

Seine deutsche Freundin lebte nach der Wende lange mit einem acht Jahre jüngeren Moçambiquaner zusammen. Sie hat inzwischen auch von diesem Mann ein Kind, erzählt Adelino. Aber der hat sie verlassen. »Sie ist allein mit ihren zwei dunkelhäutigen Kindern und wird von manchen deshalb gemieden.« Deutsche Männer, die ihre zwei Kinder sehen, verabschieden sich, noch ehe sie ihr guten Tag gesagt haben, erzählt Adelino.

Ich frage ihn nach ihrem Namen und ob ich mit ihr sprechen kann. Er verspricht, daß er sie anrufen und fragen wird.

»Manche sagen, die hätten 'nen besonders Großen.«
Gesprächsprotokoll von 1982, Nr. 7

Carmen Dietz*, 19 Jahre, Arbeiterin am Fließband, an dem die Mopeds SR 52 montiert wurden. Facharbeiterin für Kraftfahrzeugtechnik. Als sie nach drei Jahren ausgelernt hatte und ans Band kam, wurden dort auch die Moçambiquaner eingesetzt.

»Ich dachte mir, das sind auch keine anderen Menschen als wir, nur, daß sie eine andere Hautfarbe haben. Ich kenn' sie ja nur von der Arbeit, ihr Leben am Wochenende kenne ich nicht. Wir haben außerhalb der Arbeit kaum Kontakt zu ihnen, und viele von unseren Leuten wollen das auch nicht. Beispielsweise die

111

Brigadefeier, die erste seit sieben Jahren. Die Frage war: mit Moçambiquanern oder ohne! Die deutschen Kollegen wollten ohne Moçambiquaner.

Hab ich mit der Gisela gesprochen, die ist Vertrauensmann[1], ich bin ihr Stellvertreter. Die hat gesagt, daß wir dann alles selber finanzieren müssen, wenn wir als Brigade ohne die Moçambiquaner feiern. Denn wenn wir es bezahlt bekommen von der Gewerkschaft und vom Betrieb – Essen, Trinken und Saal –, müßten alle mitmachen. Aber das wollten die meisten nicht, denn wenn die Moçambiquaner was getrunken haben, können sie sich nicht benehmen. Wie bei der Evelyn, die jetzt Lehrling ist. Der hat ein Moçambiquaner, der Santos, gesagt: ›Ich bin der Mann, und du hast zu gehorchen‹, und sie da hinten abgeknutscht.

Ich habe Gisela gesagt: ›Da müssen die Moçambiquaner eben auf die paar schwarzen Schafe – oder sagt man da weiße Schafe? –, also aufeinander aufpassen.‹

Aber die Gisela meinte: ›Darfst nicht denken, daß die aufeinander aufpassen, wenn die was getrunken haben.‹

Ich habe den Wolfgang, den Schichtleiter, angesprochen wegen der Brigadefeier. Der wollte auch nicht wegen der Moçambiquaner, aber hatte 'ne Ausrede. Er hätte zu bauen an seinem Haus. Aber als wir Mädchen während der Arbeit mit den Moçambiquanern mal gelacht haben, spottete er sofort: ›Ihr übt wohl schon für die Brigadefeier?‹

Vielleicht sind unsere deutschen Männer in der Brigade auch nur eifersüchtig, daß die Moçambiquaner bei der Feier mit uns schäkern und tanzen. Die sollen viel besser tanzen als die Deutschen. Und wenn wir Mädchen in der Arbeitspause hinten mit den Afrikanern sitzen, gucken manche scheel. Aber wie wir Lehrlinge waren, mußten wir bei einer Arbeitsschutzbelehrung unterschreiben, zu den Moçambiquanern nicht Neger zu sagen oder Schwarzer oder so was, es sind ›unsere moçambiquani-

1 Von einer Gewerkschaftsgruppe gewählter Vertreter.

schen Arbeitskollegen‹, und wir sollten uns gut mit se stellen. Ich rede alle mit Namen an oder mit ›eh du‹ oder so.

Ich bin Facharbeiter für Kfz. Eingestellt als Montagearbeiterin. Als wir Stifte waren und sind ans Band gekommen, haben sie uns die Arbeit einmal gezeigt – und dann mußten wir's können. Und nun stehen wir nur noch am Band. Dafür mußten wir drei Jahre lernen.

Ich wollte schon mal aufhören, aber die lassen einen hinten am Band ja nicht weg, die haben dort zu wenig Leute. Wenn jetzt die Moçambiquaner in zwei Jahren weggehen, sehen sie alt aus, da steht die Mopedproduktion. Naja, da kommen dann eben Kubaner oder Vietnamesen. Am 25. Juni haben die Moçambiquaner ihren Nationalfeiertag, da arbeiten sie nicht, da werden alle Lehrlinge ans Band geschickt. Versammlungen, wo wir über diese Probleme reden, gibt es nicht. Wir haben immer nur Arbeitsschutz um Viertel elf in der Pause – fünf Minuten. Da leiert der Meister Rudi seinen Text runter. Zum Diskutieren bleibt keine Zeit. Und erst recht nicht mit den Moçambiquanern, mit denen würde es wegen ihrer Aussprache ja noch länger dauern. In der Beziehung können sie sich bei uns nur Negatives abgucken.

Manchmal frag ich mich, was soll'n die bei uns bloß lernen? Sie werden alle paar Wochen am Band gewechselt, was wollen sie da lernen. Fang mal bei der Arbeitsmoral und den Arbeitsbedingungen hier an. Schon wenn du reinkommst in die Abteilung, denkst du, daß du in 'nen Saustall kommst. Wir haben schon mal zwei Tage nur aufgeräumt. Manche Arbeiter sagen, es liegt an die Moçambiquaner, das seien Dreckschweine. Denen könnt' ich paar auf die Gusche pochen, das war schon ein Saustall, bevor die Schwarzen hierherkamen. Meiner Meinung nach liegt das alles am Leitungskollektiv und am Rudi, dem Meister. Der Rudi hat den Kopf wirklich voll, steht das Band, dann kriegt der Rudi alles drauf. Er hat noch vier Jahre bis zur Rente, der ist fertig mit de Nerven, ehrlich. Da kommt der erste Chef und nölt, und dann kommt der nächste Chef und nölt. Und alles kriegt der Meister drauf. So, und vom Meister kriegen's die Schichtleiter drauf. Und wo läßt's der Schichtleiter ab? An die deutschen Arbeiter. Und wo lassen's die deutschen Arbeiter ab? An die Moçambiquaner.

Ich hab, wie gesagt, nix gegen die Moçambiquaner, sind genauso Menschen wie wir, aber da sind Mädchen mit ihnen verlobt, die Angela aus unserer Schicht beispielsweise. Aber die Moçambiquaner dürfen nicht hierbleiben, die müssen nach vier Jahren endgültig wieder zurück. Und was nutzt es, wenn ich mich mit einem verlob', und in vier Jahren ist alles vorbei? Es gehört viel Mut dazu, sich mit so einem zu verloben. Wenn Angela erzählt, wo sie am Wochenende waren, zum Beispiel hier oben im IKA-Klubhaus, da sind sie vollgenölt worden: ›Negerschlampe, hast du nix Besseres gefunden als den, die sind ja sowieso blöd.‹ Also ich, ich könnt mir das net sagen lassen.

Ich weiß ja nicht, ob das bei allen wirklich Liebe ist, bei der Angela hat's aber den Anschein. Bei ihm vor allem. Wir waren zu ihrem Geburtstag. Sie hatte uns zum Kaffee eingeladen. Also was der ihr geschenkt hatte, das kriegen wir ja Ostern, Weihnachten und Pfingsten nicht zusammen. Wenn man's zusammengerechnet hätte, wären wohl über 300 Mark rausgekommen. Er hat im Exquisit[1] eingekauft: Strümpfe, 'n BH, Unterwäsche, dann im Ledergeschäft hat er ihr 'ne Tasche gekauft, die rote, die sie jetzt immer hat – ein Portemonnaie, fünf Schachteln Cabinet, Nachthemd, Schokolade und lauter so'n Zeug. Also ich glaube nicht, daß man soviel Geld für 'nen Menschen ausgibt, den man nicht ein bißchen liebhat. Vielleicht gibt's eine Möglichkeit, daß er dableiben kann, wenn sie heiraten. Aber auch wenn sie heiraten, ist das schwer, nicht nur für ihn, auch für sie. Viele Leute hier sind doch noch zu blöd, um so was zu akzeptieren.

Was Angela an einem Moçambiquaner reizt, weiß ich nicht, manche Männer sagen ja, die hätten 'nen besonders großes

---

1 Exquisit – Läden für Waren des gehobenen Bedarfs zu höheren Preisen.

Geschlechtsteil, das würde die Frauen reizen, aber über so was Sexuelles sprechen wir nicht. Angela auch nicht.

Die erste Zeit, als es in der Brigade rauskam, daß Angela mit dem Moçambiquaner geht, da war höllisch was los da hinten, da haben sie sie durch den Dreck gezogen. Vor allem die älteren Weiber. Die vielleicht selber insgeheim mal gewollt hätten.

Neuerdings kommt der Miguel in jeder Pause rüber, um mich zu sehen. Aber mein Verlobter würde mich mitsamt dem Moçambiquaner rausschmeißen, wenn ich einen in unsere Wohnung einladen würde. Der kann sie eben nicht leiden, weshalb, das weiß er selber nicht. Aber das ist nicht nur bei den Moçambiquanern so. Als ich mit der Erika in Kiew war, wollt' ich den Thomas, was mein Verlobter ist, mitnehmen und die Erika ihren Mann. Wir haben uns dort mit Erikas Freundin getroffen, die schreiben sich schon zwanzig Jahre. ›Ich fahr doch net mit zu de Russen, bist wohl verruckt!‹ Oder gestern beim Fußballspiel (WM Brasilien gegen Sowjetunion), Thomas saß da: ›Scheiße, die Russen, war nur Zufall das Tor, diese Blödmänner‹ und lauter solches Zeug. Nur die Deutschen gelten bei ihm was. Wegfahren will er nicht, Urlaub machen kann er auch hier, sagt er. Er macht sich keinen Kopp über die Welt.

Es steht überall, wir sind eine sozialistische Brigade. Heißen übrigens ›Kacomba‹, das soll ein moçambiquanischer Freiheitskämpfer sein, mehr weiß ich nicht. Aber wir hatten noch nicht eine einzige gemeinsame Veranstaltung mit den Moçambiquanern. Die meisten von uns wären froh, wenn die Moçambiquaner wieder weg wären.

Dabei fühlen sie sich hier in den Familien bestimmt wohl. Bei Angelas Geburtstag saß ihr Fernando auf der Couch, die Beine hoch, richtig gemütlich. Ich glaube, daß ihnen so was fehlt. Angelas Vater sagte ihm: ›Komm, Fernando, wir gehen spazieren.‹ Nein, er wollte hierbleiben, fernsehen, Bier trinken, reden. Angela war ja schon einmal schwanger von ihm, aber sie hat sich's wegmachen lassen. Fernando hat mit dem Betreuer gesprochen, und der sagte, es wäre besser, es wegzumachen. Vielleicht will Angela ein Kind von ihm, wenn sie ihn gern hat, da laß ich mir das Kind doch nicht wegmachen. Heute laufen mehr Mischlinge rum als früher, ist ja nicht mehr ganz so schlimm, aber die Leute quatschen immer noch drüber, und die Kinder werden gehänselt. Ich weiß nicht, ob die Kinder das verkraften.

Ich muß nun auch bald heiraten, in einem Jahr, sonst kriegt Thomas den Ehekredit[1] nicht mehr. Also werden wir wohl oder übel vor dem 25. Geburtstag von Thomas heiraten. 5000 Mark ist zwar nicht viel, aber besser wie gar nichts. Noch mal zu Thomas, so schlecht ist der gar nicht. Wegen die Moçambiquaner! Vielleicht hat er nur Hemmungen. Neulich hat er mit einem gesoffen, da hat er hier sogar noch 'ne Flasche Schnaps geholt und beteuert, daß er nichts gegen sie habe.«

Adelino hat mit seiner früheren deutschen Freundin Gabriele Wiese* telefoniert. Sie trifft sich mit mir auf »neutralem Boden« in einer Suhler Gaststätte. Während wir Tee trinken und reden, äugt die Schwarzhaarige oft zu den ebenerdigen großen Fenstern und gibt mir Kommentare zu den draußen vorbeigehenden Männern (»Das ist ein Architekt, der hätte sich letztes Jahr für mich scheiden lassen.«) und zu den Frauen (»Die hat drei Kinder von drei Liebhabern ...«). Gabriele Wiese ist jetzt zweiundfünfzig. Ihre grüngrauen Augen schauen einen immer prüfend an, während sie lachend, von einem Thema zum anderen springend, erzählt und ihre Wangen sich dabei wie bei einem Mädchen verfärben.

Sie, die Tochter eines angesehenen Schneidermeisters aus Suhl, hatte, wie sie meint, eine ordentliche Kinderstube. Und ihr Leben wäre vielleicht »völlig normal gelaufen«, wenn sie

---

1 Ein zinsloses staatliches Darlehen in Höhe von 5000 Mark, das junge Leute für Anschaffungen erhielten, die vor Vollendung des 25. Lebensjahres heirateten. Für jedes Kind, das innerhalb der folgenden acht Jahre in der Ehe geboren wurde, wurden – zusätzlich zur Geburtenbeihilfe – 1000 Mark von der Rückzahlung erlassen.

nicht den für sie wohl falschesten Mann geheiratet hätte. Einen Seemann.

»Aber Seemänner brauchen wahrscheinlich eine besondere Sorte Frauen, eben Seemannsfrauen.« Sie sei keine gewesen. 1976 wurden ihre »Seemannskinder«, die Zwillinge, geboren. Fünf Jahre später arbeitete sie im Maschinensaal vom Fajas, wo sie Kleinteile für die Gewehrproduktion drehte und fräste, mit Mario, einem der Moçambiquaner, zusammen. Er stand neben ihr, drehte ein Vierkantstück, gab das Teil an sie weiter, und sie fräste ein Loch hinein. Jeden Tag.

»Zuerst haben wir uns nur neugierig angeschaut, dann begehrlich. Und später ... Ich war eben allein und keine gute Seemannsfrau.«

1984, immer noch verheiratet mit ihrem Seemann, bekam sie von Mario ein Kind. »Meine Mutter war noch sehr glücklich, als sie den Enkel zum erstenmal bei mir am Klinikbett im Arm hielt. Sie werden erst nach einigen Tagen dunkel. Und ich wußte nicht, wie ich es der Mutter beibringen sollte. Als sich nichts mehr verheimlichen ließ, wollte sie es nicht glauben. Mario und ich, wir hatten uns immer nur heimlich getroffen, im Wald, auf dem Domberg, nie öffentlich auf der Straße oder gar im Wohnheim.

Dann kamen die Arbeitskolleginnen, die Frauen, nur die Frauen, nicht die Männer, neugierig zu mir nach Hause. Konnten es nicht abwarten, bis ich ihnen Steffen, den ›kleinen Mulatten‹, gezeigt hatte. Mein Seemann ließ sich sofort scheiden. Dann saß er zu Hause und trank und trank. Er beanspruchte die Zwillinge für sich, weil sie nicht bei einer, die sich mit einem Neger eingelassen hat, aufwachsen sollten. Vielleicht hätte er sie auch bekommen, aber weil er weiter zur See fuhr und die Kinder der Tante zur Pflege überlassen wollte, hat das Jugendamt entschieden, daß ich sie behalten darf.« Das alles war, wie gesagt, 1984. Mario ging, weil seine vier Jahre in der DDR um waren, zurück nach Moçambique. Wollte wiederkommen, wie andere auch. Kam auch wieder. Aber ...«

Und nun versucht sie mir zu erklären, wie sie sind, die »moçambiquanischen Männer«. Anders sind sie. Sehr kinderlieb. »Der Mario hat stundenlang mit meinen Zwillingen gespielt, so, als ob er selbst noch ein Kind wäre.«

Aber sie sind nicht so romantisch verliebt in eine Frau. »Ne, das bestimmt nicht. Sie betrachten die Frau mehr so als ihren Besitz, als so etwas, was eben zu einer Familie gehört.«

Und furchtbar eifersüchtig sind sie. »Frauen dürfen nicht einmal einen anderen Mann anschauen, während sie als Männer das Recht auf andere Freundinnen haben ...« Sie sind auch sexuell aktiver. »Sie sind einfach potenter, sie können es ein paarmal hintereinander.«

Ich wechsele das Thema. »Also Mario kam wieder in die DDR, und dann?«

»Dann ging er nach Rostock und arbeitete in Neustadt ... Und ich hatte sein Kind.«

Und auf der Straße – wenn sie mit dem Kleinen im Sportwagen fuhr – drehten sich die Leute um. Als Steffen größer geworden war und wie ein Windhund rennen konnte, riefen die anderen älteren Kinder: »Jetzt flitz man schön, wer wie ein Neger maust, muß schön flitzen können.« Und auch die Zwillinge zeigten sich nicht gerne mit ihrem Bruder draußen, zum Reiten zum Beispiel nahmen sie ihn nicht mit, »weil das niemand wissen muß, daß er unser Bruder ist«.

Mario hatte inzwischen viele andere deutsche Freundinnen und kam nur noch selten nach Suhl.

»Ich mußte Steffen, als er dreizehn war, in ein Heim nach Ohrdruf geben. Ich wurde seiner nicht mehr Herr, er ist nur noch umhergezogen, genau wie sein Vater.«

Adelino sei nur für eine kurze Zeit bei ihr gewesen. »Er blieb selten nachts bei mir. Er war ein Betreuer, wollte für die anderen, weil Außenschläfer verboten war, kein schlechtes Beispiel sein.«

Die meiste Zeit ist sie mit Julio befreundet gewesen, einem sehr schönen, schlanken, aber elf Jahre jüngeren Moçambiquaner. Ich müßte das mit ihren moçambiquanischen Freunden so verstehen, sagt sie: »Wenn die Afrikaner mitbekommen, die ist die Mutter von einem Mulatten, das ist wie ein Magnet. Dann wissen sie, die hat nichts gegen unsere Hautfarbe, dann laufen sie dir hinterher.«

Julio war ein lustiger Mensch. »Einmal hat er sich halb totgelacht, weil er im Betrieb seine Maschine mit einer Schnur, die er an einem nicht sichtbaren Teil festgebunden hatte, blockierte und die DDR-Facharbeiter fast einen Tag umsonst suchen mußten, um den Fehler zu finden.«

Leider hatte er auch viele Schulden, die sie für ihn bezahlen sollte. »Und er wollte auch immer ein Kind. Nun habe ich also noch ein dunkelhäutiges Mädchen.«

Seit zehn Jahren ist Gabriele Wiese arbeitslos. Ihr Julio hatte die ganze Zeit einen Job in Aschaffenburg. Er kam nur an den Wochenenden nach Hause.

»Aber eines Tages ruft er mich fröhlich an, und er lacht dabei wie immer und sagt, er hätte großes Glück in seinem Leben. Nur vier Kilometer von Aschaffenburg entfernt habe er jetzt eine neue, jüngere Freundin, und es sei nicht mehr so weit wie bis nach Suhl. Und nun kommt er nicht mehr.«

Sie ist traurig und wütend und versucht mir noch mal zu erklären, worin sie anders sind, diese moçambiquanischen Männer.

»Also bei mir durfte nicht einmal der Mann meiner besten Freundin die Küche malern, da schrie Julio wie ein Verrückter. Du gehörst mir, hat er immer gesagt. Aber der Mann, er gehört nicht der Frau. Er ist nur ihr Chef. Und wenn er eine andere Frau will ... Vielleicht ist das ja auch so, weil es in Moçambique üblich war, daß ein Mann, wenn er sie alle ernähren konnte, mehrere Frauen hatte, die gleichzeitig bei ihm lebten. Eine Woche kochte diese für ihn, die andere Woche die nächste. Eine Woche schlief er mit der einen, die nächste Woche mit der anderen.« So sei das eben dort in Afrika.

Aber sie wüßte zu wenig über diese fremde Welt.

Ihre Tochter hat noch mit fünf Jahren gefragt: »Mama, wann werde ich endlich weiß?«

Die Kinder von Ana und Adelino haben das nie gefragt.

»Geny«, erzählt die Mutter, »Geny behauptet: ›Ich bin eine braune Deutsche.‹ Und das stimmt, denn die, die hier geboren sind, haben hier ihre Wurzeln und nirgends ein anderes Zuhause. Afrika ist ihnen fremd, und sie werden, sollte man sie hier treten und beleidigen, nicht wie wir nach Moçambique fliehen können. Sie müssen lernen, sich hier gegen alles Unrecht zu verteidigen.«

Ana ist mit mir, während das sonntägliche Leben noch im Wohnzimmer tobt, in ihr »Arbeitskabinett« geflohen. Ein kleines schmales Zimmer, an dessen Längswand deutsche Freunde für Marwin einen Wolf gemalt haben. Bett, Spielsachen in Kartons, kleiner Kleiderschrank. Marwins Kinderzimmer! Anas »Arbeitskabinett« besteht aus einem winzigen Tisch und einem Stuhl. Asyl! Und Marwin, der während unseres Gesprächs ständig hereinrennt, läßt keinen Zweifel daran, wer hier der Herr im Hause ist und wer nur Asylrecht besitzt. Ana lacht. »Es ist nur für drei Jahre, bis ich fertig bin mit der Ausbildung.«

Ana war Textilarbeiterin, Betreuerin und Sprachmittlerin, Putzfrau, Altenpflegerin. Und nun ist sie mit einundvierzig die älteste in der Klasse an der Medizinischen Fachschule in Suhl, wo sie Krankenschwester lernt. Immer im Wechsel drei Wochen Schule und drei Wochen Praktikum im Klinikum.

Die Patienten sagen zu ihr: »Schwester Ana, Sie sehen nicht nur anders aus, Sie sind auch anders. Immer ein lachendes Gesicht ...«

»Also, wenn ich mit schlechter Laune zur Arbeit komme, lasse ich mein Böckchen vor der Tür stehen. Und wenn ich dann wieder nach Hause gehe und es steht noch vor der Tür, nehme ich es mit. Wenn es inzwischen nicht mehr dasteht, auch gut ...«

Nur einmal nutzte ihr das freundliche Gesicht nichts. Eine alte Frau im Pflegeheim schrie, daß sie sich nie im Leben von einer Negerin anfassen lassen wird.

Ana entschuldigt die Frau. Sie sei schon sehr alt gewesen, hätte wahrscheinlich unter Hitler den Haß auf Schwarze anerzogen bekommen. »›Ja, wenn Hitler noch da wär‹, kreischte die Frau damals, ›wären solche wie du, die man mit einer Flasche Bier aus dem Urwald gelockt hat, längst vergast, nicht mehr hier!‹ Ich habe ihr geantwortet: ›Ja, wenn Hitler noch da wär, wärst auch du nicht hier, denn du bist nicht blond wie eine Deutsche, sondern hast schwarze Haare wie eine Zigeunerin!‹« Seitdem hat eine andere Pflegerin die alte Frau täglich umgebettet und gebadet.

Das Schwierigste im Pflegeheim war für Ana die häufige Begegnung mit dem Tod. Der Tod, in Afrika zwar ein ständiger Gast in den armen, kinderreichen Familien, ist dort ein Tabu. Über ihn wird nicht gesprochen, und Kinder dürfen keinen Toten sehen.

»Erst als ich siebzehn war, kurz vor meiner Abreise in die DDR, habe ich den ersten toten Menschen gesehen. Er lag in Maputo auf der Straße. Aber meine ältere Schwester, die neben mir ging, hielt mir mit einer Hand die Augen zu, und mit der anderen zog sie mich schnell vorbei.« Ana legt sich eine Hand vor das Gesicht, um mir die Geste der Schwester zu demonstrieren.

Den zweiten Toten ihres Lebens sah sie nicht. Es war ihr Vater. 1983, im dritten Jahr ihrer DDR-Vertragsarbeiterzeit, starb der Vater in ihrem kleinen Heimatdorf in der Provinz Gaza. Ana bekam damals einen Tag frei von der Arbeit in der Leipziger Kammgarnspinnerei. Einen Tag für ihre Trauer. Heimfliegen durfte sie nicht.

»Ich schäme mich immer noch, weil ich nach meiner Ankunft in der DDR nur meiner ältesten Schwester und ihren Kindern zu helfen versuchte, ihnen Kleidung schickte. Doch nichts, aber auch gar nichts habe ich meinem Vater, den ich liebte, geschenkt. Kein Hemd, keine Hose. Nicht einmal eine Sicherheitsnadel, mit der er sich, weil er immer barfuß lief, die eingetretenen Dornen hätte aus den Füßen kratzen können ...«

Anas Vater wurde vor dem Haus begraben, ohne Grabstein. Später hat Ana ihm dort über sein Grab »ein Haus aus Steinen« geschichtet. Jedesmal, wenn sie zu Besuch in Moçambique ist, fährt sie von ihrer Mutter, die inzwischen in Maputo wohnt, in das 280 Kilometer entfernte Dorf. »Einen Tag hin. Einen Tag bleibe ich dort, rücke die Steine neu, lege Blumen auf das Grab. Und einen Tag fahre ich zurück. Und als meine Mutter mich hier in Suhl besuchte, habe ich ihr gesagt: ›Mama, auch wenn man darüber nicht reden darf, wir müssen jetzt über den Tod reden.‹ Sie schrie: ›Willst du mich umbringen, Tochter?‹ Doch dann haben wir über den Tod gesprochen. Daß sie nicht in Maputo, sondern auf dem nun einsamen Hof bei Vater beerdigt werden will. ›Ich werde das Geld dafür geben, aber ihr müßt das tun‹, habe ich meinen Geschwistern gesagt. ›Ihr müßt sie in unser Dorf bringen, sonst würdet ihr mich sehr kränken.‹«

Ich frage erstaunt: »Ihre Mutter war hier?«

»Ja, 1996. Fast ein Vierteljahr, in der Neubauwohnung. Aber er war zu lang, der Aufenthalt. Ich habe ihr in diesen drei Monaten auch nicht ein einziges Mal den Kaufhof, das große Kaufhaus, von innen gezeigt. Ich habe es nicht fertiggebracht, ihr, die zu Hause umgerechnet 50 Pfennig Rente im Monat erhält, diesen Reichtum, dieses Paradies für alles, was ein Herz begehrt, zu zeigen. Denn bestimmt hätte sie es nicht einordnen können in die Erfahrungen ihres bisherigen armen Lebens. Als ich sie zu meiner Arbeit in das Hochhaus, das Altenpflegeheim, mitgenommen hatte, sagte sie danach erschüttert: ›Ein so großes Haus, nur für alte Menschen? Haben sie alle keine Kinder oder Enkelkinder?‹«

Das Leben hier sei schon in den einfachen Dingen kompliziert. Aber bei den komplizierten Dingen oft unbegreiflich.

Beispielsweise wären sie vor einigen Jahren umgezogen,

weil sie in unmittelbarer Nähe vom städtischen Sozialamt wohnten.

»Wer aus dem Sozialamt kommt, ist oft verärgert, muß seinen Frust möglichst schnell abreagieren. Und da läuft ihm, nur ein paar Schritte entfernt, ein Afrikaner über den Weg ...«

Einmal kam ein junger Mann aus dem Amt. Ana stieg aus dem Auto. Er trat wütend gegen das Auto. »Ihr Neger fahrt dicke Autos, aber ich habe nicht mal ein Kleines, alles wegen euch Schmarotzern!«

Da hat sie ihn am Hemd gepackt und ihn geschüttelt. »Moment mal. Ich fahre ein Auto, weil ich mir das Geld dafür durch meine Arbeit verdient habe. Und wenn du jetzt vom Sozialamt kommst und dort vielleicht kein Geld erhalten hast, im nächsten Monat kriegste vielleicht welches, weißt du weshalb? Weil ich es für dich verdiene, weil ich arbeite, weil ich hier Steuern zahle. Ja, ich zahle Steuern, damit Leute wie du von meinen Steuern leben können.«

Er hätte »Arschloch« oder so etwas ähnliches gebrummt und sich getrollt.

Ana sagt, daß sie Deutsche mit drei oder vier Kindern kennt, die ihr gesagt haben: »Ich werde doch nicht wie du für das bißchen Geld alten Leuten den Arsch putzen gehen, wenn ich vom Sozialamt genausoviel kriege wie du.

Wer lebt hier auf wessen Kosten? Wir Schwarzen, die hier in Suhl fast alle arbeiten, auf Kosten der deutschen Steuerzahler? Nein, umgedreht!«

In der vorigen Woche haben Jugendliche Leonita im Schulbus in den Hintern getreten. Am nächsten Morgen ist Ana mit in den Bus eingestiegen, hat mit den »Arschtretern« gesprochen ...

Die größte Angst hat Ana, daß die Kinder abends noch auf der Straße sind, wenn die Glatzen, »meist zwanzig oder dreißig mit Tennisschlägern oder abgebrochenen Zaunlatten«, durch die Stadt marschieren. Oder daß Adelino diesen Nazis auf dem Heimweg von der Arbeit in die Arme läuft.

Gestern hat Ana bei einer deutschen Freundin, »die rundlich wie meine Mama ist«, ein altes, aber noch sehr schönes Kleid geholt. »Das soll Mama zur Hochzeitsfeier anziehen. Ich fliege in vierzehn Tagen nach Maputo, mein jüngster Bruder muß plötzlich heiraten ... Also ich komme mit dem Kleid im Auto an die Kreuzung bei der ehemaligen Intertankstelle. Es ist Rot, und dort immer sehr, sehr lange Rot. Und neben der Kreuzung steht wieder eine Gruppe johlender Glatzen. Ich habe mir schnell meine Hand vor das Gesicht gehalten, damit sie nicht sehen, daß ich schwarz bin. Nicht mal dran gedacht, daß meine Hand ja auch schwarz ist, wollte nur das Gesicht verbergen!« Sie zeigt mir, wie sie mit der linken Hand das Lenkrad gehalten hat und mit der rechten ihr Gesicht bedeckte. Es ist die gleiche Geste wie beim Anblick des toten Mannes auf der Straße in Maputo ...

Ich frage, weshalb ihr jüngster Bruder spontan heiraten muß, wo doch in Afrika eine Hochzeit oft ein oder zwei Jahre lang vorbereitet wird.

»Im Januar erfuhr er, daß er ab 1. Mai als Botschaftsangestellter nach Äthiopien gehen darf. Aber das darf er nur als Verheirateter.« Die Mutter hat Ana daran erinnert, daß Adelino bei ihrer Hochzeit keinen Brautpreis, keinen Lobolo, für sie bezahlen konnte. (Ein Lobolo ist sozusagen der ökonomische Loslösepreis für die durch den Weggang der Braut verlorene Arbeitskraft.) Deswegen hat Ana versprochen, die Hochzeit des nächsten Familienangehörigen, also des jüngsten Bruders, zu finanzieren. »Wenn du zu meiner Beerdigung nicht kommst, bin ich dir nicht böse, ich sehe es nicht mehr. Aber dein Bruder soll eine ehrenvolle traditionelle Hochzeitsfeier haben«, hat die Mutter ihr gesagt. Also wird Ana einen Ochsen, eine Hälfte für die Hochzeit in der Familie der Braut, eine Hälfte für die Feier in der Familie des Bruders, kaufen müssen, 200 Kilo Reis, 20 Liter Öl, den Schleier für die Braut, Kleidung und Hefte und Stifte für die Kinder der Geschwister.

»Wenn Adelino und ich alt sind, müssen wir in kein deutsches Altersheim gehen. Wir haben in Moçambique die Familie, die uns ernähren und pflegen wird.«

Als sie das letzte Mal unten in Afrika war, nahm sie ihrer jüngsten Schwester – »sie hat nichts, gar nichts, aber schon drei Kinder und zwei Fehlgeburten, und ihr Mann, ohne Arbeit, steht früh auf und geht nur zu anderen Frauen« – die Spirale mit. Dem Arzt steckte Ana Geld unter dem Tisch zu, damit er der Schwester die Spirale einsetzte. Wenn sie die Pille regelmäßig nehmen würde …

Ana lacht, wechselt das Thema, ist plötzlich wieder in ihrer Vergangenheit. Als sie, die erfahrene DDR-Vertragsarbeiterin, 1987 mit 27 »frisch aus Moçambique eingetroffenen Mädchen« nach Suhl geschickt wurde, sozusagen als letzte Reserven, um den Plan für die Mopedproduktion zu erfüllen, sei sie immer die »Pillenmutter« genannt worden.

Beim Wort Planerfüllung stutzt sie und sagt sehr nachdenklich: »Wenn es überhaupt einen Grund gibt, daß einige Deutsche böse auf uns Moçambiquaner sind, dann vielleicht nur den, daß wir und die anderen Ausländer mit unserer Arbeit in den DDR-Betrieben verhindert haben, daß die DDR nicht schon ein paar Jahre vorher zusammengebrochen ist und für sie die Freiheit, die sie meinten, nicht schon eher angebrochen ist …« Sie sei zur Wende von den Afrikanerinnen in Suhl die einzige gewesen, die den »großen Lobolo von 3000 DM« nicht angenommen habe, sondern hiergeblieben sei. »Obwohl ich Angst hatte, daß ein Krieg in Deutschland ausbrechen kann. In afrikanischen Ländern gibt es bei solchen Umstürzen meistens Krieg.«

Sie entschuldigt sich für die Abschweifung. Sie wollte mir von ihrer »wichtigsten Aufgabe« als Betreuerin der 27 jungen moçambiquanischen Mädchen in der DDR erzählen.

»Ich bin jeden Abend durch alle Zimmer gegangen und habe jedes Mädchen gefragt: ›Hast du die Pille heute schon genommen?‹ – ›Nein.‹ – ›Dann nimm sie!‹ Und ich bin nicht eher gegangen, bevor sie nicht die Pille geschluckt hatte.«

125

Denn wer schwanger war, mußte sofort wieder zurück nach Moçambique. Die moçambiquanischen Betreuer wurden dann wegen mangelnder Erfüllung ihrer Aufsichtspflicht kritisiert. »›Ihr seid nicht wegen der Liebe hier, Kinder könnt ihr euch auch in Moçambique machen lassen, ihr seid hier, um zu arbeiten‹, sagten die Funktionäre unserer moçambiquanischen Botschaft in Berlin. Die deutschen Betreuer im Wohnheim spotteten: ›Die Pillenmutter geht wieder um‹, wenn ich die Mädchen vor dem Schlafengehen in ihren Zimmern kontrollierte.«

»Sie haben Respekt vor dem weißen Kittel, aber nicht vor der Frau im Kittel.«

Gesprächsprotokoll von 1982, Nr. 8

Günter Dehn*, verantwortlicher Leiter im Wohnheim, der weiß, daß die Moçambiquaner laut Regierungsvertrag in der DDR nicht ausgebildet werden sollen, sondern zum Arbeiten hier sind, um damit die Schulden Moçambiques an die DDR abzuzahlen.

»Die Moçambiquaner müssen sich jetzt von ihren Gewohnheiten auf unsere Gewohnheiten umstellen. Jeder DDR-Bürger hat an der Wache seinen Ausweis zu zeigen. Sie dagegen sagen: ›Unser Ausweis ist unsere Hautfarbe!‹ Sie begreifen nicht, daß auf diese Weise auch andere Afrikaner, die uns nicht freundlich gesonnen sind, ins Werk hineinkönnten. In manchen Dingen möchten sie eben immer wieder wie Kinder behandelt werden. Aber sie betonen ständig, daß sie Erwachsene sind. Die einfachsten Fragen der Disziplin, zum Beispiel dem Pförtner im Wohnheim den Ausweis vorzulegen und sich dann den Schlüssel geben zu lassen, werden von den meisten mißachtet. Das geht soweit, daß sie sich die Schlüssel von anderen Zimmern geben lassen, von Kollegen, die zur Schicht sind, sich eine Schallplatte nehmen, die sie gerade hören möchten, oder deren Hemden anziehen. Und dann kommen die anderen zu uns und sagen, da war jemand in meinem Zimmer, da ist gestohlen worden. Aber das Ausweiszeigen betrachten sie als Gängelei.

Und dann der Alkohol ... Einmal habe ich einen Moçambiquaner beobachtet, der in einer Suhler Gaststätte ein Bier trank und noch eins. Dann kam ein DDR-Bürger, Freundschaft von ihm, natürlich mit Bier. Und aus dieser falsch verstandenen Solidarität, daß er eine Runde nach der anderen für den Moçambiquaner bestellt, entsteht auch Trunksucht. Muß denn immer Alkohol im Spiel sein bei der Freundschaft? Und ich habe auch beobachtet, daß der Ober einem Moçambiquaner einfach ein Glas Bier hinstellt. Doch der Moçambiquaner will nur essen. Da sagt der Ober: ›Wenn du nichts trinkst, kriegst du nichts zu essen!‹

Andere Probleme ergeben sich in den Arbeitsprozessen. Die Moçambiquaner sehen, daß die DDR-Kollegen mit Frauen am Arbeitsplatz schäkern usw. Und sie leiten daraus ab, daß ihnen das gleiche Recht zusteht. Aber es gibt bei unseren Kolleginnen bestimmte Barrieren. Was ein weißer Kollege darf, darf ein schwarzer Kollege noch lange nicht. Solch eine freundschaftliche Geste von einem Moçambiquaner legen sie sofort anders aus. Und die jungen Afrikaner, die vier Jahre hier sind, ohne einmal nach Hause zu kommen, denken oft, wenn sie mit einer DDR-Bürgerin befreundet sind, daß sie damit auch gleich ihr sexuelles Problem lösen können.

Ich selbst habe Töchter, sie sind schon verheiratet. Aber wenn nicht, würde ich meine Töchter auch davor bewahren müssen, den Bürger eines anderen Staates, also zum Beispiel einen Afrikaner, zu heiraten und mit ihm dorthin zu gehen. Denn sie wissen nicht, was dort auf sie zukommt. Viele Menschen bei uns haben, weil sie ja nicht dorthin reisen können, die Vorstellung, daß in diesen Ländern nur Palmen, Sonne, Wasser, Strand, Urlaubsparadiese existieren. Die Frauen verkennen, daß sie dort in einen völlig neuen, fremden Lebenskreis hineinkommen, auch in Armut, daß sie die Rolle, die sie in der DDR als Frau spielen, dort nicht mehr spielen können. Man merkt das an dem Verhalten der Moçambiquaner hier. Bei einer Frau als Leiterin haben sie zwar Respekt vor dem weißen Kittel, aber nicht vor der Frau im Kittel.

Mir ist es lieber, die Moçambiquaner haben hier eine feste Freundin, als nur mal so ein Mädchen nebenbei. Dann wissen wir, wer die Partnerin ist. Leider kommt es durch die Kontaktschwierigkeiten sehr oft dazu, daß sie an Mädchen geraten, die einen nicht gerade guten Lebenswandel haben. Ich bin nicht für die Theorie, daß die Moçambiquaner sich, weil sie längere Zeit hier sind, sexuell abreagieren müssen. Ich habe vor einigen Jahren auch im Ausland gearbeitet, ohne meine Frau ... Kontakt in dieser Richtung zu anderen Menschen aufzunehmen bedeutet ja nicht nur eine Entspannung, sondern auch eine gewisse Verantwortung. Wenn zum Beispiel ein DDR-Bürger sich mit einer afrikanischen Frau liiert, kann es durchaus sein, daß sie ableitet, von ihm geheiratet zu werden und mit in die DDR gehen zu dürfen. Daraus können sich unwahrscheinliche Komplikationen, auch für unsere DDR, ergeben. Es gibt in allen Ländern bestimmte Bannkreise, in die man nicht eintreten darf. Das sind Normen, die man einhalten muß.

Bei der Freizeitgestaltung der Moçambiquaner ist es problematisch, daß sie zuwenig Ausdauer haben. Einer macht regelmäßig Gewichtheben. Die anderen reden vom Fußball, aber genügend Ausdauer haben sie nicht. Da haben wir ihnen die Möglichkeiten geschaffen, zweimal wöchentlich auf dem Sportplatz zu spielen. Aber sie sind sehr oft müde. Vielleicht von der Arbeit. Aber wenn wir einen Fußballübungsleiter einsetzen, dann erwartet der, daß man regelmäßig kommt. Einige wollten zum Schwimmtraining gehen, aber unter trainieren verstanden sie schwimmen lernen. Heute ist von ihnen schon keiner mehr beim Schwimmtraining dabei. Wir haben mit ihnen zusammen einen Buchenwaldbesuch organisiert. Wir haben sie darauf vorbereitet und ihnen gesagt, was Buchenwald für uns bedeutet. Aber hinterher waren wir erschüttert. Sie haben manchmal gelacht, wo es für uns sehr traurig war ...

128

Mit dem Suhler Jugendklub haben wir vereinbart, daß wir jede Woche zehn Karten für die Disko und andere Veranstaltungen bekommen. Wir wollten diese Karten an die Moçambiquaner als Auszeichnung vergeben. Die ersten beiden Male wurden die Karten von uns geholt, dann sollten die Moçambiquaner die Karten holen, erst holten sie nur sieben, dann fünf, jetzt holen sie gar keine mehr. Den eigentlichen Zweck, diese Karten als Mittel der Erziehung zu nutzen, haben sie überhaupt nicht begriffen.

Daß sie hier die Fahrerlaubnis für Mopeds ablegen, wird von ihrem Regierungsvertreter nicht befürwortet. Sie sollen ihre Arbeit machen, außerdem befürchtet man, daß sie sich mit ihrer Fahrweise nicht in unseren Verkehr einordnen. Sie sind schon mit dem Fahrrad sehr spontan, beachten oft die Verkehrszeichen nicht.

Die moçambiquanischen Freunde kommen aus verschiedenen Provinzen. Manche aus der Stadt, manche aus dem Dorf, sie haben unterschiedliche Lebensgewohnheiten, unterschiedliche Erfahrungen. Einander helfen, das gibt es bei ihnen kaum. Ich habe sehr oft Schadenfreude erlebt, wenn ein anderer etwas falsch gemacht hat. Genauso ist es, wenn einer bei etwas Verbotenem erwischt wird, da freuen sich die anderen. Vielleicht liegt das am Karrierismus, daß einer den anderen ausstechen will. Man muß dabei bedenken, die überspringen in Moçambique ja vom Feudalismus zum Sozialismus eine ganze Entwicklungsetappe, da kommt es natürlich zu kleinbürgerlichem Verhalten.

Es gibt in den Regierungsabkommen zwischen Moçambique und der DDR den Passus, daß die Moçambiquaner hier vier Jahre als Arbeitskräfte, aber nicht als Lehrlinge eingestellt werden. Das weiß zumindest die Leitung der Moçambiquaner. Aber die hierherkommen, die brennen oft vor Ehrgeiz, wollen schweißen, drehen und bohren lernen, wollen Facharbeiter werden und stehen dann am Band. Ein großer Teil von ihnen wird nur einen Tätigkeitsnachweis erhalten. Sinn der Sache war, daß die Kollegen zum erstenmal überhaupt einer geregelten Arbeit nachgehen, den Arbeitsprozeß kennenlernen, Arbeitsleistungen bringen mußten.

Die Volksrepublik Moçambique schickt uns diese Arbeitskräfte natürlich auch, um dafür Maschinen oder andere Waren von uns zu erhalten, bezahlt damit ihre Schulden.«

Bei meiner Suche nach dem 1982 interviewten Heimleiter erinnert sich ein damaliger Betreuer, daß Günter Dehn noch zu DDR-Zeiten im Wohnheim aufgehört und als Justitiar im Bezirkskrankenhaus gearbeitet hat. Eine seiner Kolleginnen im Krankenhaus erzählt mir am Telefon von »seiner Begeisterung, wenn er berichtetete, wie er mit den Moçambiquanern Bier getrunken und Broiler gegessen hat«.

Ich frage, wo er heute arbeitet.

Schweigen am anderen Ende. Dann:

»Er hat sich kurz nach der Wende umgebracht. Das war doch Gesprächsstoff in Suhl!«

Bevor Günter Dehn im Heim für das Wohl und Wehe der Vertragsarbeiter verantwortlich war, hatte er im Suhler Untersuchungsgefängnis Häftlinge beaufsichtigt. Während der Wende wurde er nicht nur von ehemaligen Häftlingen beschimpft, angespuckt und gejagt.

»Menschen wie er waren 1990 Ausländer im eigenen Land.«

Alkohol. Scheidung. Obdachlosigkeit. Und als letzter Ausweg Selbstmord.

Dabei, so sagt mir die Frau am Telefon, sei er noch sehr jung gewesen, um die vierzig. Seine beiden Kinder kaum erwachsen.

Ich frage irritiert noch einmal nach seinem Alter, und als sie mir die vierzig bestätigt, merke ich, daß es sich bei dem Heimleiter, der sich nach der Wende umgebracht hat, um einen anderen handeln muß, denn der von mir Befragte war schon um die fünfzig.

Manuel, der Geschichtenerzähler, hat Wort gehalten und seinen deutschen Kumpel Fredi aus Schwarza eingeladen.

Ich packe ein paar Flaschen Bier ein. »Wäre doch nicht nötig gewesen, amigo«, sagt Manuel, als ich sie auf den Tisch stelle, und macht drei Flaschen auf.

Deutsches »Prost«. Kein moçambiquanisches »à saúde!«

Wenn Fredi seine Beine ausfährt, wird es eng im schmalen Neubauzimmer. »Ich kann sie hier ausstrecken. Als es mir nicht gutging, habe ich schon bei Manu gewohnt.« Fast zwanzig Jahre kennen sie sich. »Das erste Bier haben wir zusammen in ›Krells Brauerei‹ getrunken, obwohl die Mosis dort 'nen reservierten Extratisch hatten. Aber man traf sich ja an der Theke oder beim Pissen. Außerdem ist Manuel ein Einzelgänger gewesen, nie so'n Kollektivmensch. Und da ist er eben lieber allein mit mir, ich war damals Schweißer bei Fajas, in die Kneipe gegangen.«

Aber 1984 im Frühjahr war erst mal Schluß mit der Freundschaft. »Von den achtzehn Monaten habe ich zwölf abgesessen.«

Fredi wischt sich mit dem Handrücken den Bierschaum aus seinem blonden Schnauzer.

»Die Geschichte stimmt also?« frage ich.

Er lacht, sagt, daß er meine Zweifel verstehen könne, der Manu würde manchmal flunkern.

»Jedes Jahr feiern wir am 17. Dezember seinen Geburtstag. Aber wie alt er ist, weiß ich nicht. Mal 38, dann 42, dann 37 …«

Ich frage ihn, ob er weiß, daß sein Kumpel, wenn er bis vierzig ledig geblieben ist, in Moçambique eine große Plantage als Alleinerbe erhält.

»Davon hat er mir nicht mal im Suff erzählt.« Aber schlecht wäre das nicht. Er und seine Frau seien arbeitslos. »Wir könnten nach Afrika auswandern, auf Manuels Farm.« Er lacht und lacht und holt sich kaum ein dabei.

Bis ich ihn nach dem Knast frage. »Ich verknackt wegen Rassismus, war ja wohl ein Witz!«

Am 2. April 1984 war Fredi mit einem deutschen Kumpel in der Kneipe, und auf dem Heimweg kam der Freund auf die Idee, seine Exfreundin in der Suhler Aue zu besuchen. »Die war damals schon mit Augusto, einem Moçambiquaner, zusammen. Mein Kumpel hat unten geklingelt, sich über die Sprechfunkanlage ordentlich angemeldet, und sie öffnete die Haustür. Aber oben, vor ihrer Wohnung, stand Augusto mit einem Messer in der Hand.« Prügelei. Sie rief die VP. »Die Bullen kamen, haben aber nicht mal unsere Personalien aufgenommen, war ja kein Blut geflossen, keiner ernsthaft verletzt.«

Trotzdem ist die Sache vor dem Gericht gelandet. »Der Vater von diese Rita Meier*, der Exfreundin, war ein hohes Tier bei der Suhler Stasi. Der hat es als staatsfeindlichen Angriff auf einen Moçambiquaner und den Internationalismus hingestellt. Zwei Tage danach saßen wir in U-Haft!«

Knapp sechs Wochen später war schon der Prozeß. Fredis Frau war im achten Monat schwanger. »Aber es gab kein Pardon. Wir wurden wegen Körperverletzung, Angriff auf einen Ausländer, also auf einen Klassenbruder, wegen Rassismus und so zu achtzehn Monaten verurteilt. Da kannste heute einen Neger halbtot prügeln, da sitzte nicht nach zwei Tagen und wirst nach sechs Wochen zu anderthalb Jahren verknackt!«

Der »ausländische Klassenbruder« war nicht einmal als Zeuge erschienen, weil bereits wieder in Moçambique, und auch die Freundin mußte nicht vor Gericht aussagen.

Fredi öffnet eine neue Flasche, spült's runter. »Achtzehn Monate! Hätte ein DDR-Bürger bei der Tochter des Stasi-Bonzen genächtigt und 'ne Schlägerei angefangen, nichts wäre passiert. Aber einen Ausländer schlagen, das durfte nicht ungestraft bleiben, die DDR war ein sauberes Land.«

Zwölf Monate hat er abgesessen. »Natürlich war Gewalt dabei, wir waren nicht unschuldig, er hatte ein Messer ... aber ich hatte nichts gegen die Moçambiquaner in der DDR.«

Manuel bekräftigt es. Und Fredi sagt, daß er vor Gericht ein paarmal erzählt hat, daß ein schwarzer Ausländer sein Freund ist, aber die Richter hätten das überhaupt nicht zur Kenntnis genommen.

»Sie können alles in den Akten nachlesen. Ich weiß den Tag der Verhandlung noch genau, es war der 25. Mai, Himmelfahrt. Sie müßten nur die Akten suchen …«

Ich glaube ihm die Geschichte schon deshalb, weil ich nicht noch einer zweiten Gerichtssache, in die Moçambiquaner verwickelt waren und deren Akten nun spurlos verschwunden sind, monatelang ergebnislos nachforschen will.

Ich hatte schon aufgegeben zu erfahren, welche Moçambiquaner den NVA-Soldaten aus dem Zug geschmissen hatten, ob Karins Verlobter Lino dabei war und ob man in der Presse darüber berichtet hat, doch als ich Tomas, den Trommler, und »schwarzen Briefträger von Vachdorf«, anrief, um zu fragen, wo er mit seiner afrikanischen Trommel übt, war seine Frau Karin am Apparat.

Sie erinnerte sich an unser Gespräch von 1982. Aber das sei Vergangenheit, darüber möchte sie nicht mehr sprechen.

Als ich mich nach den drei Moçambiquanern erkundigte, die zwischen Meiningen und Suhl einen NVA-Soldaten aus dem fahrenden Zug gestoßen haben, sagte sie noch einmal: »Das ist Vergangenheit, über die rede ich nicht!«

Doch ich bohrte weiter und wollte wissen, ob sie sich von ihrem Lino seinerzeit getrennt hat, weil er nach der Zuggeschichte verhaftet und verurteilt worden ist.

Nein, der mit dem Zug, das sei nicht Lino gewesen, sondern ihr anderer Freund Sergio … Mehr sagte sie nicht. Nicht einmal das Jahr nennt sie, in dem das geschah, auch nicht das Gericht, vor dem der Fall in ihrem Beisein verhandelt wurde, sie verrät mir nur, daß Tomas nie in der Wohnung auf seiner Trommel übt, sondern nur mit Adelino im Klubraum vom evangelischen Kirchenkreis.

Nach Karins Weigerung oder ihrem Vergessen versuche ich

den Fall nachträglich selbst zu erkunden. Mich interessiert, wie man in der DDR mit solchen für die unverbrüchliche Freundschaft und die internationale Solidarität schwierigen Themen umgegangen ist, ob sie veröffentlicht oder verschwiegen wurden, und falls darüber berichtet wurde, was ...

Im Zeitraffer die Stationen meiner Rechercheirrfahrt auf unteren, mittleren und hohen Leitungsebenen:

Zuerst frage ich die damalige Chefin der Meininger Kreisredaktion von »Freies Wort«. Die kann sich nicht erinnern, daß solch ein Fall (»den hätte ich mir gemerkt«) auf ihrer Kreisseite veröffentlicht wurde. Aber vielleicht wüßte es der damalige ABV[1] aus Untermaßfeld (Untermaßfeld liegt an der Eisenbahnstrecke zwischen Meiningen und Suhl).

Er ist heute Unfallberichterstatter für die Lokalzeitung. Und er hat, wie er sagt, »irgend etwas von dieser Zuggeschichte noch im Hinterkopf«. Doch Genaueres müßten die ehemaligen Genossen der Transportpolizei wissen, und er vermittelt mich an einen dieser Transportpolizisten.

Der erinnert sich genau, daß es solch einen Vorfall in seinem Meininger Abschnitt gegeben hat. Aber vielleicht sei er damals gerade zu einem Qualifizierungslehrgang gewesen, jedenfalls sei er nicht an den Tatort geschickt worden. Er empfiehlt mir, den höheren Leiter der Transportabteilung – der mir dann aber sagt, daß er über dienstliche Belange auch nach zwanzig Jahren nicht spricht – zu befragen. Außerdem habe es in der Suhler Bezirksbehörde der Deutschen Volkspolizei eine Abteilung III gegeben, die sich mit solchen Fällen beschäftigen mußte.

Ein Polizist der heutigen Polizeidirektion Suhl, der dort schon vor 1990 arbeitete, erinnert sich nicht. Doch die haben den Fall, sagen sie, damals nicht bearbeitet. Vielleicht die Mi-

---

1 ABV – Abschnittsbevollmächtigter: Angehöriger der Deutschen Volkspolizei, der in einem bestimmten Abschnitt in Städten und Gemeinden für die öffentliche Ordnung und Sicherheit verantwortlich war.

litärstaatsanwaltschaft. Die Polizeiakten aus der DDR-Zeit liegen nicht mehr in der Dienststelle, sondern im Staatsarchiv. Der Polizist meint, daß vielleicht auch die Stasi Akten darüber angelegt hat ...

Aber ich will weder im Staatsarchiv noch bei der Gauck-Behörde meterhohe Aktenstapel durchforsten und schon gar keine Anträge stellen.

Dann bliebe, rät der hilfsbereite Polizist, nur noch die Pressestelle seiner Polizeidirektion. Dort werde ich von einer freundlichen Frau auf die Zeit nach ihrem Urlaub vertröstet. Sie will recherchieren und mich bei positivem Ergebnis wieder anrufen.

Sie ruft nicht an, und ich beginne mit meinen Nachforschungen noch einmal dort, wo ich schon einmal begonnen habe: bei der Presse. Allerdings nicht in der Kreisredaktion von »Freies Wort«, sondern eine Stufe höher, in der Bezirksredaktion, bei der Chefin für das Innenressort. Sie wohnt in Meiningen, hätte also, wenn schon nicht aus der Presse, so doch wenigstens aus dem Buschfunk informiert sein müssen. Aber sie weiß nur, daß solch ein staatspolitisch brisanter Fall nicht auf ihrem, sondern auf dem Tisch des Militärredakteurs gelandet wäre.

Der damalige Militärredakteur – ich sehe es am Telefon natürlich nicht, aber ahne es an seiner Stimme – schlägt die Hände über dem Kopf zusammen. Ein toter NVA-Soldat sei unter höchste Geheimhaltung gefallen, ein Tabuthema für die Presse. »Wahrscheinlich ist der Fall beim Sicherheitsverantwortlichen der SED-Bezirksleitung gelandet und von dort sofort zum ZK geschickt worden, aber niemals an die Presse.«

Der Sicherheitsverantwortliche der Bezirksleitung lebt noch in Suhl. Aber seine Nummer steht nirgendwo im Telefonbuch. Seinen Namensvetter, den ehemaligen Chefredakteur von »Freies Wort«, finde ich im Telefonbuch. Seit dreißig Jahren, seitdem ich meine Arbeit bei ihm beendete, habe ich ihn nicht mehr gesprochen. Er freut sich. Aber in seinem Kopf »ist keine Erinnerung an diesen Vorgang«. Vielleicht, daß der Sicherheitsbeauftragte der Bezirksleitung …

In meiner Not wage ich mich an die ehemalige Parteiobrigkeit im Bezirk Suhl. Ich will die Genossin Loni Günther, Sekretär der SED-Bezirksleitung für Agitation und Propaganda, diejenige, die bis ins Detail festlegte, was in den Medien des Bezirkes veröffentlicht werden durfte und wie es veröffentlicht wurde, anrufen. Doch auch sie steht nicht im neuen Telefonbuch, und die Telekomauskunft gibt keine Auskunft. Dagegen ist der ehemalige Sekretär der Bezirksleitung für Kultur, also derjenige, der unter anderem bestimmen konnte, was Kultur ist und was nicht, mit seiner Anzeige im Telefonbuch nicht zu übersehen:

»Nöschel, Günter
Der Getränke-Onkel.
Verk. und Ausschank.
Pension«

Er, der inzwischen unter anderem auf einer selbstgetexteten CD sein Leben als Bieronkel besingt, kennt die Telefonnummer der damaligen Chefin für Agitation und Propaganda. »Sie trinkt bei mir manchmal einen Schluck.«

Ich rufe an, und Loni Günther freut sich, betont, daß sie früher ja auch schon zu den kritischen Leuten in der Bezirksleitung gehört habe, bedauert nur, daß wir nach der Wende noch nicht an einem Tisch zusammengesessen haben. Mit Erinnerungen an das Vorkommnis kann sie mir nicht weiterhelfen. Aber mit diversen Telefonnummern. Der von dem Sicherheitsverantwortlichen und der vom damaligen Kombinatsdirektor des Fajas Sigmar Müller und der des Ersten Sekretärs der Suhler Kreisleitung, denn so was hätte immer im täglichen Polizeirapport für den Ersten, den Genossen Helmut Becker, gestanden.

Ich rufe zuerst den Fajas-Kombinatsdirektor an, doch dort meldet sich nur der Anrufbeantworter vom Ingenieurbüro Dr. Müller.

Danach versuche ich es beim ehemaligen Ersten Kreissekretär Helmut Becker. Seine Frau ist am Apparat. Ich erkläre
den Grund meines Anrufs.

»Es tut mir leid«, sagt sie. »Er ist vor fünf Monaten gestorben.«

Ich stammle Entschuldigungen. Und beende meine Recherchen zum Fall »drei Moçambiquaner schmeißen einen NVA-
Soldaten in der DDR aus dem Zug«. Ich will nicht mehr wissen, ob und wie darüber vor Gericht verhandelt und in der
Presse berichtet wurde!

Doch zwei Tage später, als der Anrufschock überwunden ist,
wähle ich doch noch die Nummer des ehemaligen Sicherheits-
chefs der SED-Bezirksleitung. Er könne mir helfen, allerdings
sei so was nicht am Telefon zu besprechen. Er werde sich bei
den ehemaligen Verantwortlichen der Stasi erkundigen und
mich dann informieren. Ich könnte inzwischen jedoch Klaus
Thieme, Generalmajor a. D. und Leiter der Bezirksbehörde
der Deutschen Volkspolizei, anrufen. Am Ende des Gesprächs
frage ich ihn vorsichtig, ob er schon weiß, daß der ehemalige
Erste Kreissekretär der SED, Helmut Becker, gestorben ist.
Der gestorben ist, berichtigt er mich, war ein namensgleicher
Offizier der Grenzoffiziershochschule auf dem Suhler Fried-
berg.

Ich rufe den Generalmajor a. D. Klaus Thieme an. Auch er
kann sich nicht mehr erinnern, aber er werde mir selbstverständlich helfen und sofort den Stellvertreter der Staatssicher-
heit im Bezirk sowie den früheren Bezirksstaatsanwalt befragen und mich wieder anrufen.

Nur eine halbe Stunde später meldet er »Auftrag erfüllt«.
Der Stasibescheid sei negativ. Aber er hätte in Erfahrung gebracht, daß der jetzige Polizeioberrat Lorenz, der in Bad Salzungen Dienst tut, früher der Leiter der Kriminalpolizei, Abteilung Transportpolizei, gewesen sei, und die »haben den ersten Angriff bei solch einem Fall vor Ort gefahren«. Der
müsse auf alle Fälle Kenntnis davon haben. Außerdem arbeite

in der Staatsanwaltschaft Meiningen der ehemalige Verkehrs-
staatsanwalt des Bezirkes, und die Registerleiterin der Staatsanwaltschaft, Frau Schulz, sei auch schon zu DDR-Zeiten dort
beschäftigt gewesen, die müßte den Fall registriert haben.
»Stellen Sie einen ordentlichen Antrag bei der Staatsanwaltschaft, und versuchen Sie dort Ihr Glück.« Ich bedanke mich
beim General a. D., wünsche ihm alles Gute, und er wünscht
mir ebenfalls alles Gute.

Was nicht viel nützt, denn Polizeioberrat Lorenz ist, sooft
ich anrufe, unterwegs. Sein Vorgesetzter oder Stellvertreter
Erbe macht mir Hoffnung. Er kennt meine Bücher und will
den Polizeioberrat informieren. Doch der Polizeioberrat weiß,
auch als er anwesend ist, nichts. Ich würde ihn da auf dem
falschen Fuß erwischen. Falls ihm etwas einfiele, würde er
zurückrufen. Er tut es nicht. Aber sein Stellvertreter oder Vorgesetzter Erbe teilt mir mit, daß er ohne meine Aufforderung
versucht habe, mir zu helfen, mit mehreren ehemaligen Genossen seines Amtes und von außerhalb gesprochen hat, die
etwas davon wissen müßten, aber sobald er sagte, wozu die Information gebraucht werde, nichts wußten. »Wahrscheinlich
sind alle erst nach 1989 geboren«, sagt er lachend und bedauert …

Meine letzte Hoffnung ruht auf der Staatsanwaltschaft. Die
Registerleiterin, Frau Schulz, sagt, daß sie für mich gern nachschauen würde (»falls wir es hier wirklich verhandelt haben«),
aber sie könne es nur tun, wenn es zuvor beim Oberstaatsan-
walt Trost oder seinem Stellvertreter Möckel ordentlich bean-
tragt, genehmigt und dann an sie weitergeleitet werde.

Der Stellvertreter nimmt mein Begehr telefonisch als Presse-
anfrage auf. Will es an den Presseverantwortlichen weiterlei-
ten. »Und der, so die Suche von Frau Schulz ein positives Ergebnis hat, wird Sie informieren.«

Eine Woche später hat auch diese Suche noch kein positives
Ergebnis erbracht. Vielleicht wurde nicht in Meinigen verhandelt, denke ich.

Doch da ruft Tomas an und sagt, daß seine Frau Karin über die Sache von damals gesprochen hat. »Die Gerichtsverhandlung war in Meiningen.«

Mit dieser Information melde ich mich noch einmal bei der Staatsanwaltschaft. Man verspricht, nun das Aktenzeichen zu suchen, und mit diesem Zeichen könnte ich im Staatsarchiv den Vorgang finden. Doch niemand findet etwas. Auch ein Freund nicht, der die Lokal- und Bezirkspresse von 1982 und 1983 sorgfältig für mich durchsieht.

Mehr Glück hatte ich am Ende mit Werner Rehm, dem damaligen SED-Parteisekretär vom Wohngebiet Suhl-Heinrichs.

»Wahrscheinlich habe ich Ihren Brief versehentlich mit den einschlägigen Werbeblättern entsorgt. Das passiert, wenn man verreist war und sich die Werbung stapelt«, entschuldigt sich Werner Rehm noch einmal, als wir schon mitten im Gespräch sind.

Frau Menz, die frühere Wirtin der »Gaststube Krells Brauerei«, hatte mir, als ich klagte, daß Werner Rehm nicht auf meinen Brief antwortete, gesagt, daß er in der Wohnung seiner Lebensgefährtin, der Witwe des verstorbenen bekannten Suhler Schirmmachers Schöne, zu Hause sei. Allerdings gab es drei Männer der Schirmdynastie Schöne und noch mehr Frauen gleichen Namens. Eine von ihnen aber wußte, bei welcher Frau Schöne er zu finden wäre, doch bei ihr ging wochenlang niemand ans Telefon.

»Ja, so zwei bis drei Monate verreisen wir im Jahr. In diesem April war Lanzarote dran.«

Der große weißhaarige Zweiundsiebzigjährige zählt an den Fingern ab, welche Länder er schon als Tourist besucht hat. Seine Finger reichen nicht.

An unser Gespräch vor neunzehn Jahren erinnert er sich genau. Er habe es damals ehrlich gemeint, mit seiner Sorge um die Moçambiquaner, das sei keine Angelegenheit der Parteiideologie, sondern eine des Herzens für ihn. »Es war doch gar nicht mein Bier, mich als nicht zum Betrieb Gehörender darum zu kümmern, daß der Betrieb seine ausländischen Vertragsarbeiter ordentlich behandelt, daß sie ausreichend Kochplatten haben, einen Volleyballplatz bekommen, daß nicht mehr als zwei in einem Zimmer untergebracht werden. Niemand hat meiner Frau gesagt, daß sie für die oft kleinen Afrikaner die zu großen Arbeitssachen umnähen sollte.«

Er nennt es: sich umeinander kümmern. Oder: Wärme. Menschliche Wärme füreinander. »So, wie ich mir den Sozialismus vorstellte und immer noch vorstelle.«

Er sei ein Idealist. Aber an den Pools in Tunesien oder anderswo würden sich oft, ohne zuvor voneinander zu wissen, solche DDR-Idealisten treffen ...

»Wer fragt denn heute noch danach, ob ausländische Billigarbeiter genügend Kochplatten oder passende Arbeitsklamotten haben? Ob sie zu viert oder zu sechst in einem Wohncontainer eingepfercht werden! Billig müssen sie sein und Gewinn bringen, nur das interessiert. Was waren wir doch für Idealisten!«

Er will noch viel von der Welt sehen. Auch um in der Lebensweise anderer Völker eine Bestätigung seiner Ideale zu finden.

Für ihn ist es ein großer Unterschied, ob er einen Türken oder anderen Ausländer kennenlernt, der vielleicht schon zwanzig Jahre in Deutschland lebt, oder einen, der in seinem Land geblieben ist. »Die Ausländer hier werden sehr oft zu ›Konsumdeutschen‹: jammern, auch wenn's ihnen gutgeht, mißlaunig und egoistisch, eben so, wie diese Gesellschaft die Menschen hier werden läßt. Auch die Fremden.«

Deshalb möchte er die Fremden in ihren Heimatländern kennenlernen.

»Dort, wo sie noch so sind, wie sie wirklich sind.«

»Alle sind Schwarze, und deshalb trifft's alle.«

Gesprächsprotokoll von 1982, Nr. 9

Werner Rehm, SED-Parteisekretär für das Wohngebiet, in dem das Wohnheim der Moçambiquaner steht. Leiter der Schulinspektion.

»Ich bin keineswegs vorher in diese Problematik, daß Moçambiquaner hierherkommen, eingewiesen worden. Ich war überrascht, als ich eines Tages – es ist nun drei Jahre her – eine ganze Truppe vor dem Centrum-Warenhaus gesehen habe. Kleine Menschen, schwarzhäutige Menschen, mit einem Betreuer vom Fajas ... Daß sie in meinem Wohngebiet wohnen, kriegte ich erst später mit. Und dann wurde ich nochmals mit dem Problem konfrontiert, weil ich Leiter der Schulinspektion war und damit verantwortlich für die Bereitstellung von Deutschlehrern, die diesen Leuten die ersten deutschen Begriffe beibrachten.

Die Moçambiquaner liefen, was z. B. die Kleidung betraf, ziemlich hilflos im Wohngebiet umher. Manche Hosen paßten ihnen nicht, oder Hemden waren zu ändern. Sie hatten zwar einmal Kleidung vom Betrieb bekommen, aber das reichte nicht. Meine Frau ist eine gute Seele, sie nahm Aufträge von ihnen entgegen, das sprach sich bald herum, sie konnte sich vor Aufträgen kaum retten. Geld hat sie keins genommen. So ist der Kontakt zustande gekommen.

Auf der Parteiversammlung im Wohnbezirk habe ich dann gesagt: Wir haben Freunde hier aus einem Land, das auf dem Weg zum Sozialismus ist. Und ich hab den Genossen erklärt, daß wir eine gewisse Verpflichtung haben, denen die Zeit so angenehm wie nur möglich zu gestalten. In der Parteiversammlung ist meist ein Verbindungsmann zum Betrieb dabei. Dem habe ich gesagt: Was ihr dort im Freizeitbereich für die Moçambiquaner tut, das reicht nicht. Von den Kochplatten angefangen – wo auf einem Flur für fünfzig Leute acht Kochplatten sind, die von früh um fünf bis nachts um zwölf Uhr glühen – bis hin zur fehlenden Waschmaschine, Trockenplatz usw. Also da haben sie die Wäsche auf die Wiese gelegt, unmöglich.

Da hat sich ein bißchen was geändert, ein Volleyballplatz wurde geschaffen, paar Bänke aufgestellt, wo sie sich hinsetzen können. Aber weltbewegend war dieser Veränderungsprozeß nicht.

In einer relativ kurzen Zeit haben sie gut deutsch sprechen gelernt, das ist erstaunlich. Das sag ich aus der Sicht des Lehrers. Sie sind auch sehr stolz auf ihre Arbeit. Obwohl sie fast nur am Band stehen, sind sie immer noch der festen Überzeugung, wenn sie nach Hause kommen, sind sie ein Spezialist. Sie glauben auch, daß die Suhler Mopeds einmal nach Moçambique verkauft werden, sie dort Reparaturstützpunkte leiten usw.

Ein Dialog zwischen Fabian, dem Chef der Moçambiquaner, und meinem Sohn hat sich mir eingeprägt. Fabian war bei mir zu Hause, wir hatten ein Bier getrunken, und er fragte meinen zwölfjährigen Sohn, wie denn das nun mit dem Imperialismus ist und so. Mein Sohn wußte es nicht genau, aber Fabian war sehr erregt und erzählte vom Imperialismus. ›Mein deutscher Freund‹, sagte er, ›meine Mutter ist erschossen worden von den bandidos. Meine Schwester haben sie eingesperrt. Deshalb kämpfe ich gegen den Rassismus und den Imperialismus. Und für den Frieden.‹

Alle sind Schwarze, und deshalb trifft's alle, wenn einer was anstellt. Da war die Sache mit einer angeblichen Vergewaltigung. Den Beschuldigten haben sie nach Moçambique zurückgeschickt. Und dann das mit dem Luftgewehr. Ich ordne es ein als Blödsinn. Obwohl man dem Jungen, der geschossen hat, beigebracht hat, was Solidarität ist. Vielleicht wollte er – ich will's mal halbwegs optimistisch formulieren – rauskriegen, wie sie reagieren, wenn er aus dem Fenster schießt. Wer weiß, was ihn da gejuckt hat. Es gibt ja auch Jugendliche, die auf eine alte Frau schießen oder so was. Das muß ja nun nicht unbedingt rassistisch oder politisch sein ...

Über ihre Probleme oder ihre Wünsche sprechen die Moçambiquaner kaum. Das muß man ihnen aus der Nase rausziehen. Sie sind sehr bescheiden. Ich habe dem Paolo Geld gegeben. ›Wann willst du es wieder?‹ fragte er sofort. ›Ich will es nicht wieder, schick etwas dafür nach Hause als Solidarität‹, habe ich gesagt. Manchmal kommen sie und sagen: ›Papa, ich habe kein Geld, ich muß etwas essen.‹ Sie sind auch nicht falsch oder hintenherum. Wenn man sie fragt: ›Warst du wieder bei der Freundin?‹, sagen sie: ›Nein, nix Freundin. Aber ich brauche Freundin.‹

Sie haben einen großen Respekt vor den Eltern und der Familie, deshalb sagen sie wohl auch Mama und Papa zu uns. Im Betrieb dagegen sieht man sehr oft nur den Plan, die Mopedproduktion, und einige Chefs begreifen nicht, daß der Plan durch Menschen erfüllt wird. Eben auch durch diese Moçambiquaner. Aber der Betrieb interessiert sich für die Moçambiquaner genausowenig wie für das Wohngebiet, in dem seine anderen Arbeiter leben. Für ihre älteren Veteranen hier im Wohngebiet beispielsweise erstreckt sich die Zusammenarbeit auf die Lieferung des Mittagessens. Damit hat es sich. Genau wie bei den Moçambiquanern, könnte man sagen.«

Siebzehn Jahre lang hat die heute vierundvierzigjährige Barbara Babor* erfolglos versucht, die Spur zu Pedro, dem Vater ihrer inzwischen siebzehnjährigen Tochter Frances, zu finden. Pedro war 1984, noch vor der Geburt der Tochter, nach Moçambique geflogen. Er hatte versprochen zurückzukommen, aber nur die Briefe, die Barbara ihm schrieb, kamen zurück, mit dem Vermerk »Adressat unbekannt«.

Der Zufall wollte es, daß Mandy, die Nichte von Barbara Babor, zusammen mit Adelinos Frau Ana an der Suhler Krankenschwesternschule lernt. Sie erzählte Ana, daß Frances, ihre Cousine, fast so schwarz sei wie Ana. »Aber sie hat ihren Vater noch nie gesehen, weil der in Moçambique nicht mehr zu finden ist.«

»Einer, der in der DDR gearbeitet hat, muß auch heute noch

in Moçambique aufzuspüren sein«, behauptete Ana. Und Adelino fand in Neustadt Filipe, einen Moçambiquaner, der im November 2001 nach Inhambane fuhr (Pedro hatte in der Provinzhauptstadt Inhambane gelebt), gab ihm einen Brief mit dem Foto der siebzehnjährigen Frances und beauftragten Filipe, den verschollenen Vater in der Stadt mit einhunderttausend Einwohnern zu finden.

Die Reise von Filipe dauerte sehr lange. Mandy fragte immer wieder, ob schon eine Nachricht aus Afrika eingetroffen wäre. Sie war in der DDR als Baby adoptiert worden, hatte selbst jahrelang nach ihren »richtigen Eltern« gesucht und sie nicht gefunden. So hoffte und bangte sie nun mit Frances bei deren »Suche nach den Wurzeln irgendwo in Afrika« …

Als ich Frances und Barbara Babor in ihrer Wohnung in einem sorgfältig renovierten Viertel inmitten von Gärten in Bad Liebenstein besuche, beklagt sie, daß die Häuser ein damals für seine Tat gepriesener »guter Wessi« zwar aufgekauft, renoviert und vermietet habe, aber der Stadt nun keine anfallenden Nebenkosten zahle.

»Deshalb muß die Stadt, zusätzlich zu den hohen Mieten, die wir an den Wessi zahlen, von uns noch die Nebenkosten eintreiben.« Große Sprünge kann die Krankenschwester nicht machen. Sie ist allein geblieben mit ihrer Tochter. Allein geblieben seit jenem Dezember 1984.

»Es war kurz vor Weihnachten und ich im sechsten Monat, als Pedro sich verabschiedete. Das heißt, wir haben uns nicht richtig verabschiedet, denn er wollte zur Geburt des Kindes wieder hier sein.«

Kennengelernt hat sie Pedro 1983 beim Kirmestanz in Immelborn. »Ich hatte mir den Fuß verletzt, und er kümmerte sich fürsorglich um mich. Wir tauschten die Adressen und versprachen, uns zu schreiben. Als ich den Zettel verlor, sagte ich mir: ›Es soll wohl nicht sein.‹ Doch er schrieb mir.«

Danach eine DDR-Liebe in Schwarz-Weiß.

Barbaras Vater, ein Genosse Oberleutnant der Volkspolizei,

versuchte die Tochter wortgewaltig vor dem »schlechten Umgang« zu bewahren.

»Meine Mutter dagegen schätzte Pedros Freundlichkeit. Als sie im Krankenhaus lag, brachte er ihr frische Wäsche ...«

Nicht vergessen hat Barbara, die damals schon als Krankenschwester arbeitete, ihren ersten Besuch im Wohnheim der Moçambiquaner. »Bevor ich im Heim auf die Toilette ging, sagte Pedro: ›Ich guck erst mal nach!‹ In die Küche ließ er mich erst beim zweiten Besuch ...«

Das schlimmste in dieser Zeit der Liebe waren jedoch ihre nächtlichen Bahnfahrten nach Hause.

»Ich stieg manchmal am Wochenende nachts auf dem Suhl-Heinrichser Bahnhof mit anderen Mädchen in den letzten Zug. Die Moçambiquaner winkten. Kaum saßen wir im Abteil, erschienen irgendwelche Polizisten in Zivil und verlangten unsere Ausweise. Immer wieder. Das erstemal fragte ich noch: ›Ist wohl was passiert?‹ Doch sie schnauzten nur: ›Das müßten Sie am besten wissen, ob und was passiert ist. Und damit Sie es begreifen: Es gibt hier in diesem Land auch noch deutsche Männer!‹ Das sagten sie sehr laut im Abteil, vor allen anderen Mitreisenden.«

Doch aus Liebe würde man viel hinnehmen und hingeben.

Ein reichliches Jahr nach seiner Heimreise schrieb ihr Pedro, daß er inzwischen verheiratet sei, eine Tochter habe. Er dürfe nicht wieder ausreisen wegen der Armee ...

Sie kocht einen Kaffee.

Ihre Tochter Frances sitzt, während wir reden, still auf dem Sofa. Sie umschlingt ihre angezogenen Knie mit ihren Armen, als wollte sie die Beine hindern, aufzustehen und wegzugehen. Sie hat große ausdrucksvolle Augen, ein schmales Gesicht. Sie ist schön wie viele junge Mulattinnen. Fotomodellverdächtig. Sie besucht die 11. Klasse auf dem Gymnasium.

Ich frage, ob sie wegen ihrer Hautfarbe angepöbelt werde. Manchmal, sagt sie, es gibt auch Rechte in Bad Liebenstein. Aber Angst hat sie keine.

»Die kennen mich alle, die sind mit mir in den Kindergarten gegangen. Die trauen sich nicht, mich anzufassen.«

Außerdem hätte sie viele deutsche Jungs als Freunde.

Verehrer?

Sie lacht. »Die beschützen mich.«

Ihre Mutter hatte vor siebzehn Jahren keine Beschützer, nur ein uneheliches Kind! Ein uneheliches schwarzes Kind! Ein uneheliches schwarzes Kind, das sie taufen ließ!

»Manche Leute fragten mich, wenn sie in den Kinderwagen guckten: ›Wie haben Sie denn das gemacht?‹ Andere schimpften hinter meinem Rücken, daß ich keine Moral und keinen Anstand hätte.«

Frances will später studieren. Sportwissenschaft oder etwas ähnliches. Aber weil das Geld zu Hause sehr knapp ist, wird sie sich zur Bundeswehr oder zur Polizei melden, um auf deren Kosten zu studieren.

»Das reizt mich, denn beim Bund oder der Polizei zu bestehen ist für mich doppelt schwer: erstens als deutsche Frau und zweitens als schwarze Deutsche.«

Zuvor aber wird sie endlich erfahren, was sie immer wissen wollte. »Ich werde nicht länger nach meinen Wurzeln suchen müssen. Ich werde meinen Vater und meine Halbgeschwister kennenlernen!«

Barbara Babor und ihre Tochter Frances werden im Juni dieses Jahres nach Moçambique fliegen.

Aus dem Zufall der Begegnung von Mandy und Ana entstand ein Wunder. Denn Filipe, der von Ana und Adelino beauftragte moçambiquanische »Briefbote«, fand in der Hunderttausend-Einwohner-Stadt Inhambane, nachdem er eine Woche lang herumgefragt hatte, den seit siebzehn Jahren vermißten Pedro in einer kleinen Hütte in der Nähe des Flugplatzes. Pedro hat inzwischen vier Kinder …

Filipe hat Pedro und dessen Familie für Frances und Barbara Babor mit einer Videokamera aufgenommen. Als ich die beiden das zweite Mal besuche, hat ihnen Filipe inzwischen das Video geschickt.

»Ich schaue mir das Video jetzt schon zum drittenmal an«, sagt Barbara. Allerdings scheint sie im Gegensatz zu ihrer Tochter, die wieder ruhig mit angezogenen Knien auf dem Sofa hockt, aufgeregt zu sein wie bei einer Premiere. Sie erklärt, daß zuerst Johannesburg und Maputo zu sehen sind, dann Inhambane, die Familie von Filipe, der Pedro gefunden hat, und schließlich ganz zum Schluß … Die Frau von Pedro sei zu sehen, seine Kinder und natürlich Pedro selbst …

Sie hat für mich schon bis zu Filipes Familie vorgespult.

Kinder, die vor der Kamera Faxen machen, lachende Frauen, Männer, die tanzen und singen, als sie merken, daß Filipe sie filmt. Eine Mädchenfrau, die mit einer Hand, nur mit einer Hand, ihr Gesicht schamvoll vor der Kamera versteckt (ich werde an Ana erinnert, ihr verdecktes Gesicht beim ersten Toten in Maputo und bei den Glatzen an der Kreuzung in Suhl). Immer mehr Freunde der Familie kommen. Singen, tanzen, essen. Auf dem Tisch steht Bier und eine große Schüssel mit Maisbrei. Alle essen mit den Fingern, die Hand zum Löffel geformt …

Manchmal fragen mich Freunde und Neugierige: »Möchtest du nicht noch einmal hinunterfliegen, nach Moçambique?« Ich sage dann weder ja noch nein. Genau wie bei der Frage: »Weshalb fährst du, der drei Bücher über dieses Land geschrieben hat, nicht noch einmal in die ehemalige Sowjetunion?«

Vielleicht, weil ich meine alten Bilder nicht bis zur Unkenntlichkeit übermalen will …

Auf dem Bildschirm ist deutlich zu sehen, daß die Beine und die Arme der Afrikaner mit vernarbten oder noch eitrigen Insektenstichen übersät sind. Die Krankenschwester überlegt laut, welche Salben sie mitnehmen muß, diagnostiziert die Augenvereiterungen der Kinder und deren dicken Bäuche auf dünnen Beinchen. »Chronische Unterernährung … Eiweißmangel.« Ich merke, wie sie sich quält. Vielleicht auch Angst hat …

Dann Bildschnitt. Pedros Familie.

Ein Brief liegt auf einem Tisch, der Wind bläht das Kuvert wie ein dreieckiges Segel. Fotos sind zu erkennen.

»Jetzt, jetzt … gleich!«

Ein Mann, sehr nachdenklich, mit traurigen Augen – in diesem Moment sieht er, obwohl vier Jahre jünger als seine deutsche Freundin, sehr alt aus –, öffnet das Kuvert. Hält das erste Foto in die Kamera. Frances in einem sehr schönen Kleid. Er betrachtet es andächtig wie ein Heiligenbild …

Dann sehe ich seine Kinder im Vorüberrennen. Sie kommen näher, das kleinste, drei Jahre alte, in einem weißen europäischen Puppenkleidchen. Das älteste, ein Jahr jünger als Frances, zieht vor der Aufnahme noch ein Kleid über das Hemd.

»Sie sieht im Gesicht aus wie ich«, sagt Frances. Es stimmt, die gleiche Kopfform, die gleichen dunklen nachdenklichen Augen wie Frances.

Dann Pedros Frau. Die Arbeit und die Entbehrungen haben ihr Gesicht gezeichnet, faltig ist es, verhärmt. Die Frau nimmt das Foto in die Hand, zeigt ihren Kindern die Halbschwester. Dann steht sie sehr gerade in der Mitte des Bildes und schaut in die Kamera. Und sie entschuldigt sich leise, aber sehr klar sprechend, daß dieses Kind ihres Mannes ohne den Vater aufwachsen mußte …

Das kleine Haus ist zu sehen, in dem Barbara und Frances Babor in drei Monaten für drei Wochen (Pedro hat sie in seinem Antwortbrief eingeladen) wohnen werden. Wellblechdach, Holzwände. Kein Blick nach drinnen. Die Schlafmatten, der Tisch, die Kochstelle vor dem Haus. Pedros Kinder, die das Fest zu Ehren des Gastes Filipe vorbereiten. Sie stampfen Mais. Trennen in zwei geflochtenen Bastschalen das Mehl von den Spelzen. Knochen und gekochtes Fleisch auf dem Tisch. Früchte und Bier. Alle singen und tanzen. Auch die Vorbeikommenden. Die Männer bewegen sich dabei ruhiger, machen nur wenige Schritte vor und zurück, die Frauen stoßen die Arme kraftvoll nach vorn, lachen und lachen und lachen.

»Feiern sie dort oft?« fragt mich Barbara.

»Nein«, sage ich. »Sehr selten.«

Das nächste Fest wird wahrscheinlich erst bei der Ankunft der deutschen Gäste gefeiert.

»Es wird in jeder Beziehung ein Abenteuer für uns. Auch wegen der Hygiene.«

Ob es Wasser und Strom gibt in Pedros Hütte, ist auf dem Video nicht zu sehen. Deutlich zu erkennen dagegen ist die Angst in den Augen von Pedros Frau vor den Unbekannten, die kommen werden.

»Ich weiß aber nicht, ob er mich vergessen hat oder ob er mich vielleicht noch ein bißchen liebt«, sinniert Barbara Babor. »Wir haben uns doch damals vor siebzehn Jahren nicht tschüs gesagt. Und solange man nicht tschüs gesagt hat, behält man einander im Herzen.«

An dieser Stelle, nachdem ich gesagt habe: »Vielleicht kommt der Vater anschließend wieder mit nach Deutschland«, richtet sich Frances aus ihrer Kauerhaltung auf und sagt sehr energisch: »Nein, er soll in Afrika bei seinen vier Kindern bleiben und für sie sorgen. Wir zwei kommen hier allein zurecht!«

Die Flugtickets sind schon angezahlt. Barbara Babor lernt Portugiesisch. »Bom dia – Guten Tag, obrigada – danke, por favor – bitte, eu quero – ich möchte …«

Sie weiß noch nicht, welche Geschenke sie mitnehmen soll für Pedro, seine Frau und die vier Kinder. »T-Shirts liebte er und schicke Hosen.«

Und ich überlege einen Moment lang, ob ich für Pedro Betonsteinchen vom ehemaligen Wohnheim auf dem nun umzäunten weiten leeren Feld suchen und sie ihm in einer Plastetüte mitschicken soll.

Als ich im Mai vor dem umzäunten Nichts stehe, finde ich zwischen niedrigen Unkräutern auch die kleinen strahlend weißen Blüten des Steinbrechs.

2002

II

Urkunden für Morde

oder:

»Wir Russen brauchen keine neuen Synagogen«

Um sechs Uhr morgens reihe ich mich vor dem Lebensmittel-geschäft an der Uliza Stepana Rasina in die vielleicht fünfzig-köpfige Schlange der Wartenden ein. Vor mir steht ein Mütter-chen mit einem ramponierten, aus Draht gefertigten Kartoffel-korb und einem grauen Leinensack. Sie steht und schweigt. Hinter mir stellt sich eine junge, grell geschminkte, rundliche Frau in einem roten Teddymantel an. Sie hat große schwarze Augen, und ich hoffe, daß wir uns unterhalten werden. Aber auch sie steht und schweigt. Alle in der zum größten Teil aus Frauen bestehenden Brot-Butter-Bier-Mehl-Hoffnungsschlange schweigen. Niemand fragt spekulierend, was es heute wohl zu kaufen geben wird. Es ist egal: irgend etwas. Und niemand murrt wie in den Wodka-Hoffnungsschlangen der Männer, de-nen es meist zu lange dauert. Ich trample frierend von einem Bein auf das andere und schweige. Ich rechne mir aus, daß ich vielleicht in drei Stunden den Ladentisch erreicht haben werde, und zähle wie seinerzeit beim Postenstehen in der Ar-mee die Minuten: immer bis sechzig und wieder von vorn. Noch zwei Stunden und dreizehn Minuten ...

Je länger ich stehe, um so deutlicher sehe ich die Alte vor mir am Ladentisch, wie sie zehn oder zwanzig Brote in ihren Sack stecken und fünfzehn Flaschen Milch in den Kartoffel-korb stellen wird. Und vielleicht sind es die letzten. Nach einer Stunde und dreiundvierzig Minuten Trampeln und Schweigen beginne ich die alte Frau vor mir zu hassen, möchte ihr den großen Korb wegnehmen und ihn zusammentreten. Aber ich stehe und schweige. Nach zwei Stunden kann ich den Knob-lauchatem der Schwarzäugigen hinter mir nicht mehr ertragen.

Ich könnte sie erwürgen, damit sie den Mund gefälligst zu läßt. Ein schmächtiger Mann, dessen Schultern herabhängen, als erdrücke ihn sein grauer dicker Wollmantel, reiht sich zehn Positionen vor mir in die Schlange ein, nickt der vorderen Frau freundlich zu. Im gleichen Moment schreit die grell Geschminkte hinter mir einen unverständlichen Fluch. Und sofort drehen alle in der Schlange ihre Köpfe, beginnen auch zu geifern. Die Frau hinter mir läuft nach vorn, zerrt den kleinen Mann zur Seite, und nun verstehe ich, was sie schreit: »Jewrej! Jewrej! – Jude! Jude!« Andere: »Jude, stell dich hinten an!« Und eine flucht: »Wir lassen unser Brot nicht von euch faulen Juden auffressen!«

Der kleine Mann zieht den Kopf wie eine Schildkröte ein und geht sehr schnell weg. Ich laufe ihm hinterher und fluche nicht, weil mich ein Auto von oben bis unten bespritzt. Der Jude zuckt zusammen, als ich ihn frage, ob wir uns unterhalten können.

»Nein, ich habe Angst«, sagt er.

Ich gehe nicht zurück an meinen Platz in der Schlange.

Am Abend frage ich in einer befreundeten russischen Familie, ob sie Juden kennen, die mit mir sprechen würden. Sie geben mir die Telefonnummer einer Bekannten, die bis vor kurzem im Auftrag des KGB die Juden der Stadt bespitzelt hatte. Ich rufe sie an, sie buchstabiert mir eine Adresse: Tschitscherina 17, Quartier 12, Esther und Grigori Schklower.

Ich klingele. Nach kurzer Zeit verdunkelt sich innen das winzige Guckloch in der Tür. Eine Frau, etwa sechzig, sehr gepflegt und modisch gekleidet, öffnet, sie begrüßt mich freundlich. Ihren Mann – er hat struppige schwarze Brauen – stellt sie als Doktor der technischen Wissenschaften und Professor des Pädagogischen Instituts vor. Eine für russische Verhältnisse große Wohnung, ich stehe unsicher herum, schaue und finde in der Einrichtung keinen Unterschied zu den Wohnungen russischer Intellektueller. Im Wohnzimmer jedoch hängen nicht, wie es bei den Russen beliebt ist, kitschige, aus Illu-

154

strierten ausgeschnittene Landschaftsbilder, Staatswimpel und Ikonen, sondern eine Wand ist ausgefüllt mit vierzig oder fünfzig Porträtfotografien. Alte vergilbte und neue: die Familie der Schklowera. Sie will mir sofort alle Fotos erklären: ihr Enkel und der Sohn mit Frau, seit einem Jahr in den USA. Aber der Mann sagt, daß der Gast noch nichts zu essen habe. Russische Sakuski – eingelegte Gurken, Tomaten, Fleisch, Brot und Salat – werden serviert. Und Wodka. Aber kein russischer Trinkspruch und kein »Na sdorowje!«[1] ausgebracht, sondern das jüdische »Lechaim« – Auf das Leben!«

Nach dem Essen holt Esther das einzige alte Familienfoto, das sie noch besitzt, aus dem Schrank: das Hochzeitsfoto einer Verwandten ihrer Mutter aus dem Jahre 1934.

Auf dem Hochzeitsbild sind mehr als zwanzig Familienmitglieder, Juden, zu sehen. Esther sagt: »Drei davon leben noch.« Die Braut verbrannte mit ihrem Kind bei einer Partisanenbekämpfungsaktion in den belorussischen Wäldern, der Bräutigam fiel im finnisch-russischen Krieg, eine Frau wurde aufgehängt.

Ich frage sie nach dem eigenen Schicksal. Sie erzählt in ungewöhnlich kurzen Sätzen: »Die Deutschen kamen, wir wurden mit dem Zug evakuiert. Vor Kiew traf eine Bombe unseren Zug, mein Vater – er soll von Beruf Kassierer gewesen sein – hatte die kleinste Tochter, Lisa, auf dem Schoß. Beide wurden verletzt. Man ließ sie zurück.

Die Mutter fuhr mit mir und meiner älteren Schwester weiter. Doch an der nächsten Station stiegen sie beide aus. Rannten zurück. Man wollte sie aufhalten, aber die Mutter schrie: ›Ich kann sie nicht allein lassen.‹ Fremde nahmen sich meiner an. In Kasachstan fand mich dann mein Cousin. Er brachte mich nach Usbekistan. In seiner Familie bin ich aufgewachsen.«

Sie winkt ab, als wolle sie die Vergangenheit verjagen, holt dann vier Urkunden, große graue Pappblätter, aus dem Schrank.

1 Na sdorowje – (russ.) Zur Gesundheit.

Ich muß lachen, diese Art von Urkunden kenne ich auch: das »Sportleistungsabzeichen – Bereit zur Arbeit und zur Verteidigung der Heimat« oder das »Abzeichen für gutes Wissen«.

Aber als ich lese, erstirbt mir das Lachen. »… bestätigen wir, daß … von den deutschen Faschisten ermordet wurde.« Eine graue Urkunde für die Mutter, eine für den Vater, eine für die kleine Schwester, eine für die große Schwester.

Am Fremdspracheninstitut in Moskau begann Esther 1948 die deutsche Sprache zu studieren, die sie danach bis zum Rentenalter am Pädagogischen Institut lehrte.

»Ich habe gern gearbeitet, aber in meinem Ausweis steht Jude, nicht Russe, und als Jude muß man hier doppelt so gut arbeiten, um den gleichen Posten wie ein Russe zu bekommen. Die Russen mußten sich nur einmal anpassen: dem Sozialismus. Wir mußten uns zweimal anpassen: dem Sozialismus und den Russen. Vielleicht sind wir deshalb auch toleranter als sie. Obwohl mir die Toleranz schwerfiel. Ich erinnere mich an den Aufstand in Ungarn. In meiner Wohnung traf ich mich mit Freunden, wir diskutierten, daß es unrecht sei, was die sowjetischen Soldaten dort machten. Eine Nachbarin zeigt mich beim KGB an. Der Mann dort war allerdings ein guter Mensch – ich durfte weiter als Lehrerin arbeiten. Aber einer meiner Kollegen, der im Unterricht erzählt hatte, daß es Spekulationen um den ›Stillen Don‹ gäbe, Scholochow den Roman vielleicht nicht selbst geschrieben hätte, der wurde entlassen. In jedem Seminar saß ein Zuträger.«

Sie holt einen knäckebrotähnlichen Fladen, das Brot, das die Juden vor ihrem Feiertag essen, aus der Küche: Matze, ohne Hefe, nur aus Wasser und Mehl zubereitet. Die Juden hatten es bei ihrem vierzig Jahre dauernden Marsch aus der ägyptischen Sklaverei bis ins Gelobte Land in der Wüste von der Sonne ›backen‹ lassen.

»Vierzig Jahre wanderten sie damals, so lange brauchten sie, um ihre Sklavenmentalität zu verlieren«, sinniert Esther.

156

»Und wir heute? Werden die Menschen hier jemals frei sein? Angeblich sind sie jetzt frei von der Diktatur des Sozialismus, aber was kommt nun? Die Diktatur des Nationalismus? ›Rußland den Russen – wir brauchen keine neuen Synagogen!‹ Das rufen nicht nur die Leute auf der Straße, das fordern bekannte Schriftsteller wie Rasputin. Unser Sohn ist Ingenieur für Wärmetechnik. Er hat sein Kind in Moskau die Schule wechseln lassen, weil es von den Mitschülern bespuckt und als ›Jude‹ beschimpft wurde. Der Wechsel half nichts. Da ist er nach Amerika gegangen.

Die letzten Bilder, die Esther mir zeigt, sind farbig und gestochen scharf: weiße Villen, grüner Tennisrasen, pinkfarbene Kinderhosen. Grigori Schklower hat vor einigen Monaten den Sohn und seine Familie in den USA besucht. Nun will auch er ausreisen, denn man müsse die Familie zusammenhalten.

Esther widerspricht zaghaft, in ihrem Alter könne man sich nicht noch einmal verpflanzen lassen.

Doch der Mann sagt: »Der Sohn, das ist meine Schöpfung, der Enkel mein Blut.«

Die Frau: »Aber wenn der Enkel unser Opfer nie annimmt, es uns nie danken wird, weil er es nicht begreifen kann?« Sie klagt: »Es müßte einen Gott geben, der einem antwortet in dieser verrückten, unverständlichen Welt.« Sie geht zum Schrank, holt einen Brief. In dem Brief liegen zehn Deutsche Mark. »Meine beste deutsche Freundin, die ich schon Jahrzehnte kenne, hat sie mir geschickt. Sie hat es gut gemeint, natürlich. Aber was ist das schon für ein Leben, mein Mann ein Professor, und ich war Hochschullehrerin, und nun schickt die beste Freundin zehn Mark. Das kann nicht das Leben gewesen sein!«

Am nächsten Morgen reihe ich mich wieder um sechs Uhr in die Schlange vor dem Lebensmittelgeschäft ein. Man steht und schweigt, aber ich hoffe, daß das Schweigen noch nicht das Stadium der Aggressivität erreicht hat, und frage leise und mit schlechtem Russisch: »Entschuldigen Sie, was denken Sie über die Juden in Rußland?«

Die Reihe löst sich auf, man bildet einen Kreis. »Die Juden arbeiten nicht, sie verdienen nur, sie haben die besten Posten.«

»Die Juden und die Deutschen sind ein Unglück für Rußland.«

»Die Juden können nur Freundschaft mit Juden halten.«

»Wir müssen uns wehren, erst haben uns die Bolschewisten regiert, nun versuchen es die Juden.«

»Die Juden sind reich, und wir sind arm.«

»Was fragst du Deutscher uns nach den Juden, frag deine Landsleute, was sie mit den Juden gemacht haben! Waren wir etwa Faschisten, oder waren die Deutschen die Faschisten?«

Danach stellt sich wieder jeder an seinen Platz in der Reihe. Ich trample mit den Füßen und schweige wie die anderen. Drei Stunden später kaufe ich Brot und saure Sahne für die Babuschka[1], bei der ich wohne. Eier bekomme ich keine, die reichten nur für die ersten sechsunddreißig in der Schlange.

1990

---

1 Babuschka – (russ.) Großmutter.

Sag Sascha, nicht Alexander!

oder:

»Die Eltern haben drei Kinderärzte totgeschlagen«

Es war nicht nach dem fünften oder sechsten oder zehnten oder elften Wodka, sondern vor dem allerersten, als der Arzt Alexander Komarow aus dem kalten schmutzigen Kamyschin – an der Wolga zwischen Saratow und Stalingrad gelegen – zu mir sagte: »Ich heiße zwar Alexander, aber meine Frau, meine Mutter, mein Töchterchen und meine Freunde nennen mich Sascha. Sag also Sascha zu mir!«

Und das war im Oktober 89.

Vor zwei Wochen schrieb Saschas zehnjährige Tochter Lena an unsere elfjährige Tochter Ulrike: »Hallo Uli, wir bekamen Euer schönes Päckchen und Deinen Brief gleichzeitig. Vielen Dank für die schönen Sachen. Alles ist sehr gefallen. Das Päckchen kam am 14. Januar an, das war gerade ein alter russischer Feiertag: der Kirche beginnt neues Jahr. In diesem Jahr bei uns sehr viel Schnee ist. Und der Frost ist jeden Tag. Es taut nicht. Und erst jetzt habe ich mich besonnen, daß ich Ski habe. Solche kleinen, aus dem Plast, aber ohne Stöcke. Und jetzt laufe in den Dünen ich schon dritten Tag. Und dein Wunsch mir (vom guten Rutsch) hat sich erfüllt. Im neuen Jahr hatten wir einen großen Tannenbaum, Jolka, gekauft, haben den in ein Glas mit Wasser gestellt, begossen ihn jeden Tag und plötzlich darauf wuchsen sogar neue Zweigchen mit grünen Blättern, 7 cm lang …«

Und weil sie noch nie in Deutschland waren, lud ich Sascha und seine Frau Alja und ihr Töchterchen Lena ein, uns im Sommer 1996 zu besuchen.

Auf meine Einladung und die Frage nach notwendigen Formalitäten schrieb er mir: »Ihr lieben Freunde, wir bekamen

Euren Brief. Und ich antworte sofort. Folgende Bürokratie ist bei Euch nötig: Das ist die Einladung auf offiziellem Formular, das Ihr uns schicken sollt. Nur wenn wir Eure Einladung mit offiziellem Formular erhalten, werden wir hier übrige Dokumente weiter organisieren dürfen.«

Ich ging also zur Meldestelle meines in die Stadt Suhl eingemeindeten Dorfes Dietzhausen und fragte nach dem offiziellen Formular. Die Meldestellenfrau kannte ich gut, sie klärte mich auf, daß Einladungen nun Sache der Ausländerbehörde in der Stadtverwaltung seien. Sie rief dort für mich an und fragte, ob man das benötigte Formular der Meldestelle zuschicken könne.

Man konnte nicht. Also gab sie mir den Hörer, und ich erkundigte mich nach den nötigen Formalitäten.

Eine weibliche Stimme erklärte mir, daß ich persönlich erscheinen, den Antrag ausfüllen und dazu meinen Ausweis sowie die Lohnbescheinigung vorzeigen müsse.

»Etwa 2000 DM monatlich müßten Sie nachweisen können, verstehen Sie, als Sicherheit, sonst können wir das Einladungsformular nicht unterschreiben.« Pause, weil ich schwieg. »Verstehen Sie?«

Ich sagte, daß ich nichts verstände, ein freischaffender Schriftsteller sei und leider ohne festes Gehalt.

Dann müßte mein Steuerberater mir bestätigen, daß ich die Summe von monatlich 2000 DM ...

Das könne er nicht, bedauerte ich, denn ich hätte oft weniger ...

Dann dürfe sie keine Bestätigung ausstellen.

»Sie müssen doch für alle Eventualitäten finanziell haften können. Ihr Russe kann sich hier einen Arm brechen, also allein das Röntgen und Eingipsen, Krankentransport, das sind ein paar Tausender. Oder noch schlimmer: Wenn jemand von dieser russischen Familie im Kaufhaus klaut, erwischt wird und sofort mit dem Flugzeug zurückmuß – Flugkosten für eine dreiköpfige Familie, mindestens 5000 ...«

Ich redete hilflos was von Freundschaft und daß ich diese Familie persönlich kenne.

Und sie, die Frau vom Ausländeramt, würde mich doch auch kennen. Ich hätte im sowjetischen Hungerwinter 1990 mit einem LKW die Suhler Hilfsgüter in drei Tagen nach Kaluga kutschiert. Und ihr Chef, der Oberbürgermeister Kummer, hätte mich damals sehr herzlich verabschiedet und tiefbewegt von Freundschaft und den wichtigen menschlichen Beziehungen gesprochen.

»Alte Freundschaften«, sagte sie bedauernd, »alte Freundschaften sind die eine Sache, die andere und allein entscheidende ist die heutige Verordnung. Und die besagt, daß Sie keinen Russen oder anderen Osteuropäer in die BRD einladen dürfen, wenn Sie nicht 2000 Deutsche Mark … Verstehen Sie doch endlich!«

Ich hätte ihr von Sascha und Alja und der kleinen Lena erzählen können, von meiner ersten und bisher einzigen Begegnung mit ihnen, doch ich begann zu ahnen, daß das in dem Fall auch niemanden mehr interessierte.

Sascha hatte uns, als er in der Zeitung »Rotes Banner« las, daß zwei Deutsche in Kamyschin über Perestroika, Glasnost und den Alltag der Menschen in der 400 000-Einwohner-Stadt schreiben wollten, ohne uns zu kennen, zu sich nach Hause eingeladen. »Um mit den lieben Gästen aus Deutschland reden, essen und trinken zu können«, hatte er auf einen Zettel geschrieben, den er im Hotel für uns hinterlegt hatte.

Er wohnt in einem der Neubauviertel. Die Treppe ist steil und das Treppenhaus so spärlich beleuchtet, daß Gerd und ich die Türschilder nicht entziffern können. Aber im vierten Stock steht die Tür schon offen, es riecht nach Kraut und Roten Beten, nach Knoblauch und Gebratenem. Alexander stellt uns zuerst seine Mutter vor. Sie wohnt mit ihnen in der winzigen Wohnung und hat den ganzen Tag für uns gekocht. In einer Porzellanschüssel serviert sie Borschtsch, die berühmte Rote-Beete-Suppe, die sich von der Ukraine aus in der ganzen ehemaligen Sowjetunion verbreitet hat. Und auf einem großen Teller bringt sie, hoch aufgestapelt, goldbraun gebratene Krautwickel.

Willkommenswodka aus kleinen Gläsern. Alexander trinkt auf die Gäste. »Die teuersten und ehrenvollsten, die wir bisher in unserer Wohnung begrüßt haben.« Sascha ist kein so geübter Toastredner wie die meisten Russen …

Die zum Stamme der Mari gehörende Alja und der Russe Sascha haben Medizin studiert. Er unterrichtet an der Medizinischen Schule, sie arbeitet in der Kinderklinik. Über Medizin reden wir erst später. In den ersten Stunden spricht Sascha nur über ein Thema: die deutschen Menschen, die deutsche Sprache, die deutsche Literatur, die deutsche Musik. Leider habe er an der Universität kein Deutsch erlernen können, aber nun studiere er als Autodidakt die Grammatik und Aussprache, um Goethe und Heine in der Originalfassung lesen zu können. Die Deutschen, schwärmt er, sind solch kulturvolle Menschen, feinfühlig und gebildet. »Wir Russen dagegen sind plump und aggressiv.« Er holt ein deutsches Märchenbuch, zeigt Lena die Bilder und ist glücklich, wenn die Vierjährige auf deutsch »Wolf« und »Großmutter« und »Kuchen« sagt.

Alja sitzt still daneben und lächelt. Aber plötzlich sagt sie übergangslos: »Sascha hat heute einen Tag Urlaub genommen. Er ist von früh bis abends durch die Stadt gelaufen, von Geschäft zu Geschäft, um für die teuren deutschen Gäste ein paar Flaschen Bier zu organisieren. Von früh bis abends, stellen Sie sich das vor. Er hat trotzdem kein Bier bekommen. Und wenn ihm nicht ein Kollege eine Flasche Wodka ausgeborgt hätte … Wie entmutigend für einen Menschen, für einen Arzt, der sechs Jahre studiert hat. Was für ein schreckliches Leben!« Nein, sie wolle nicht klagen, sagt Alja, aber wenigstens die Wahrheit erzählen über ihr Leben. »Ein Dreher verdient in Kamyschin beispielsweise 300 Rubel. Ich als Ärztin, verantwortlich für das Leben von achtzig Kindern auf der Station, erhalte 130 Rubel. Wir haben für alle Kinder drei Spritzen.

Drei Spritzen in der Kinderklinik, die wir wie das Wasser des Lebens hüten. Und immer wieder mahnen wir die Schwestern, sie zu pflegen und zu pflegen und zu pflegen. Und zu sterilisieren und zu sterilisieren und zu sterilisieren. In Wolgograd sind fast einhundert Kinder im Krankenhaus mit AIDS infiziert worden, weil sie keine Einwegspritzen haben. Aus Wut haben die betroffenen Eltern drei Ärzte totgeschlagen.«

Ich bezweifle die Wahrheit, doch Alja versichert, daß sie diese Information öffentlich in der Dienstberatung erfahren hat.

Während wir Tee trinken und Honig löffeln, übt Sascha mit Lena die deutschen Zahlen. Bis acht kann sie schon zählen.

Ich frage, wie viele Kinder sie noch großziehen wollen.

»Kein einziges mehr«, sagt Alexander. »Es ist unverantwortlich, in diesem Land heute Kinder in die Welt zu setzen. Nein, dieses Risiko, daß unsere Kinder vielleicht keine Milch haben werden und kein Brot, dieses Risiko werden wir nicht auf uns nehmen.«

Alja nickt. Es sei ein Verbrechen oder besser gesagt eine Sünde, in diesem Land Kinder zu gebären.

Sie sagt es nicht laut und leidenschaftlich agitatorisch, sondern sehr leise, sehr stockend und sehr traurig.

Wir bleiben bis kurz vor Mitternacht.

Alja kocht den traditionellen russischen Abschiedstee. Dann, entgegen allen Ritualen, eine zweite Kanne. Und auch noch eine dritte …

Sascha nimmt Lena auf den Schoß und singt mit ihr in deutscher Sprache: »Alle meine Entchen …« Und plötzlich weint Alja. Wir sollten wiederkommen, sagt sie. Wir könnten zusammen Bach hören und Rachmaninow, und Lena werde dann schon einige deutsche Worte mehr sprechen.

Sascha schenkt Gerd zum Abschied das in der DDR verbotene Buch »Die Kinder vom Arbat« auf russisch. Mir überreicht Alja einen kleinen Wecker. Wenn er mich weckt, möge ich an die Familie Komarow in Kamyschin denken. Und wir sollten im nächsten Jahr mit unseren Frauen und allen Kindern zu ihnen kommen. »Es haben alle Platz«, sagt Alja, umarmt uns flüchtig, weint und weint. Sascha, Alja, Lena und die Großmutter wohnen in zwei kleinen Zimmern. Aber ich weiß, es wird Platz sein, selbst wenn wir unangemeldet alle auf einmal kommen würden.

Nach fünf Minuten erfolglosem Telefonat im Meldeamt sagte ich den selbst für eine gesetzesbefolgende Ausländerbeauftragte – sofern sie DDR-Bürgerin gewesen ist – wahrscheinlich immer noch schlimmen Satz: »Also dann ist wohl nichts mehr mit der deutsch-sowjetischen Freundschaft?« Und drohte obendrein, daß ich mich an den Petitionsausschuß des Thüringer Landtages wenden würde. Da reichte mich die erste Stimme an die nächsthöhere Ausländerbeauftragten-Stimme weiter. Und die redete nach meiner nochmaligen Litanei wie mit Engelszungen. Ich wäre doch intelligent und müßte deshalb begreifen, daß die Ausländer, die ansonsten Einreiseverbot in die BRD hätten, mit einer persönlichen Einladung ohne finanzielle Haftung des Einladenden durch die Hintertür doch noch hereingelassen würden. Außerdem würde ich doch nicht wollen, daß im Falle von Eventualitäten, also Krankheit oder Abschiebung meiner Gäste, die deutschen Steuerzahler zur Kasse gebeten werden müßten.

Nein, das wollte ich nicht, und ich sagte das, was ich sonst kaum jemand sage und was ja auch in der neuen Eigentum-ist-alles-Gesellschaft das bestgehütete Geheimnis sein sollte: »Ich habe noch 20000 DM zur Altersvorsorge auf der Bank. Sofort abhebbar. Das könnte ich mir dort bestätigen lassen und als Sicherheit für die Einladung vorlegen.«

»Bedaure«, sagte die »Engelszunge«, »diese Bestätigung wird in dem Fall nicht anerkannt. Sie können jetzt das Geld zwar vorweisen, aber bis zum Eintreffen der Russen längst verbraucht haben und hätten nichts, wenn, siehe Gips oder Klauen ...« Es ginge um den Nachweis eines kontinuierlichen

164

Verdienstes von rund 2000 DM. Zum Leben brauche man ja auch noch was.

Da wurde ich trotz der Engelszungen doch laut am Telefon, und da kam zufällig auch die Chefin der Ausländerabteilung ins Zimmer. Sie wurde sofort unterrichtet, am Telefon sei ein uneinsichtiger Schriftsteller, der könne das Geld zwar nicht aufbringen, bestehe aber trotzdem darauf, einen Russen in die BRD einzuladen.

Die Chefin kannte den Schriftsteller Scherzer. Das schmeichelte mir, und ich dachte, daß ich es vielleicht mit der diplomatischen Variante versuchen sollte. Und als sie sich mit ihrem Namen – ich verstand Senf – vorgestellt hatte, sagte ich, daß ich froh sei, nun endlich die kompetente Chefin, also die ganz oben, zu sprechen, denn die unteren wollten ja doch nur immer wichtigtuerisch ihren Senf dazugeben.

Sie unterbrach mich, nannte noch einmal ihren Namen. Und dieses Mal verstand ich nicht Senf, sondern Lenz, Lenz wie die Jahreszeit. Ich war außergewöhnlich gedankenschnell und sagte etwas vom Frühling und der Hoffnung, die im Lenz immer wieder neu knospe, und daß ich hoffte, mit ihrer Hilfe die Bescheinigung doch noch zu erhalten.

Sie sagte versöhnlerisch, daß es vielleicht auch möglich wäre, wenn ich nicht ganz 2000 nachweisen könnte.

Stolz und hoffnungsfroh beteuerte ich, daß zwar nicht ich soviel verdienen würde, aber in der Familie, da kämen wir zusammen sogar auf über 2000. Und weil das Finanzamt die Steuer auch aus dem gesamten Familieneinkommen errechne, wäre das bestimmt auch für diese Einladung gültig.

Sie widersprach energisch. Nur der Verdienst des Einladenden sei maßgebend, nicht die Familienkasse. Und fürsorglich wie bei einem Kranken erläuterte sie: »Also nehmen wir mal an, Sie laden die befreundeten Russen ein, wir geben die Genehmigung, und Sie haften mit dem Familieneinkommen für die Ausländer, denen passiert was, Sie, Herr Scherzer, sollen persönlich zahlen, können aber nicht, und Ihre Frau sagt: Ich

165

habe niemand eingeladen, ich habe nicht unterschrieben, das war mein Mann, der hat den Russen eingeladen, also soll er auch bezahlen.«

Ich antwortete erst kleinlaut: »Wir haben nur ein gemeinsames Konto; wir sind eine Familie, und meine Freunde sind auch die Freunde meiner Frau.« Und sagte dann zornig, daß ich alles langsam verstünde, denn es wäre wohl ähnlich wie mit einer Kaution, die man für die Freilassung eines Verbrechers hinterlegen müßte …

Da wurde Chefin Lenz (in der Zwischenzeit hatte sie mich noch einmal berichtigt, sie heiße nicht Lenz, sondern Senz), also sie wurde sehr grimmig und sagte kurz angebunden, daß sie ihre teure Zeit nicht länger vergeuden könne. »Haben Sie nun die nötige Summe, damit Sie wie ein ordentlicher Bürger die finanzielle Verantwortung für die eingeladenen Russen übernehmen können, oder haben Sie das Geld nicht?«

»Ich persönlich habe es nicht«, sagte ich leise. Und hätte heulen wollen. Aber ich heulte nicht, weil am Telefon in der Meldestelle inzwischen ein fremder Mann hinter mir stand. Es war mir sehr peinlich.

Doch der Mann grinste nur, klopfte mir auf die Schulter und sagte: »Ich kenne einen Steuerberater, der bestätigt Ihnen für mickrige 250 DM jedes gewünschte monatliche Einkommen. Und den Schein legen Sie dann der Behörde vor …«

Sascha wird, wennn er ein Visum erhält, nun doch im Sommer mit Töchterchen Lena und Frau Alja zu uns kommen.

Und so wie ich ihn kenne, wird er zur Begrüßung den ersten Toast auf das große Volk der kulturvollen Deutschen, auf das Volk der Humanisten Goethe und Schiller trinken. Und ich werde ihn umarmen und das Glas nach alter russischer Sitte auf einen Zug leeren.

1994

10 000-Dollar-Reise ohne Ankunft

oder:

»Ich hab' mich geschämt wie'n Bettsecher!«

Wie man eine Kiwi ißt

Im Innenhof des Asylbewerberheimes im Rhönstädtchen Geisa steht ein neuer, blitzblanker Mercedes mit Salzunger Kennzeichen. Ich gehe die Treppe zum Hauseingang hinauf. Die Tür ist vergittert, aber offen. Von der Tür aus tappe ich durch einen ebenfalls vergitterten Gang (so ähnlich werden wohl Löwen oder Affen in die Zirkusarena getrieben) bis zum vergitterten Pförtnerfenster. Hinter dem vergitterten Fenster jedoch sitzt niemand, und die vergitterte Innentür zum Heim ist von außen verschlossen. Ich warte, bis ein Ausländer herauskommt und sie von innen öffnet. Im Gegensatz zu einem Gefängnis sind die Gitter ohne Schlüssel nur von innen zu öffnen. Man kann hinaus, aber nicht hinein. Die drinnen werden vor denen draußen geschützt. Ich grüße freundlich, der Ausländer hält mir die Tür noch auf, als ich schon im Flur stehe.

Alle meine Sinne werden sofort beansprucht. Schrille Radiomusik. Knoblauchgeruch und Duft von gebratenen Hühnern. Nackte, früher wohl weiße Wände. In den Ecken leere Konservendosen. Vor manchen Türen Kartons mit Abfällen. Ich frage einen Ausländer, ob es im Heim einen deutschen Betreuer gibt. – Ja, die Caritas im Keller.

Dort sitzt eine junge Frau, die mir bestätigt, daß sie für alle Probleme der Ausländer verantwortlich sei. Sie würde beim Ausfüllen von Formularen helfen, bei psychologischen Problemen, bei Streitigkeiten und bei Heimweh.

»Heimweh auch?« frage ich.

»Ja, auch Heimweh«, sagt sie. Doch sie dürfe mir leider keine Auskünfte geben, dafür würde ich eine Genehmigung vom Herrn Ziller, dem Leiter der Caritas in Geisa, benötigen.

167

Herr Ziller wohnt in der Friedrich-Engels-Straße, seine Haustür steht offen. Er hat sein Caritas-Studium seinerzeit in Westberlin begonnen und nach dem Mauerbau in Leisnig bei Leipzig beendet. Seitdem arbeitet er im allgemeinen sozialen Dienst: Fürsorge von der Geburt bis zum Tode. Von der Kanzel predigt er nicht. Aber als ich ihn reden höre, denke ich, daß er wahrscheinlich auch ein guter Prediger wäre.

»Seit 1991, als die DDR-Grenzsoldaten (das Heim war zuvor eine Kaserne) hier auszogen und die dreihundert Asylbewerber einzogen, sind lediglich drei von ihnen als Asylanten anerkannt worden. Unsere regierenden Christdemokraten reden immer von Nächstenliebe auch den Fremden gegenüber, aber wahrscheinlich ist es nicht ihr ernster Wille, diesen Menschen zu helfen, sie zu integrieren. Sonst dürften deren Kinder wenigstens eine deutsche Schule besuchen. Aber man gibt keinen Pfennig Geld aus, damit die Kinder unsere Sprache erlernen können und meinetwegen die Andacht in der Kirche verstehen. Es widerstrebt meinem christlichen Glauben, daß der Staat im Falle der Ausländer nicht mehr an Nächstenliebe denkt, sondern seine Fürsorgepflicht an sogenannte private Betreiberfirmen weitergibt, die an den Asylbewerbern verdienen. Wie muß es um die Moral einer Gesellschaft bestellt sein, wenn der Staat nicht den Hilfsbedürftigen direkt hilft, sondern privaten Unternehmen ein zusätzliches Geschäft verschafft. Unternehmen, die gewinnbringend Blinde über die Straßen führen und Rollstuhlfahrer die Treppen zum Theater hinauftragen. Oh, mein Gott!«

Als ich, nun mit Genehmigung, zum zweitenmal in das Heim komme, sitzt ein Pförtner hinter dem vergitterten Fenster. Er scheint nicht, wie ich das angenommen hatte, ein bärbeißiger, knurriger Typ zu sein, denn er grinst, als er mich sieht, drückt sofort den summenden Türöffner, holt mich höchstpersönlich in seine Pförtnerbude, umarmt mich. An der Wand des Zimmers hängt eine große Rot-Kreuz-Sanitätstasche. Er sagt: »Damit ich das Blut stillen kann, wenn sich

die Zigeuner im Heim gegenseitig zu Steaks verarbeiten.«
Sein früherer Posten wäre ihm heute also noch von Nutzen.

Sein früherer Posten? Als ich nicht begreife, was er meint,
fragt er enttäuscht, ob ich mich nicht mehr an ihn erinnern
würde. »Ich bin doch der Hamann, ehemals Kreisvorsitzender
des Deutschen Roten Kreuzes in Bad Salzungen.« Er hätte mir
bei einer Lesung einmal sein Buchmanuskript über den Hamburger Antifaschisten und Kommunisten Franz Jacob mitge-
geben. Daran erinnere ich mich. Es war eine dicke Klemmappe
mit Fotos und heroischen Texten über den Kommunisten Franz
Jacob. Nach diesem Franz Jacob war das Grenzbataillon benannt, das der Genosse Oberstleutnant Hamann befehligt
hatte, bevor er Vorsitzender des Deutschen Roten Kreuzes
wurde. Er lacht zufrieden, fragt: »Na, hast du's jetzt?«

Nach dieser Einleitung zeigt er mir stolz ein neues Manu-
skript. Er hätte hier als Pförtner genügend Zeit und Muße und
außerdem bei einer Hamburger Akademie für viel Geld einen
Schriftsteller-Schreibkurs belegt.

»Eine Fortsetzung über Franz Jacob?« frage ich.

»Nein, über die Stalingrader Schlacht. Ich beschreibe, wie
die deutschen Soldaten dort unter extremsten Bedingungen
tapfer gegen die Rote Armee gekämpft und den Kommunisten
lange Zeit widerstanden haben.«

Ich blättere in seinem neuen Werk: »Mit MG-Garben lich-
tete ich die Reihen der Russen ...«

Weil er Offizier an der Grenze und SED-Altlast gewesen sei,
hätten die Westdeutschen die kostenlose Lieferung neuer Kran-
kenwagen von seinem Rücktritt als DRK-Kreisvorsitzender ab-
hängig gemacht. Deshalb sei er froh, daß ihn die private hessi-
sche Wach- und Betreiberfirma »Czok und Vogel« eingestellt
habe. Was er natürlich auch dem Chef im Heim zu verdanken
habe. »Der Chef« – er lacht spitzbübisch –, »der Chef wird
staunen, dich zu sehen, auch ein guter Bekannter.« Und er rennt
vorneweg, öffnet die Tür zum Chefzimmer wie bei einer Weih-
nachtsbescherung. Ein Urschrei drinnen. Dann nimmt der

Mann die Beine, die er auf dem Schreibtisch liegen hat, herunter, stemmt seine Massen hoch, nimmt meine Hände in seine Pranken. Mit seinem blonden, an beiden Seiten herunterhängenden Schnauzbart sieht er aus wie ein Walroß. Schnauft auch so. Der Ambrosi. Früher Bürgermeister in Tiefenort.

Ambrosi schickt den Hamann hinunter in den Keller. Der rumänische Sozialhelfer solle sofort Kaffee für uns kochen.

Er sei hier der Chef von sechs Leuten. Aber dienstgradmäßig und was die Ausbildung beträfe wahrscheinlich der letzte. Sie hätten ab Oberst so ziemlich alles: Dozenten der Militärhochschule, Abteilungsleiter von Ministerien, Spezialisten der Stasi für Wirtschaftskriminalität. Alles sogenannte »Bonzen«, die 1989 vom Volk als »Strafe« in die Produktion geschickt werden sollten. »Wenn die heute damit ›bestraft‹ würden, wäre ja alles gut!«

Entschuldigend legt er die Beine wieder auf den Tisch (»Der Bauch klemmt beim Sitzen auf diesen engen Bürostühlen.«), und irgendwann nach ausgiebigem Vergangenheitsplausch sprechen wir dann auch über Asylpolitik und Asylbewerber, das heißt Ambrosi spricht, und ich höre zu.

»Es ist ja nun nicht so: Biste ein Rechter, schreiste: Raus mit die Ausländer! Und biste ein Linker, forderste: Rein mit die Ausländer! So pauschal reden nur Politiker. Und die ändern heutzutage ihre Meinung alle paar Monate. Als das Heim aufmachte, ich hab es mit eröffnet, gaben sich die Salzunger Kommunalpolitiker, wenn man diese Leute Politiker nennen kann, hier die Klinke in die Hand. Krokodilstränen und Versprechungen. In diesem Jahr waren insgesamt zwei davon hier: zu Weihnachten als Weihnachtsmänner!«

Der Rumäne bringt den Kaffee. Ambrosi nimmt reichlich Milch und Zucker. Er hätte selbstverständlich auch seine Probleme mit den Asylanten, denn in deren Augen sei er ihr erster Gegner. Schließlich würde er die Polizei rufen, wenn sie sich mit Messern stechen, und ginge manchmal selber mit der Faust dazwischen. Außerdem wüßte er, wer von denen wirklich als politisch Verfolgter gekommen und wer nach Deutschland marschiert wäre, um ein paar Pfennige zu verdienen. Denn die müßten dann, wie die meisten Rumänen, zuerst einmal einige Tausender an ihre Schlepper bezahlen. Da sie kein Geld hätten, müßten sie klauen.»Neulich hat einer aus unserem Heim in Fulda in einem Kaufhaus Waren für rund 3000 Mark mitgehen lassen. Die hessischen Polizisten nahmen ihn fest und brachten ihn im Polizeiauto zurück nach Geisa. Zehn Monate dauerten die Ermittlungen, dann der Prozeß. Aber der Staatsanwalt predigte wie so oft in solch einem Fall allein, denn inzwischen war der Asylbewerber längst über alle Berge. Und pfänden, wenn sie was geklaut oder gekauft und nicht bezahlt haben? Hier im Heim kann keiner was pfänden. Falls es doch einmal zu einer Verhandlung kommt, kriegen sie, wenn sie kein Geld haben – und sie haben nie Geld – auf Staatskosten einen Rechtsanwalt.« Das sei die eine Seite. Die andere: »Ich war in Rumänien, ich habe das furchtbare Elend dort gesehen. Und ich begreife, daß für diese Leute der Knast in Deutschland immer noch luxuriöser ist als ein ›freies Leben‹ in Rumänien.«

Der rumänische Sozialhelfer nickt und schenkt uns Kaffee nach. Und Ambrosi schimpft, daß wir ehemaligen DDR-Deutschen, was das Geld beträfe, keinen Zipfel mehr Moral besäßen als die Ausländer, vielleicht sogar noch weniger. »Im Winter 89/90 haben wir Bettlägerige und Neugeborene in überfüllte Züge Richtung Westen gepfercht. Den Herzinfarkt vom Opa oder das Erdrücken des Babys einkalkuliert, nur um 100 West-Mark Begrüßungsgeld für Opa oder das Baby kassieren zu können. Allerdings brauchten wir die 100 DM nicht zum Überleben für unsere Familie wie mancher der Ausländer. Wir brauchten sie nur für ein paar Extras!«

Er hätte sich auch die 100 Märker geholt. »Aber mich dabei geschämt wie 'n Bettsecher. Und dann die erste Kiwi drüben gekauft, aber nicht gewußt, wie man die ißt. Da hat der Gemüsehändler gesagt: ›Hier, trink erst mal 'nen Stonsdorfer‹, und es mir dann gezeigt. Das mit der Kiwi wäre den Türken oder den Afrikanern bei uns wahrscheinlich nicht passiert. Dafür mit 'ner heißen Bockwurst und Senf.«

Manchmal urteile er über die Ausländer auch nur aus dem Bauch und nicht mit dem Kopf. »Die kriegen ihr Geld hier, ohne zu arbeiten (das heißt, die dürfen ja gar nicht arbeiten), unsereiner aber schuftet seit 1990 wie ein Blöder, um wieder einigermaßen hochzukommen. Und dann stehen die mit Händen in den Hosentaschen auf dem Flur und beschweren sich, daß die Wände immer noch nicht weiß sind! Da schreiste schon mal.«

Er sei nach der Wende ganz unten gewesen, denn die SED-Chefs hätten die kleinen SED-Bürgermeister allein im Regen stehengelassen. Keine müde Mark finanzielle Abfindung, keine Hilfe von den Anstiftern, in deren Auftrag die Bürgermeister gehandelt hätten. »Im Krieg werden Offiziere, die ihre Mannschaft in schwierigen Situationen im Stich lassen, erschossen. Und vom sinkenden Schiff springt der Kapitän als letzter in das Rettungsboot oder geht mit seinem Schiff unter. Nicht so die SED-Chefs, die sind als erste über Bord.«

Er hätte sich schließlich eine Stelle im Landratsamt erkämpft, sei durch die neuen Abgeordneten bestätigt worden. »Einige von denen wußten, daß ich als SED-Bürgermeister im Herbst 89 bei allen Protestveranstaltungen in der überfüllten Kirche von Tiefenort gesprochen hatte. Aber immer wieder mußte ich wegen ›Staatsnähe‹ vor irgendwelchen Kommissionen aussagen, mich rechtfertigen. Und in diesen Kommissionen richteten auch Leute über mich, die sich zu DDR-Zeiten feiger benommen hatten als ich. Nur mit dem Unterschied, sie waren – nach ihren Worten – in der CDU-Blockpartei Widerstandskämpfer gewesen und ich in der SED ein Staatsdiener. Damals habe ich den Job im Landratsamt hingeschmissen und bei der hessischen Wach- und Betreiberfirma angefangen. Das war auch die Zeit, als ich mich von meiner Lebensgefährtin trennte und aus Tiefenort weggezogen bin. Kein Hund wollte damals mehr was von mir, und keiner hätte mir was gegeben. Ich fragte nach Kredit wegen der Wohnung hier in Geisa. Da lachten die Herren der Bank nur. Also fing ich wieder bei Null an. Tag und Nacht geschindert, für den Westchef die Erstbelegung der Asylantenheime im Osten organisiert. Ich verdiene inzwischen wieder ordentliches Geld. Und die Banken kommen von alleine und fragen, ob ich einen Kredit brauche. Und den Wein laß ich mir vom Weinhändler aus dem Westen kommen. Und mein Mercedes steht draußen im Hof. Eigentlich brauche ich keinen Mercedes, ich fahre ihn, damit sich diese miesen Typen, die glücklich waren, als sie mich 1990 ganz unten hatten, vor Neid schwarz ärgern.«

Ein spindeldürrer Aktenkofferträger bleibt auf der Schwelle der immer noch offenen Tür stehen. Scheint erschrocken über den Habitus und die Worte von Ambrosi. Vermeldet dann unsicher, seine Gesellschaft wolle die Asylbewerber auf Tbc untersuchen. Oder wäre schon eine andere Gesellschaft in diesem Heim gewesen? Das müßte er vorher wissen. Denn zwei Untersuchungen bezahle das Landratsamt nicht. Er versucht ein Lächeln.

Ambrosi schickt ihn in den Keller. Und bestätigt mir, daß selbstverständlich möglichst viele an den Asylbewerbern verdienen, etwas von dem Geld abfassen wollen, das der Staat für die Ausländer bereitstellt. »Mein Chef und seine Firma verdienen, und wir, die wir hier arbeiten, verdienen. Aber auch die Kommune schöpft ab, erhält eine höhere finanzielle Zuweisung, denn nun wohnen ja dreihundert Seelen mehr in Geisa. Nicht zu reden von den Malern und anderen Handwerkern. Sobald das letzte Zimmer fertig ist, fangen die mit dem ersten wieder an. Dann die Reinigungsfirmen, die Wäschereien ...«

Aber schon bald werde das alles zu Ende sein, der Job eines Chefs vom Asylbewerberheim wäre nichts für die Ewigkeit. »Vielleicht flüchten schon in fünf Jahren mehr Ausländer aus Deutschland, als neue hereinkommen.«

Deutschland sei für ihn kein Land der Zukunft. Er würde im

Sommer eine Türkin heiraten, eine Türkin aus Bulgarien. »Ich habe sie im Asylbewerberheim in Hinternah gefunden. Würde ich sie jetzt nicht heiraten, müßte sie zurück. Ihre Schwester ist schon abgeschoben.« Ich sei natürlich zur Hochzeit eingeladen. Er werde selbst Hammelfleisch braten. »Sie glaubt an Allah, also gibt es zur Feier Hammelfleisch.«

Und irgendwann würde er mit ihr nach Bulgarien gehen und dort eine eigene Wach- und Schließgesellschaft gründen. Für fünf Mark die Stunde könnte er sich erstklassige Offiziere als Wachleute leisten. »Und die werden mir, dem Boß, jeden Morgen einen Teppich vor der Tür ausrollen und den Kaffee, wenn ich das wünsche, linksherum rühren.«

Er setzt sich in seinen Mercedes. Der Wachmann Hamann öffnet vor ihm eilfertig das große Kasernentor und verschließt es danach wieder sorgfältig.

Heimspiel mit Kümmmerling

CDU-Frühschoppen am Sonntagvormittag in Schleid, nur einen Steinwurf vom Asylbewerberheim entfernt. Wie Geisa eine katholische Hochburg im ansonsten evangelischen Südthüringen. Ein Heimspiel für den Bad Salzunger Landrat, den Katholiken Stefan Baldus. Erst gemeinsamer Kirchgang, danach Ortsbesichtigung und gemeinsamer Einzug der Obrigkeit in die Dorfkneipe. Dort sitzen bei reichlich Bier und Kümmerling schon die jungen Leute, die am Sonntagvormittag wohl immer dort sitzen. Heute außerdem politisch Interessierte und die Kirchgänger, die ihre Gesangbücher auf die Fensterbretter gelegt haben.

Der Landrat sagt zur Begrüßung, daß er sich freut, als Katholik aus dem Westen unter Katholiken aus dem Osten zu sein. »Ich denke, daß damit auch die Ortsbestimmung West und Ost überflüssig wird. Wir sind alles Katholiken! Und hier nicht nur schlechthin eine Glaubensgemeinschaft, sondern auch ein Bündnis von Neumotivierten, von endlich Befreiten, von Menschen, die nun das neue Staatssystem mittragen, geworden ...«

Sofort nachdem der Beifall verebbt ist, schimpft einer, ohne ums Wort gebeten zu haben: »Herr Landrat, wie lange müssen wir diese Scheißasylanten in Geisa noch ertragen?«

Diese Frage hat der Landrat hier, nur einen Steinwurf von Geisa entfernt, wahrscheinlich erwartet. Er sammmelt Punkte, als er sagt, daß er persönlich vor einigen Tagen einen Asylanten vor dem Landratsamt beim Nummernschildbetrug erwischt und das Auto hätte einziehen lassen.

Danach reden die Frühschoppler sich heiß. Und an den Tischen, an denen Bier und Kümmerling reichlich fließen, schreit man: »Schmeißt sie endlich raus, diese Schmarotzer!« – »Laßt sie gar nicht erst rein!« Und ein älterer Mann, der zuvor betont, daß die katholischen Schleider schon in der DDR als »geschlossenes Bollwerk gegen den Bolschewismus« gekämpft haben, verlangt, daß Waffen an eine zu gründende Bürgerwehr verteilt werden müßten. »Dann klaut keiner mehr!«

Der Landrat versucht den schwierigen Akt der Balance. Er sei dafür, daß alle Straffälligen ausgewiesen werden, aber es gäbe unter den Asylbewerbern auch wirklich Hilfsbedürftige.

Ein bisher still sitzender Mann steht auf, als er redet. »Herr Landrat, ich habe in Schleid eine Pension. Dreimal wurde in den letzten Wochen eingebrochen, das heißt in die Autos der Gäste. Die kommen nie wieder her! Soll ich wegen der Asylanten meine Pension schließen? Die Polizei sagt: Tut uns leid, wir sind unterbesetzt ...« Wieder ruft einer dazwischen: »Ihr müßt bei der nächsten Wahl nur richtig wählen, dann brauchen wir die Polizei nicht mehr, dann machen wir das selber.«

Stefan Baldus bestätigt, daß es für diese Aufgaben zu wenig Polizisten gäbe. »Die Bundespolitiker jedoch begreifen das nicht, denn deren Villen werden gut bewacht, da bricht kein Asylant ein.«

Der Bürgermeister beklagt, daß er die Postmietbehälter, in

denen die Ausländer das Diebesgut nach Hause schicken würden, nicht mal von Amts wegen öffnen lassen dürfte.

Und der Landrat Baldus fordert, auch die Deutschen müßten endlich wieder ohne Vergangenheitsscham sagen können: »Es gibt eine organisierte Asylantenkriminalität!« Denn die beim Thema Asylanten lediglich von Humanität reden, die würden nicht in der Nähe von Asylbewerberheimen wohnen.

Ein junger, schon angetrunkener Mann: »Wir brauchen nur paar scharfe Dobermänner zu halten, dann ist hier Ruhe!«

Da steht der Landrat auf, er mißt gut zwei Meter und war zuvor Offizier bei der Bundeswehr, und sagt sehr laut: »Ich war neulich in Erfurt zum Fußball und stand mit Jugendlichen in Ihrem Alter in der Straßenbahn. Dort habe ich mich entschieden bedrängter und gefährdeter gefühlt als in einer Straßenbahn voller Asylanten!«

In die Stille hinein wechselt er das Thema, referiert über die Chancen des wirtschaftlichen Aufstiegs im Geisaer Gebiet.

»Wir sind bei dieser Veranstaltung in Schleid sozusagen unter Pfarrerstöchtern, da können wir offen miteinander über alles reden ...«

Im alten Pferdestall

Andreas Ambrosi und seine türkisch-bulgarische Freundin haben im Sommer geheiratet, und das traditionelle Hammelfesttagsessen hat er selbst gekocht.

Auf dem Küchenschrank liegt der Koran. »Aber meine Frau hält die Regeln, Marx sei Dank, nicht ein«, sagt Ambrosi.

Die siebenundzwanzigjährige, sehr schöne schwarzhaarige bulgarische Türkin lächelt, bedankt sich für meinen Blumenstrauß und sagt sehr leise und zu ihrem Mann aufschauend: »Ich liebe Andreas sehr. Ohne sein gutes Herz hätte ich nicht in Deutschland bleiben dürfen.« Und sie zündet ihm fürsorglich eine neue Zigarette an.

Jetzt müsse er sie nur noch überzeugen, sagt er leise, daß sie mit ihm nach Bulgarien gehe und dort auf ihren Namen einen privaten Wachdienst eintragen lasse. Er hat die fixe Idee immer noch im Kopf. Nein, sagt Ambrosi, das sei keine fixe Idee, er werde nicht in Deutschland bleiben ...

Nachdem er mir Kebaptschitschi – bulgarische Fleischklößchen – gebraten hat und wir eine Flasche roten Wein auf die Hochzeit getrunken haben, gehe ich in das neben seiner Wohnung stehende Asylbewerberheim. Laufe ziellos die Gänge und Treppen des Heimes auf und ab. Will an irgendeiner Tür klopfen, aber klopfe an keiner. Plötzlich stehen zwei junge Männer, dem Aussehen und ihrer Aussprache nach Rumänen, vor mir, rempeln mich an. Ich solle ein paar Zigaretten rausrücken. Sie versuchen, mich in den Schwitzkasten zu nehmen. Ein kleiner dunkelhaariger Junge, der noch sehr wacklig auf seinen Beinen steht, tappt den Flur entlang. Und nach ihm, mit jeder Hand zwei vollgepackte Lebensmittelbeutel schleppend, ein sehr großer, schlanker, kräftiger Mann. Er schreit die beiden an, die lassen los, grienen und verschwinden.

Ich danke dem Mann. Er verbeugt sich ein wenig, was wegen der herunterhängenden Arme komisch aussieht, und sagt: »Doktor Nagubalow aus Kabul in Afghanistan. Und das ist mein kleiner Mustafa, auf deutsch heißt das der Göttliche, und ... meine Frau.« Damit schiebt er mich vorwärts bis zur übernächsten Tür und bugsiert mich in das Zimmer.

»Meine Frau Mahid, auf deutsch der Stern, und meine Tochter Schabnan, auf deutsch der Tau. Schabnan ist neun Jahre alt. Eigentlich müßte sie in die dritte Klasse gehen.«

Die Frau kocht unaufgefordert Tee. Der Mann kramt Kekse aus einem der Lebensmittelbeutel. Das Mädchen legt sie auf den Teller, und Mustafa beginnt zu schmatzen.

»Seit wann leben Sie hier, Doktor Nagubalow?«

»Seit zehn Monaten.«

Zwei winzige Zimmer, die Betten stehen übereinander. Im Nebenraum lärmen Betrunkene.

»Ist Geisa Ihre erste Station in Deutschland?«

Er schüttelt den Kopf. Anfangs habe er bei seinem Bruder, der schon längere Zeit in Hamburg lebe, gewohnt. Der kleine Mustafa sei damals schwer krank gewesen, habe in einem Krankenhaus gelegen. »Trotzdem durften wir nicht in Hamburg bei dem Bruder bleiben, sondern mußten in das Asylbewerberheim Neustadt. Später Pößneck. Pößneck, das war früher ein Pferdehaus. Hundert Menschen, wo vorher fünfzig Pferde. Und nachts viele, viele kleine Insekten, Schaben. Sehr viele. Mahid und ich konnten nicht schlafen. Wir wachten, damit Schaben den Kindern nicht in das Gesicht laufen. Es gab eine Toilette für alle Menschen. Die Wasserdusche war für drei Stunden morgens und für drei Stunden abends aufgeschlossen. Ich wachte vor der Tür, wenn meine Frau in der Dusche.«

»Als was haben Sie in Afghanistan gearbeitet?«

»Ich war ein Doktor der Mathematik im Finanzministerium vom Präsidenten Nadschibullah. Meine Frau war eine Lehrerin.«

»Und weshalb haben Sie Afghanistan verlassen?«

1992 nach dem Rücktritt von Präsident Nadschibullah waren in Kabul die islamischen Mudschaheddins an die Macht gekommen. Und obwohl die demokratische Partei, der auch er angehörte, den neuen Herrschern die Gemeinsamkeit aller Afghanen vorschlug, hätten diese einen islamischen Staat errichten wollen und alle »europäischen sowjetunionfreundlichen Afghanen« verfolgt. »Nach ihrem Terror hatten wir in Kabul keine Schule mehr für meine Kinder, und meine Frau hatte keine Arbeit in der Schule. Und wir besaßen kein Haus mehr gegen den Winter. Wir waren nicht arm gewesen. Unser Haus war ein Haus mit zehn Zimmern.«

Die islamischen Extremisten hätten damals in Kabul alle Häuser der Mitarbeiter von Präsident Nadschibullah beschlagnahmt. Sie wären grausam von Haus zu Haus gegangen. Er hätte sich noch im Keller verbergen können, aber sie wären nicht auf der Suche nach ihm, sondern nach seiner Frau gewesen. »Die Kinder waren allein zu Hause. Und als die Kinder nicht sagten, wo Vater und Mutter sind, nahmen sie einen Topf heißes Wasser vom Herd und schütteten es Mustafa über den Kopf.«

Er zeigt mir die Narben der Verbrennungen ...

»Wie kamen Sie nach Deutschland?«

»Zuerst mußten wir an die Fluchthelfer 10000 Dollar bezahlen. Meine Geschwister, die in Deutschland leben, haben uns dabei unterstützt. Dann begann eine sehr lange Reise. Man brachte uns nach Usbekistan, später nach Moskau, dann nach Prag. Und endlich Deutschland.«

Damals sei er sehr glücklich gewesen. Frieden für sich und seine Frau. Und eine Schule für seine Kinder. »Aber hier weder Frieden noch Schule, nur so viel Haß auf uns« – er buchstabiert die Worte –, »auf uns stinkende Kameltreiber. Verzeihen Sie dieses schlechte Wort, aber mein Kopf ist in den Heimen in Deutschland schon schmutzig geworden.«

Als sie ihr Schicksal den deutschen Behörden schilderten und um Asyl für die Familie baten, habe man ihnen erklärt, daß Afghanistan kein Kriegsgebiet sei, niemand werde dort bei seiner Rückkehr verfolgt oder eingesperrt. »Aber weshalb ist unser ehemaliger Präsident Nadschibullah in die UN-Botschaft geflüchtet? Ich habe gesehen, wie islamische Rebellen Frauen, die Miniröcke trugen, die Brüste abschnitten. Ein Mann wie ich, ein Doktor, der eine Krawatte trägt, ist ein Feind des Islam. Eine Lehrerin ohne Schleier eine Hure.«

Er weint, der große, kräftige Mann. Zerrt einen neu gekauften und wohl noch nie benutzten Ranzen unter dem Tisch hervor und holt eine deutsche Muttersprache und Hefte heraus. In die Hefte sind krakelige deutsche Worte geschrieben, Zeile für Zeile immer die gleichen Worte: Mama, Papa, Baum, Himmel. Mama, Papa, Baum, Himmel ...

»Meine Frau übt jeden Tag mit Schabnan.« Sie wären doch nur deshalb nach Deutschland gekommen, damit die Kinder wieder die Schule besuchen können, aber nun ... Er steigert sich in seinen Zorn, je länger er die Hefte der Tochter durchblättert. »Ich nicht brauche dei Geld ... nicht dei Essen ... nicht dei Hemd ... Ich brauch nur dei Hilfe, daß meine Kinder in die Schule gehen können!«

Mustafa hat inzwischen alle Kekse aufgegessen. Schweigend trinken wir den Tee.

Frau Nagubalow sagt sehr leise: »Gestern hier um drei Uhr nachts die Polizisten sind gewesen auf dem Flur mit Hunden. In allen Zimmern suchten sie Diebe. Die Kinder schrien, als sie die Hunde sahen.«

Bevor ich gehe, sage ich, daß ich ihnen Lehrbücher der deutschen Sprache schicken werde.

1993

Die Nacht auf Kohlen

oder:

»Nur mit zwei Gesichtern kann man überleben«

Freitag früh würde ich Saratow erreichen. Eine Nacht und einen Tag mit dem Zug bis Kasan. Und von dort mit einem anderen Zug noch eine lange Nacht bis hinunter nach Saratow. So hatte ich es mir ausgerechnet, als mir Viktor Weitz, der Chefredakteur der deutschsprachigen Zeitung »Neues Leben« in Moskau, sagte: »Ankunft in Saratow ungefähr um sieben Uhr.« Von dort aus würde ich nur noch über die drei Kilometer lange Wolgabrücke laufen müssen und in Engels sein: in Engels, der alten Hauptstadt der 1941 auf Stalins Befehl liquidierten »Autonomen Sozialistischen Sowjetrepublik der Wolgadeutschen«.

Ich bilde mir ein, daß ich gut ausgerüstet bin für diese lange Reise. In meiner Tasche habe ich Brot, Zwiebeln, gekochte Hühner, Eier, Knoblauch, Messer, Tee, Zucker, Gläser und Pellkartoffeln verstaut. Und in meinem Notizbuch stehen die wichtigsten Informationen über die Wolgadeutschen: Nach 1763 kamen sie auf Einladung der Zarin Katharina II., um in Rußland kaum besiedelte Gebiete zu erschließen, erhielten dafür Religionsfreiheit, Selbstverwaltung, zinslose Darlehen … 1989 zählte man noch 2038603 Deutsche in der Sojus, rund 400000 waren in den dreißig Jahren zuvor schon nach Deutschland ausgewandert. Ihrer Anzahl nach stehen die Deutschen an 14. Stelle unter den Völkern der ehemaligen Sowjetunion. Jelzin unterstützt – so redete er beim Staatsbesuch in Bonn – die Wiederherstellung der Wolgadeutschen Republik.

Das sind die sicheren Fakten. Aber bereits beim Kurzbesuch in der Zeitungsredaktion »Neues Leben« (sie ist die einzige Zeitung der Deutschen) begann ich zumindest an meiner guten geistigen »Ausrüstung« zu zweifeln. Wahrscheinlich war sie veraltet, denn der Chefredakteur bereitete gerade eine Notstandssitzung vor. Weder der Nationalitätensowjet noch die Regierung unterstützen wie früher die Zeitung der deutschen Minderheit, neuerdings weigert sich sogar der zentrale Zeitungsvertrieb »Sojus Petschatii«, die 53000 Exemplare zu transportieren und an die Abonnenten zu verteilen. Und seitdem Jelzin die versprochene Wiederherstellung der Wolgadeutschen Republik (früher 20000 Quadratkilometer) auf 6000 Quadratkilometer vergiftetes Raketenversuchsgelände (auf dem auch die SS 20 vernichtet wurde) beschränkte, sieht Viktor Weitz darin einen Versuch der neuen Macht, die letzten Reste nationaler Identität der Deutschen in Rußland zu beseitigen …

Von Moskau bis Kasan friere ich. Der Waggon ist fast ungeheizt, draußen sind minus 15 Grad. Wir sind pünktlich in Kasan. Dort ist der Zug nach Saratow warm, aber mein Waggon ohne Licht. Vielleicht wird es bei der Abfahrt eingeschaltet.

Abfahrt. Der damals neunzigjährige, inzwischen gestorbene wolgadeutsche Dichter Dominik Hollmann hatte mir vor zwei Jahren erzählt, wie sie 1941 im August aus Engels abgefahren waren, damals, als Stalin sie alle in die Verbannung bringen ließ. »Ich war Lehrer an der deutschen Pädagogischen Hochschule in Engels. Meine Frau und ich versuchten, für uns und die vier Kinder das Nötigste mitzunehmen. Meine Bücher mußte ich zurücklassen, nur einen Duden steckte ich ein. Dazu Nahrungsmittel für vierzehn Tage. Und Winterkleidung. Die Leute sagten, daß in Sibirien – es war für uns das Land, wo man Mörder und andere Schwerverbrecher interniert hatte – bis 60 Grad Frost herrschen würde.

Die Fahrt dauerte vierzehn Tage und endete in Krasnojarsk. Wir hatten die halbe Welt gesehen. Aber es war die schrecklichste Reise, die ich je gemacht hatte. Alte Menschen und Kinder starben in den Waggons. Bei den kurzen Aufenthalten auf den Bahnhöfen hatten wir kaum Zeit, die Toten zu verscharren. Manche mußten wir nachts aus dem fahrenden Zug schmeißen. Eine Frau, deren Baby gestorben war, weigerte sich, das tote Kind herzugeben. Sie sprang, als wir über eine Brücke fuhren, mit dem toten Kind im Arm in den Fluß.

Den ersten Winter verbrachten wir in einem sibirischen Dorf in der Nähe von Krasnojarsk. Wir wurden von den Russen dort ohne Feindseligkeiten aufgenommen. Erst allmählich sprach es sich herum, daß wir Nemzy, Deutsche, Fritzen, waren, die wie Russen aussahen und wie Russen sprachen. Die Feindseligkeiten begannen, als die russischen Männer des Dorfes nicht mehr von der Front zu ihren Familien zurückkamen. Wenn der Briefträger im Dorf die Todesnachrichten austrug, wollten wir uns vor Scham in der Erde verkriechen. Und die Russen begannen, uns anzuspucken, mit Steinen zu beschmeißen, unsere Hütten anzuzünden, und die Kinder riefen, wenn sie uns sahen: ›Faschisten!‹

Später brachte man uns weiter hinauf in die unendlichen Fernen des Nordens, in die Republik der Komi. Tausende Kilometer gibt es dort nur Schnee und Wald und am Jenissej einige Hütten von Holzfällern und Jägern. Meine Frau war damals schon schwerkrank. Sie mußte mit den vier Kindern in einer Erdhütte vegetieren. Ich wurde im Januar 1942 zur Arbeitsarmee geschickt. Ich mußte Holz fällen. In dünnen Lumpen bei eisiger Kälte in den Wald hinaus. Und nur, wer die Norm schaffte, erhielt Brot und Wassersuppe. Wer zu schwach war und lediglich die halbe Norm erfüllte, bekam auch nur die Hälfte des Brotes und die Hälfte der Wassersuppe. Er wurde immer schwächer, erreichte nur noch ein Viertel seiner Norm. Da bekam er nur noch ein Viertel des Brotes und ein Viertel der Wassersuppe. So starben die meisten.

Aber nicht einmal in dieser allerschrecklichsten Zeit ist mir der Gedanke gekommen, auf den Sieg der Deutschen zu warten, zu hoffen, daß sie uns, ihre Landsleute, befreien. Wir waren Sowjetbürger, und wir haben nie die Hoffnung aufgegeben!

Meine Familie überlebte. Der Krieg endete mit unserem Sieg. Aber unser Jubel wurde immer leiser, bis er völlig verstummte. 1946 sagte der Kommandant in unserem Dorf: ›Ab sofort seid ihr wie alle anderen von der Wolga verbannten deutschen Verbrecher für immer und ewig Verbannte. Ihr müßt sofort eure Kisten und Koffer verbrennen!‹ Die Angst wurde unser Wächter ...«

Der Zug ist einer der schlechtesten, mit denen ich je in der Sojus unterwegs war. Zwar geht das Licht irgendwo hinter Kasan doch noch an, aber in dem Waggon der billigsten Klasse liegen die Menschen in allen Ecken und Enden; kein Platz unter der Decke und neben dem Fenster, der nicht in eine Koje verwandelt worden ist.

Neben mir eine zierliche blonde junge Frau, die versucht, sich in ungelenken Strickbewegungen zu üben, und über mir ein auf den ersten Blick bärbeißiger Mann, der wortlos und böse vor sich hin starrt. Dann jedoch beginnt er, seinen Rucksack auszupacken, legt Brot, Zwiebeln, Speck, Knoblauch und Wurst auf den Klapptisch, stellt Wodka daneben und lädt die blonde Frau und mich zum Essen ein. Sie holt zwei Eier, Kekse und Äpfel aus ihrer Tasche. Ich stapele meine Vorräte dazu, verteile Teekrümel in die Gläser, hole kochendes Wasser am Samowar.

Erst danach machen wir uns miteinander bekannt. Sie, Swetlana Ofetkina, ist Studentin am Musikkonservatorium von Wolgograd, möchte Dirigentin werden. (So sieht ihr Stricken auch aus.) Er, Jura, arbeitet als Forstingenieur in der Nähe von Omsk. Sie schweigt, erzählt lediglich, daß sie im Kirchenchor singt. Er dagegen berichtet von seinem Weg nach Hause. Nur mit dem Hubschrauber könne er sein Dorf erreichen. Geschichten, wie er Bären jagt, Fische fängt. Und 3000 Kilometer Holz könnte er verkaufen und drei Tonnen getrocknete Pilze, die hätten seine Mitarbeiter im vergangenen Jahr gesammelt.

Überall sitzen nun die zuvor einander noch unbekannten Menschen zusammen und essen und trinken und reden. Lange nach Mitternacht, als die meisten schon schlafen, suche ich die

Toilette am Waggonende. Mühsam, immerzu mit dem Kopf an nackte Beine oder herabhängende Arme stoßend, drängle ich mich durch die Schlafenden. Schweißgeruch und dann endlich der Kohlengasatem des noch brennenden Samowars. Die Schaffnerin, eine mürrische Frau um die Fünfzig, kehrt mit einem Rutenbesen den Gang. Die Toilette ist geschlossen. Ich versuche, in den nächsten Waggon zu klettern. Aber der Frost hat die Übergänge, die sehr steilen Bogenbrücken ähneln, derart vereist, daß ich Minuten brauche, um hinüberzukommen. Auch dort ist die Toilette zu. Ich muß so dringend, daß ich auf dem Rückweg über die Bogenbrücke durch einen der vielen Risse im ziehharmonikaähnlichen Verbindungsbalg pinkle. Der Zug hält. Durch einen Ritz sehe ich das Stationsschild »Uljanowsk« – Lenins Geburtsort! O Himmel, was bin ich für ein Gotteslästerer geworden.

Die Waggonschaffnerin wedelt immer noch mit dem Besen. Ich frage, wann genau wir am Morgen in Saratow sein werden. »Am Morgen überhaupt nicht, abends!«

Ich streite, in Moskau hätte man mir gesagt, um sieben Uhr sei ich in Saratow!

»Ja, ja – um sieben Uhr abends!«

Sprachlos lege ich mich in meine Koje. Was soll ich am Freitagabend in Saratow und Engels? Niemanden werde ich noch antreffen, keinen der russischen Bürokraten, die gegen die Autonomie sind, und wahrscheinlich wird auch das Büro der wolgadeutschen Vereinigung »Wiedergeburt« schon geschlossen haben. Freitagabend – so ein langsamer Zug!

Am Morgen weckt mich das langgezogene Hupen unserer Lokomotive, das wie die Sirene eines weit entfernten Schiffes tönt. Im Waggon riecht es nach süßlichem Desinfektionsmittel und dem Rauch von Heizung und Samowar. Schlangestehen vor der Toilette. Die Schaffnerin, sie hat Gummihandschuhe angezogen, schüttet immer wieder Eimer mit Wasser in diese enge Buchte, schrubbt fluchend den Boden. Das Klobecken hat keine Brille, dafür zwei Fußtritte. Ich bewundere die

Frauen, die sich ungekämmt und ungeschminkt in ihren Trainingsanzügen hineindrängeln und es zwischen rostigen Rohren, Haufen von benutztem Papier, Lachen von Wischwasser, Gummihandschuhen, Eimern und Schrubbern schaffen, daß sie frisch frisiert, geschminkt und in engen Röcken wieder herauskommen.

Swetlana strickt schon wieder, der Forstmann serviert die Reste des Nachtmahls, und ich spendiere wieder Tee, hole heißes Wasser vom Samowar. Die Waggonschaffnerin schürt die Glut der Ofenheizung. Sieht mich am Samowar und fragt unvermittelt: »Haben Sie Bonbons zum Tee für mich?« Ich schüttele den Kopf. Sie glaubt es nicht. »Sie kommen doch aus Deutschland, und die Deutschen dort haben alle Bonbons zum Tee.«

Das Frühstück ist für mich nicht mehr so unbeschwert wie das Nachtessen, denn mich plagt die Ungewißheit, wie ich, am Freitagabend ankommend, am Wochenende noch seriöse Informationen über die Probleme der Wolgadeutschen auftreiben kann …

Ich frage Swetlana und Jura, wie sie über ein autonomes Gebiet für die Wolgadeutschen denken. Die Studentin des Wolgograder Konservatoriums sagt: »Ich liebe die Musik der Deutschen. Wenn ich Bach höre, muß ich weinen.« Aber hier sei Rußland, weshalb also ein eigenes Land für die Deutschen?

Jura, der Forstmann, kennt die Wolgadeutschen, die noch rund um Omsk in ihren Verbannungsorten leben. »Sie haben dort den Wald gerodet, schöne Häuser errichtet, Musterfarmen für Pelztiere aufgebaut. Alles, was Russen nicht geschafft haben, das schafften die Deutschen! Und nun – wer würde künftig Neuland gewinnen, saubere Dörfer bauen, Musterfarmen entwickeln, wenn die Deutschen weggehen und alle wieder an die Wolga ziehen? Nein, solch gute Arbeiter läßt man nicht weggehen, egal ob in Sibirien oder Kasachstan!« Er polkt die letzten Krumen des Schwarzbrotes vom Tisch, beißt herzhaft in eine Zwiebel und sagt dann nachdenklich: »Eine Ausnahme

mit den Deutschen würde ich allerdings machen. Mal ange-
nommen, einige aus der Omsker Umgebung würden in unser
Dorf ziehen und eine kleine Fabrik bauen, in der wir unsere
Trockenpilze zu Beutelsuppen verarbeiten können. Also in
dem Falle wäre ich einverstanden, daß sie ihre eigene deutsche
Schule und eine deutsche Bibliothek bekommen.«

Ich frage: »Habt ihr wirklich drei Tonnen Pilze getrocknet?«

»Ja«, sagt er, »drei Tonnen!«

Die Schaffnerin unterbricht unser Frühstück, erklärt mir
umständlich, daß ich von meiner Koje aufstehen muß, räumt
dann das Bettzeug zur Seite. Ich verstehe nur »Ugol – Kohle!«
Sie hebt die Liege hoch, und ich traue meinen Augen nicht:
Der »Bettkasten« ist gefüllt mit Kohlendreck. Wanzen, Schaben und anderes Ungeziefer flüchten vor dem Licht.

Fluchend sucht die Schaffnerin aus dem Dreck die besten
Stücke, schmeißt sie in die Eimer, murmelt dabei: »Was ist das
noch für ein Leben!« Früher hätte man gute Steinkohle bekommen, heute dagegen diesen Dreck. Wie solle man damit
heizen? Manchmal würde sie vom eigenen Geld bessere Kohlen kaufen, damit der Waggon warm werde, denn wenn es hier
kalt sei, dann drohe der kontrollierende Oberzugschaffner mit
einer Anzeige, und die könne man nur abwenden, indem man
ihm ein Schweigegeld zahle. »So oder so! Ein Leben ist das
geworden in diesem Land!«

Sie zeigt mit ihren kohleschwarzen Händen auf die Fächer
unter der Decke, in denen sie das restliche Bettzeug in Bün-
deln verstaut hat. »Die Mäuse schlafen dazwischen, aber Mäu-
segift gibt es keines mehr. Nein, das ist kein Leben für einen
ordentlichen Zugschaffner.« Sie schließt meine Kohlenkasten-
Klappkoje und fragt noch einmal: »Haben Sie wirklich keine
Bonbons für den Tee? Was sind Sie bloß für ein Deutscher?«

Ich gehe durch den Waggon und frage die Leute, wie sie
über die Autonomie für die Deutschen denken. Und die Russen, die, so kenne ich das, bedächtig antworten, drumherum
reden, die schmeißen mir einfach Sätze an den Kopf.

»Die Steppe hat genug Platz, dort sollen sie hingehen, die Deutschen – aber uns in Frieden lassen.«

»Die Deutschen haben dem sowjetischen Volk nur Unglück gebracht, weshalb sollten sie uns was Gutes bringen?«

»Sie sollten dorthin zurückgehen, wo sie früher hergekommen sind: nach Deutschland!«

Unsere Schaffnerin tobt durch den Gang, verjagt mit dem Besen zwei Zigeunerkinder, die mit ihrer Mutter, nach Zigaretten bettelnd, im Waggon umherlaufen. Ihr Gesicht ist krebsrot, sie schreit: »Elendes Pack! Diebsgesindel! Einsperren sollte man euch!«

Ich frage weiter nach den Wolgadeutschen, und eine alte Frau mit geblümtem Kopftuch unterbricht die anderen, sagt, sie sollten gefälligst ruhig sein, ihre Weisheiten hätten sie doch nur aus den Zeitungen und von den alten Parteidemagogen, die nun hier um ihre Posten fürchten. »Aber ich stamme aus Marxstadt, aus der alten Wolgarepublik, bin eine Deutsche. Wißt ihr, wie man sich fühlt, wenn unser Stadtsowjet, wie kürzlich geschehen, über die Autonomie der Deutschen berät und die Diskussion über Lautsprecher in der ganzen Stadt übertragen läßt, und wenn man dann hört, wie die Deputierten die Einwohner aufrufen, die Brücken zu sprengen, die Straßen aufzureißen und die Bojen im Fluß zu zerstören, damit die Deutschen nicht einmarschieren können …«

Schweigen.

Dann die Schaffnerin: »Mein Bruder hatte Glück, seine Frau ist eine Wolgadeutsche. Im vorigen Jahr hat er sein Haus in Kamyschin verkauft und ist mit der ganzen Familie nach Deutschland ausgewandert. Und zu Weihnachten hat er mir schon ein Paket schicken können, ein Paket, in dem sogar viele Bonbons für den Tee waren … So reich ist er nun schon, dort in Deutschland.«

Swetlana, die Stille, hat ihr Strickzeug weggelegt und sagt plötzlich: »Ich bin leider nur ein reinrassig russischer Mensch. Und ob ich einmal einen deutschen Mann finde?«

Aber die Musik, frage ich, die Musik, das wird das Wichtigste im Leben sein?

Sie sagt: »Werde ich davon in diesem Land leben können?«

Jura, der Waldmensch, der alles praktisch sieht: »Genau darum geht es doch. Die wolgadeutschen Russen dürfen aus diesem Land weg, nach Deutschland auswandern. Aber wir anderen Russen, auch wir wollen besser leben. Und was soll dieses ganze dumme Gerede der Wolgadeutschen, daß sie ihr Deutschtum nicht verlieren wollen, deshalb zurückmüssen. Ums Ökonomische geht's, nur darum. Die sprechen kein Wort Deutsch mehr, wissen kaum, wer Goethe war. Das ist so, als ob die Nachfahren einer Spielmaus, die vor dreihundert Jahren mal im goldenen Käfig eines Bojaren[1] gelebt hat und danach in Feld und Wald wie andere Mäuse lebte, behaupteten, daß sie eigentlich Spielmäuse wären und ein Recht hätten, in den goldenen Käfig des Bojaren zurückzukehren.«

Die nächste halbe Stunde unterhält die Schaffnerin den Waggon. Sie schreit und rennt und zerrt die Zigeuner von einer Ecke in die andere. Droht, die Miliz zu holen. Angeblich hat sie gesehen, wie die Zigeunerin zwei Bettlaken stehlen wollte. Völlig erschöpft setzt sie sich später zu uns.

Ja, sie sei dafür, daß die Deutschen hier ihre eigene Republik gründeten. »Dann wird endlich wieder Ordnung im Land sein!« Später sagt sie sehr leise, als spräche sie mit sich selbst: »Aber vielleicht kann mein Bruder mich auch nach Deutschland holen. Gibt es in Deutschland auch Zugschaffner?«

»Ja«, sage ich, »aber nur ein oder zwei für einen Zug. Und außerdem … Wir haben keine Samoware in den Waggons.«

Keine Samoware? Wie könnten die Leute im Zug denn ihren Tee trinken?

Auf dem Bahnhof in Saratow übergibt sie die Zigeuner der Miliz. Auf mich wartet niemand. Ich drücke mich in den großen Hallen herum. Am Buffet gibt es Kwas. Im Videosalon

---

1 Bojar – (russ.) Hoher Adliger im alten Rußland.

den deutschen »Schulmädchenreport«. Mir hilft die Telefonnummer des Vorsitzenden der »Gesellschaft zum Kampf gegen Alkoholismus im Gebiet Saratow«. Ihn hatte ich 1989 besucht. Er ist zu Hause, ich bin (wie sollte es bei den Russen anders sein?) willkommen.

Es wird ein fröhlicher Abend. Nur meine ewigen Fragen nach der Wiederherstellung der Autonomen Republik der Wolgadeutschen stören Wladimir. Es sei doch alles klar, Jelzin sei vor zwei Wochen hier in Saratow und Engels gewesen und habe seine Freunde, die alten russischen Parteinatschalniks[1], beruhigt: »Nur wenn in einem Dorf oder einer Stadt mehr als 80 Prozent Deutsche leben, wird es eine deutsche Autonomie und Verwaltung erhalten.«

Ich widerspreche, sage, daß Jelzin beim Staatsbesuch in Bonn völlig anders geredet hätte.

Nun ja, winkt Wladimir ab, auch der hiesige Vorsitzende des Gebietssowjets, sonst ein Gegner der deutschen Autonomie, habe vor der Abreise zu Wirtschaftsverhandlungen in der BRD die »Rechte der Wolgadeutschen« begrüßt. »Und mein eigener Bruder, der Direktor des einzigen und größten Fleisch- und Eierbetriebes in Saratow, wollte in Deutschland eine Kläranlage kaufen. Aber natürlich hat er dort zuerst über die Autonomie für die Wolgadeutschen gesprochen!«

Als ich mich entrüsten will, öffnet Wladimir eine neue Flasche Kognak, schenkt ein, legt mir den Arm väterlich auf die Schulter und sagt: »Stell dir vor, Jelzin hätte in Deutschland gesagt, eigentlich bin ich gegen eine neue deutsche Wolgarepublik an der alten Stelle, aber ich brauche einige Milliarden für die Wirtschaft …

Wir haben unser ganzes Leben lang immer zwei Gesichter, zwei Meinungen gebraucht; eine offizielle und die persönliche. Nur mit zwei Gesichtern konnte man überleben. Das hat sich für uns Russen nicht geändert.«

1 Natschalnik – (russ.) Vorgesetzter, Chef.

190

Wir trinken schon Tee, aber ich sage immer noch wie ein kindlicher Trotzkopf: »Die Probleme der Wolgadeutschen, sie können nur gelöst werden, wenn sie ihre Heimat, aus der sie Stalin vertrieben hat, zurückbekommen.«

Wladimir: »Wir haben so viele Probleme in unserem Land, weshalb sollten wir ausgerechnet die der Deutschen sofort lösen?«

1991

Der Tag der Pförtner

oder:

»Hier ware wir de Faschiste und blejbe de Faschiste«

Die Wolgabrücke aus Stahl und Beton verbindet über 2736 Meter die Städte Saratow und Engels. Heute sind es zwei sowjetische Städte, aber bis zur Vertreibung der Wolgadeutschen im Jahre 1941 war Saratow das Zentrum des russischen Gebietes Saratow (das ist es heute noch), Engels jedoch die Hauptstadt der autonomen deutschen Republik an der Wolga. Ich will von Saratow aus nach Engels hinüberlaufen, doch als ich merke, daß außer mir niemand über diese Brücke geht und ich Hustenanfälle vom Gestank der Autoabgase bekomme, kehre ich schon nach 100 Metern wieder um.

Drei Autospuren, aber die mittlere ist frei, nur selten schert ein Fahrer aus und rast dort entlang (wehe, es kommt einer entgegen!). Ein Mann, der verwundert mein Experiment beobachtet hat, sagt mir, daß ein Bus nach Engels fährt. Aber wenn ich unbedingt laufen möchte, könnte ich über das Eis der Wolga spazieren. Doch ich traue dem kalten Frieden nicht, obwohl auf dem Fluß, wie schwarze Zecken im Fell eines Eisbären, Hunderte Menschen bewegungslos sitzen, Eisangler.

Ich frage den freundlichen Informanten, weshalb die Mittelspur der Brücke freigehalten und nicht zum Überholen genutzt wird. Das sei früher die Spur für die Parteichefs, die Miliz, den KGB, die Krankenautos, die Feuerwehr, die Funktionäre des Gebietssowjets und Kombinatsdirektoren gewesen. Inzwischen hätten Partei und KGB kein Recht mehr auf dieses Privileg, an ihrer Stelle würden heute die neuen Spekulanten auf dieser Spur fahren – zwar nicht offiziell, aber sie könnten die Strafe von 50 Rubel lächelnd bezahlen … Also, kurz gesagt, die Mittelspur sei die Spur der alten und neuen Obrigkeit!

Es ist Sonnabend, und ich weiß, daß alle Büros geschlossen sind. Deshalb wollte ich auch einfach hinüberspazieren in die ehemalige Republik der Wolgadeutschen, mit den »deutschen« Leuten sprechen (aber würde ich unter den 220 000 Einwohnern einen der 1100 Deutschen finden?) und auf die Meinung der Gebietsobrigkeit verzichten.

Vielleicht sollte ich aber doch versuchen, mit einem der Natschalniks zu reden. Einen politischen Bereitschaftsdienst wie früher wird es vielleicht noch geben.

Ich gehe also nicht über die Brücke, sondern zurück in die Stadt bis zum prunkvoll-protzigen Gebäude des Gebietssowjets. Die russische Fahne hängt schlapp am Mast, die Tür ist verschlossen.

Ich poche, und ein Mann mit runzligem Gesicht öffnet, fragt, was ich wolle. Ein Diensthabender für dringende Fälle sei hier, ob ich ein dringender Fall wäre.

»Ja«, sage ich, »ich bin ein Deutscher!«

Und welches Problem?

»Ich brauche einige Informationen, wie die Behörden von Saratow über die Rückkehr der Wolgadeutschen in ihre alte Republik denken.«

Er kneift die Augen zusammen, sein runzliges Gesicht sieht nun nicht mehr väterlich-gutmütig, sondern böse aus. Er kläfft mich an. »Scheren Sie sich zum Teufel!« Schiebt mich zur Tür, hält mich dort noch einen Moment fest und sagt: »Wissen Sie, ich habe den Krieg überlebt, bis Berlin bin ich gekommen, meine drei Brüder sind gefallen. Haben wir etwa dafür gelitten, daß man heute die Deutschen aus Sibirien und Mittelasien wieder hierherholt, damit sie das Land und die Posten besetzen?« Er sei nie für die Natschalniks, »diese jungen, schon dicken Bürokraten«, gewesen, er zeigt mit dem Daumen nach oben, aber er sei ihnen dankbar. Sie hätten ihn gewarnt und klipp und klar gesagt: »Wenn du für die Autonomie bist, wird im nächsten Jahr ein Deutscher hier in deiner Pförtnerbude sitzen, und du kannst als Arbeitsloser betteln gehen.«

193

Ich sage: »Aber Saratow gehörte nicht zur alten deutschen Wolgarepublik, nur Engels.«

Er winkt ab. »Wenn sie erst mal in Engels sind, werden die Deutschen auch hierherkommen. Das kennen wir.«

Auf dem Fensterbrett liegen alte Flugblätter.

»Für D-Mark lassen wir uns nicht kaufen!
Ihr Deutschen behaltet euer Geld,
und wir behalten unsere russische Erde!«

Ich fahre mit dem Bus über die Brücke nach Engels. Am Ende der Brücke steht ein überdimensionales Begrüßungsplakat: »Die UdSSR – ein Hort des Friedens«. Dahinter beginnt der Schmutz und das Grau von Engels. Die alten Häuser, manche in deutscher Fachwerkbauweise errichtet, zerfallen. Die Straßen bestehen aus notdürftig zugeschütteten Schlammkuhlen. An einigen früheren Geschäften, deren Fenster vernagelt sind, kann man mit Phantasie noch »Kolonialwaren« oder »Feine Konditoreiwaren« in deutscher Schrift entziffern. Sonst erinnert nichts mehr an die alte Hauptstadt der Wolgadeutschen, an die fünf deutschen Hochschulen, die elf technischen Schulen, Theater, Museen, Verlage ...

Ich frage Vorübergehende, ob sie deutscher Nationalität sind. Sie schütteln die Köpfe. Einer murmelt: »Die Deutschen liegen längst auf dem Friedhof. Und dort sollen sie bleiben.« Mir ist kalt. Ein anderer zeigt auf eine lange Schlange vor einem Geschäft: »Das dort machen die Deutschen.« Ich verstehe nicht, schaue mir die Leute vor dem Geschäft an. Sie schleppen Pakete mit Waschpulver heraus. Das Waschpulver heißt HENKEL, und HENKEL ist in deutschen Buchstaben geschrieben. Produziert in Engels.

Der Betrieb befindet sich an der von Schienen, Wärmeleitungen und Gräben zerschnittenen Peripherie von Engels. Im großen warmen Pförtnerzimmer sitzen drei Männer und zwei Frauen, plaudern, trinken Tee. Zwei gehören zum Betrieb, sagt der am Guckloch, die anderen würden sich hier lediglich auf-

wärmen. Er bestätigt, daß der Betrieb »gutes deutsches Waschpulver« herstellt. Sie hätten seit einem Jahr Ingenieure und
Leiter aus Deutschland im Betrieb. »Seitdem geht es aufwärts,
die Deutschen verstehen ihr Fach.« Auch einige wolgadeutsche Arbeiter, die in den letzten Jahren nach Engels zurückgekommen seien, habe man eingestellt.

Ich frage, ob es Probleme zwischen Russen und Deutschen
gäbe. Er verneint, und als ich konkret wissen will, ob man sich
nicht wegen der geforderten neuen deutschen Autonomie in
die Haare geraten würde, erläutert mir der Pförtner (»Ich bin
ein Russe«) seine Lebensphilosophie: »Die kleinen Leute, die
ordentlich arbeiten, haben keine Zeit und keine Lust, sich
unnütz miteinander zu streiten. Nur die Müßiggänger brauchen den Nationalitätenstreit und den Haß, damit sie das Gefühl haben, überhaupt etwas zu tun. In unserem deutsch-russi-
schen Betrieb hat auch keiner gestreikt, als in Saratow und
Engels viele aus Protest gegen die geplante deutsche Autonomie an der Wolga die Arbeit niederlegten.«

Iwan Kusin, Maurer in einem Baubetrieb, der jüngste der
Teetrinker im Pförtnerzimmer von HENKEL: »Wir haben
einen ganzen Tag lang keinen Handschlag gemacht, um unseren Betrieb vor den Deutschen zu retten.«

Der HENKEL-Pförtner widerspricht: »So viele Deutsche
werden nicht kommen, daß sie euch Maurern die Arbeit wegnehmen. Vielleicht wird euer Betriebsdirektor seinen Posten
los, aber ihr – überleg doch, wenn einige tausend Wolgadeutsche hierher übersiedeln, wie viele Häuser gebaut werden
müssen.«

Ich frage Iwan Kusin, wer den Streik im Betrieb organisiert
hat.

»Der Betriebsdirektor hat ihn angeordnet, und seine Mitarbeiter haben die Flugblätter verteilt.«

Ich frage, ob es häufig geschieht, daß der Betriebsdirektor
Streiks organisiert.

Nein, das sei das erstemal gewesen.

Ich bekomme einen Tee, dann verabschiede ich mich von den HENKEL-Pförtnern. In der Innenstadt stehen ungefähr hundert Leute zusammen. Sie tragen alle die gleichen Plakate: »Und wo ist die Heimat der Russen?« – »Kein Haus den deutschen Okkupanten!« In ihrer Mitte ein Galgen. Am Strick baumelt eine Strohpuppe mit der Aufschrift »Deutsche Wiedergeburt«.

Ich fliehe vor dieser Wirklichkeit zur Wolga. Versuche schüchterne Schritte auf dem Eis. Es hält. Gütige Stille auf dem endlosen Eisband. Ich laufe zuerst immer dicht am Ufer entlang, wage mich dann bis zu den Eisfischern, die wortlos, manchmal zwanzig oder fünfzig oder hundert Meter voneinander entfernt, vor ihren winzigen Löchern hocken. Eingemummelt in dicke Pelze, Filzstiefel und Fell-Schapkas ähneln sie bewegungslosen, geduldigen russischen Bären.

Mit selbstgebauten überdimensionalen Handbohrern, früher machte man das mit dem Beil, löchern sie das Eis und sitzen dann stundenlang auf selbstgebauten Klappstühlen davor. Im Gegensatz zu deutschen Flußanglern, die am liebsten jeden Spaziergänger ermorden würden, sind sie nicht wortlos, ja sogar froh über ein Plauderstündchen. Wodka zur Begrüßung.

Rote Nase, rote Backen, listige blaue Augen – Alexander Schuchow, beschäftigt in der Nudelfabrik. »Ab und zu nehme ich auch Nudelteig als Köder.« Gefangen hat er heute noch nichts. »Aber gestern, drei Stück, über einen halben Meter lang.« Nun, früher hätte man nur aus Freude geangelt, heutzutage jedoch … »Ich habe drei kleine Kinder und verdiene monatlich 845 Rubel. Das reicht für Kartoffeln, Brot und Milch – aber so ein halbmeterlanger Fisch, mal angenommen, ich würde wirklich einen fangen (Augenzwinkern), also der bringt auf dem Markt mindestens 600 Rubel, wenn nicht mehr.«

Später reden wir von den Wolgadeutschen. Alexander ist polowina-polowina[1], eine Hälfte Russe, eine Hälfte Kasache.

1 Polowina – (russ.) Hälfte.

Nein, er sei nicht gegen die neue Autonomie für die Deutschen an der Wolga. »Dagegen sind die alten Natschalniks, die um ihre Ämter bangen. Das können sie natürlich nicht ehrlich sagen, also hetzen sie das Volk auf.«

Und Jelzin?

»Ich habe ihn vor vierzehn Tagen persönlich gesehen. Er war in Saratow und Engels, und ich stand vor dem Geschäft, an dem er seine Autokarawane stoppen ließ. Er stieg aus, die Leute in der Schlange gafften, aber sagten nichts. ›Nun, was bedrückt euch?‹ – ›Die Preise, die hohen Preise‹, sagten die Leute. Und einer rief: ›Dabei gibt's im Geschäft genausowenig zu kaufen wie zuvor, Towarischtsch[1] Jelzin!‹ Da ging Jelzin, der gerade erst die Freigabe der Preise befohlen hatte, in den Laden. Der staatliche Geschäftsführer erschien eilfertig. Jelzin brüllte ihn an: ›Weshalb sind die Preise so hoch, du Wucherer! Wenn du nicht sofort die Preise herabsetzt, werde ich dich herabsetzen und entlassen!‹ Das Volk jubelte und applaudierte Jelzin. Das gleiche geschah bei einer Kundgebung, als Jelzin vor die Russen trat und verkündete: ›Beruhigt euch, liebe Landsleute! Es wird keine Stadt, kein Dorf an der Wolga eine deutsche Stadt oder ein deutsches Dorf werden, solange dort nicht 80 Prozent Deutsche leben!‹ Einer, der neben mir stand, grinste: ›Und wenn die Wolgadeutschen wie die Karnickel hecken, das schaffen die nie!‹ Hier wird jetzt nicht mit Waffen, sondern mit Worten aufgerüstet.«

Ich wage mich noch weiter aufs Eis, frage die anderen Eisfischer, wie sie über die Autonomie für Wolgadeutsche denken. »Was sollten wir dagegen haben, es ist noch genug Platz auf dem Eis der Wolga.« – »Unsere Feinde sind nicht die Deutschen, sondern die Fabriken, die ihre todbringenden Abwässer in den Fluß schütten.« Und einer rät mir das, was ich sowieso vorhatte (mein Kalugaer Freund Mischa besucht zur Zeit seine Mutter und seine Verwandten im 200 Kilometer ent-

1 Towarischtsch – (russ.) Genosse.

fernten Petrowsk): »Wenn Sie wissen wollen, wie die Russen wirklich über die Wolgadeutschen denken, müssen Sie in die Randgebiete fahren, hier in Saratow und Engels ist der Haß schon zu sehr geschürt worden.«

Am Sonnabendnachmittag fahre ich also mit dem Bus in die kleine, früher deutsche, heute russische Stadt Petrowsk an der Grenze zur alten Wolgarepublik. Ich suche lange, bis ich das Haus von Mischas Mutter finde. Im Haus jedoch entdecke ich die Wohnung sofort, denn die Familienfeier zu Ehren von Mischa, dem ältesten Sohn, ist schon in lautem Gange. Der Gesang ist an der Haustür zu hören und wird nur durch mein Erscheinen unterbrochen. Mischa stellt mir seine Familie vor: Wowa, den jüngeren Bruder, Soja, seine Frau, seine Mutter ... Er streichelt ihr liebevoll über das akkurat gebundene, dunkelblau glänzende Kopftuch.

Die Babuschka drückt mich vorsichtig. Ich sei der erste Deutsche in ihrem Haus nach jenem schrecklichen Sommer 1941. »Ich war damals Lehrerin, genau wie mein seliger Mann, und bevor die Deutschen abtransportiert wurden, brachten sie uns ihre Bücher, Tausende deutsche Bücher.« Später hätte sie noch einmal Deutsche in Petrowsk erlebt, Kriegsgefangene, die hier Häuser und eine Fabrik bauen mußten. Und nun ich ...

Es wird nicht mehr gesungen, es wird über die Deutschen diskutiert. Eigentlich diskutiert nur einer der Gäste, Nikolai, er ist der Direktor der hiesigen SIL-Filiale, jenes Moskauer Autokonzerns, der u. a. die Staatskarossen herstellt. »Man soll die Wolgadeutschen auf das Raketengelände schicken und nicht in ihre alte Heimat lassen, wo nun die Russen wohnen. Ober haben wir, die Russen, kein Recht auf eine Heimat?«

Wowa und Soja und selbst die Babuschka sagen: »Man muß das Unrecht wiedergutmachen, das man ihnen zugefügt hat. Sollen sie also gemeinsam mit uns wieder hier leben, wie früher.«

Am nächsten Vormittag spaziere ich allein durch die Stadt.

Die Glocken läuten zum Gottesdienst. Ich will in die Kirche, aber da sehe ich eine Frau, die vor einem kleinen Haus eine rote Nelke auf die Erde legt. Als sie mich bemerkt, will sie schnell weggehen. Ich spreche sie an. Sie ist vielleicht sechzig, aber ihr Gesicht noch faltenlos, die Augen schwarz und die Lippen noch natürlich rot.

Als ich sage, daß ich Deutscher bin, erschrickt sie, die Hände zittern. Dann sagt sie auf deutsch: »Guten Tag, ich heiße Maria Pawlowa.« Nein, sie sei keine Deutsche, sondern eine reinrassige Russin.

Die Nelke dort, frage ich, was hat sie zu bedeuten?

Sie schweigt erst lange, und dann spricht sie sehr schnell. »Mein Töchterchen Anna ist in Petrowsk gestorben, sie wird damals vielleicht vier Monate alt gewesen sein. Ihr Grab habe ich nie gefunden. Jetzt wohne ich in Wolgograd, einmal im Jahr, zum Geburtstag meiner Freundin, komme ich hierher.«

Marias Geschichte ist so lang, daß ich sie in wenigen Sätzen erzählen muß. Jeden Morgen und jeden Abend, wenn sie zur Arbeit gingen oder von der Arbeit kamen, marschierten die deutschen Kriegsgefangenen an ihrem Haus vorbei. Zuerst stand sie nur wie zufällig am Fenster, später wartete sie ungeduldig. An manchen Tagen lief sie mittags zur Baustelle und steckte einem der Gefangenen schwarzes Brot und gekochte Kartoffeln zu. Sie fand einen alten Lehrer, der ihr die deutsche Sprache beibrachte.

Der deutsche Kriegsgefangene hieß Helmut Schneider und war in einem Dorf bei Köln zu Hause. Als sie von ihm schwanger wurde, wollte sie das Kind behalten. »Ich bekam eine Tochter, wir nannten sie Anna nach seiner Mutter, und ich gab einen Russen, mit dem ich befreundet war, als Vater an. Wahrscheinlich hätte es nie jemand erfahren, wenn Helmut nicht drei Monate später mit seinen Kameraden nach Hause entlassen worden wäre. Denn er weigerte sich, zurückzugehen nach Deutschland, er wollte in Rußland bleiben und mich heiraten. Damals war Anna drei Monate alt. Die Nachbarn schleppten mich, als sie alles wußten, zur Wolga. Sie schmissen mich in das Wasser und drückten meinen Kopf hinunter. Die KGB-Leute haben mich gerettet, sie warfen mich halbtot auf ein Auto und brachten mich ins Lager. Zehn Jahre war ich dort. Das Grab meiner Tochter habe ich nie gefunden.«

Ich drücke aus Verlegenheit ihre Hand, und bevor wir uns verabschieden, sagt sie: »Mein russisches Volk ist gut und gastfreundlich und hilfsbereit. Aber wenn es an etwas glaubt und denkt, in diesem Glauben zu handeln, ist es grausam wie ein wildes Tier.«

Soja und die Babuschka haben ein großes Mittagessen vorbereitet. Und so, als müsse sie sich für die »Schickt-die-Deutschen-doch-in-die-Wüste«-Worte des SIL-Direktors entschuldigen, sagt Soja: »Wenn Sie möchten, können wir nach dem Essen eine wolgadeutsche Familie besuchen.« In ihrem Betrieb arbeite eine Deutsche als Ingenieur, Galja Reider. »Sie ist solch eine kluge, hübsche, fröhliche und fleißige junge Frau, näht alles selber, kocht schon wie eine Babuschka und ist still und bescheiden.«

Nach dem Essen klingeln wir bei Galja Reider. Sie öffnet. Große braune Augen, knabenhaft schlanke Formen unter der Kittelschürze, nackte Arme. Sie entschuldigt sich, sie sei zwar Deutsche, aber spreche schon nicht mehr deutsch. »Doch die Mutter wird sich freuen, deutsch zu sprechen.«

Ihre Mutter, Rosa, ist über sechzig. Sie habe sich die Sprache wie einen Schatz bewahrt, obwohl es in der Verbannung keiner wagte, deutsch zu sprechen. »Ich kenne heute Nachbarn, die aus der Wolgarepublik stammen und Angst haben, sich zu ihrer Nationalität zu bekennen.« Das sei nicht verwunderlich. »Nach 1955 mußten wir uns in dem sibirischen Dorf, in dem wir wohnten, jede Woche bei der Miliz melden. Wie die Mörder!«

Galja ist aufgestanden, wenig später kommt sie mit einem kräftigen schwarzhaarigen Mann und einer vielleicht fünfzigjährigen Frau in einem bunten, großblumigen Kleid zurück.

200

Maria Dirksen und Iwan Warkentin, beide Wolgadeutsche, wohnen mit den Reiders in diesem Haus der Uliza Krupskaja.

Über die Vergangenheit sprechen die Alten wenig. Um so mehr über ihre Sehnsüchte und Hoffnungen nach einer deutschen Gemeinschaft. »Wie sollen wir unseren Enkeln in die Augen schauen, wenn wir ihnen weder die Sprache noch die Tradition, nur die Bezeichnung ›Deutsche‹ im Ausweis und damit das Recht, nach Deutschland auswandern zu dürfen, gegeben haben«, sagt Galjas Mutter. »Ich möchte hier leben, zusammen mit anderen Deutschen, es müßte wieder deutsche Schulen geben, deutsche Universitäten.«

Auf dem Raketengelände?

Nein, der Mann winkt ab, die Erde dort ist vergiftet von Benzin und Heizöl, dort wächst nichts mehr. »Aber in der früheren Wolgarepublik, ich würde hier weggehen, mir dort ein Haus bauen.«

Die alte Rosa: »Ich möchte in meiner alten Heimat, in Dobrinka, begraben werden. Aber ich habe nun schon keine Kraft mehr, ein neues Haus zu bauen. Ich würde diese Wohnung hier verkaufen, wenn man mir dort ein neues kleines Quartier gibt.«

Sie sprechen nicht erregt und laut, sondern leise und müde. In jedem Satz spürt man ihre traurige Hoffnungslosigkeit. Die Frau im Blumenkleid: »Das ist kej Leben mehr, mir gucke nur noch, kaufe könne mer nichts. De Käse 30 Ruwel. Mir tun's uns nur noch quäle. De Stiefeel 3000 Ruwel, wir müssen Lappka flächte, mir Alte. De Junge könne vielleicht noch was beischaffen.« Nun habe sie ihre Ausreisepapiere schon in der Tasche, im nächsten Monat werde sie weggehen. Denn hier »ware wir de Faschiste und blejbe de Faschiste!« Nur Deutschland sei noch möglich.

Und ich wünsche ihr im stillen, daß dort niemand sagen wird: »Ihr seid die Russen und bleibt die Russen!«

Die schöne Galja schweigt. Erst als ich sie frage, sagt sie: »Was soll ich hier? Dreck und Wodka!« Aber allein, ohne die

Mutter in das fremde Land, nein. Vielleicht, wenn ein Mann aus Deutschland käme.

Es klingt wie »Da kam der junge Zarensohn und küßte Braunäuglein ...«

Und ich sage spaßeshalber: »Vielleicht kommt einer, der diesen Artikel liest!«

Sie lächelt. Geht. Kehrt außer Atem nach einer Viertelstunde zurück. Sie sei bei ihrer Freundin gewesen, die hätte das einzige Foto von ihr. Wenn ich schon über sie schreiben würde, müßte ich sie doch in Erinnerung behalten.

Soja und ich gehen zuerst schweigend nach Hause. Als wir an dem Betrieb vorbeikommen, in dem sie und ihr Mann arbeiten, erzählt sie, daß es ein Rüstungsbetrieb sei: Elektronik für Raketenantriebe. Aber nun gebe es keine Aufträge mehr. »Wir versuchen es jetzt mit kleinen, primitiven Waschmaschinen. Aber vielleicht sind wir im Sommer schon alle ohne Arbeit. Sie müssen es richtig verstehen: Weshalb sollte ausgerechnet für die Wolgadeutschen diese Welt gerecht sein?«

Die Babuschka hat in der Zwischenzeit viele Seiten eines alten Rechenheftes vollgeschrieben. »Vielleicht brauchen Sie es, es sind meine Erinnerungen, als ich Lehrerin in den Dörfern der Wolgadeutschen war.«

Mühelos lese ich die saubere, akkurate Schrift: »Die Einwohner dort haben gut gelebt. In jedem Hof stand eine Kuh, es gab Schafe und Schweine. Sie haben für sich selbst geschlachtet, selbst Wurst gemacht und Fleisch gepökelt. Sie machten Butter und Wolle, das verkauften sie an die Russen. Und die Russen gaben ihnen Wodka dafür. In die Kirche gingen sie nicht zusammen, aber sonst verstanden sich die Russen und Deutschen sehr gut ...«

1991

Die Erben der Öfen

oder:

»Das ist der Bengel von dem Kriegsverbrecher!«

Auch im Krematorium, in dem die zwei dreimäuligen Verbrennungsöfen stehen, war es an diesem Februarmorgen hundekalt, und die jugendlichen Besucher des ehemaligen Konzentrationslagers Buchenwald zogen ihre bunten Anorakkapuzen über den Kopf. Der »Museumsführer«, ein wohl über zwei Meter großer Mann, der in seinem bis zur Erde reichenden schwarzen Mantel einem Prediger ähnelte, erklärte die Öfen.

»Was Sie hier sehen, das sind noch die Originalöfen der Firma Topf. Ähnliche Modelle errichtete die Firma unter Leitung des Ingenieurs Kurt Prüfer auch in Auschwitz, Dachau und Mauthausen. Die Parameter des Dreimuffelofens, damals technologischer Höchststand, garantierten die Einäscherung von rund dreihundert Menschen in 24 Stunden. Damit die ausgemergelten Häftlingsleichen besser brannten, 70 Prozent hatten weniger als 50 Kilo Körpergewicht, wurde Öl aus diesem Tank – ebenfalls ein Topf-Patent – zugesetzt. Und um Brennmaterial zu sparen, sollten die Krematoriumshäftlinge möglichst eine noch gut genährte männliche Leiche zusammen mit der einer abgemagerten Frau oder der eines Kindes in den Ofen schmeißen. Die Firma Topf, hier an den gußeisernen Verschlußdeckeln erkennen Sie deutlich das Markenzeichen, hatte ihren Sitz in Erfurt ...«

Ich fragte den Mann im langen schwarzen Mantel, ob der Betrieb noch existiert. Er nickte. Nach dem Krieg hätte sich Ludwig Topf, einer der Besitzer, erhängt. »Sein Bruder, Ernst Wolfgang Topf, flüchtete, noch bevor ihn die Sowjets verhaften konnten, nach Westdeutschland. Dort erhielt er als angeblich zu Unrecht enteigneter Unternehmer eine neue Gewerbeeintragung im Handelsregister, und 1950 ließ er durch seinen Ingenieur Klettner ein Topf-Patent mit dem Titel ›Verfahren und Vorrichtung zur Verbrennung von Leichen, Kadavern und Teilen davon‹ anmelden. 1963 löste er die Firma auf … Der Erfurter Betrieb, inzwischen in ›Erfurter Mälzerei und Speicherbau-EMS‹ umbenannt, produziert an alter Stelle Speichersilos, Tanks und Mälzereiausrüstungen.«

Udo Braun, der Geschäftsführer von EBM, bestellt mich nach 21 Uhr in sein Büro. Tagsüber hätte er keine Zeit für Gespräche über die Vergangenheit. Das alte Verwaltungsgebäude ist hell erleuchtet, die Eingangstür steht offen, aber innen ist alles kafkahaft still. Die Büros sind verschlossen. Auch das von Braun. Endlich ein Husten im Erdgeschoß. Ein älterer Weißbekittelter, dem die wenigen Haarsträhnen wirr ins Gesicht hängen, läuft zu dieser Nachtstunde immer noch zwischen Reißbrett, Computer und Zeichnungen hin und her.

Ich frage ihn, ob er schon zu Zeiten der Gebrüder Topf im Betrieb gearbeitet habe.

»Nein, erst seit 1948. Aber wir hießen damals noch Topf. Nagema Topfwerke. Später beschloß die neue Macht, den belasteten schlechten Firmennamen durch einen guten, fortschrittlichen zu ersetzen. Und wir erhielten den Ehrennamen des gegen die Militärdiktatur kämpfenden griechischen Kommunisten Nikos Belojannis und bildeten außerdem als internationalistische Hilfe fünfzig griechische Lehrlinge bei uns aus.«

(Was der zerzauste Konstrukteur der Speicher nicht wissen konnte: Nachdem der Konstrukteur der Verbrennungsöfen, Ingenieur Kurt Prüfer, am 4. März 1943 die fünf Dreimuffelöfen in Auschwitz II eine Woche lang trockenfeuern ließ und am 13. März Ingenieur Karl Schultze die von ihm bei Topf entwickelte Be- und Entlüftung der Gaskammern 15 Stunden lang getestet hatte, wurden in der darauffolgenden Nacht im ersten Großversuch 1492 Juden aus Kraków mit Zyklon B vergast. Und wie vorgesehen in zwei Tagen eingeäschert. Eine

204

Woche später folgte der zweite Ofen-Test mit 2191 Juden aus Griechenland.)

»Als die ›Belojannisse‹, wie man uns nun spöttisch in Erfurt nannte, hatten wir offiziell den Schlußstrich unter die Topf-Geschichte gezogen. Und unsere Ingenieure Prüfer und Schultze und der ehemalige Betriebsleiter Gustav Braun saßen, wegen Kriegsverbrechen zu je 25 Jahren verurteilt, schon in sowjetischen Lagern.«

Ich frage, ob dieser Gustav Braun mit dem jetzigen Geschäftsführer Udo Braun verwandt sei.

»Das war der Vater von Udo Braun. Der Udo kam 1950, zwei Jahre nach mir, als Lehrling in den Betrieb.«

Der heute neunundfünfzigjährige Udo Braun schenkt mir wenig später Kaffee aus einer Thermoskanne ein und entschuldigt sich für den nächtlichen Gesprächstermin. Tagsüber müsse er jede Minute für den Betrieb nutzen. »Fünfundsiebzig von früher siebenhundert Beschäftigten arbeiten noch hier. Zusammen mit drei Westdeutschen bin ich Gesellschafter des Betriebes geworden. Habe all mein privates Vermögen verbürgt ...«

Das interessiert mich im Moment weniger als die Öfen. Ich frage nach seinem Vater.

»Viel weiß ich auch nicht. Als der Vater verhaftet wurde, war ich neun Jahre alt. Und nach Vaters Entlassung im Jahre 1955 sind die Eltern sofort in die BRD umgesiedelt. Drei Jahre später starb der Vater. In seinem Tagebuch habe ich nur eine Eintragung über die Zeit während und nach dem Krieg gefunden: ›1946 bis 1955 Luftveränderung – Sowjetunion‹.« Udo Braun berichtet darüber nicht zögerlich und leise, sondern schnell und bestimmt.

»Ich klaute als Kind alles, was nicht niet- und nagelfest war. Tauschte Kohlen gegen Brot und Schrauben gegen Kartoffeln. So überlebten die Mutter, mein kleiner Bruder und ich. Das heißt körperlich. Seelisch war es schwerer. Da galt man eben als einer, dessen Vater sitzt! Trotzdem begann ich die Lehre hier im Betrieb. Einige geiferten: Das ist der Bengel von dem

Kriegsverbrecher! Andere Kollegen klopften mir auf die Schulter und sagten, ich solle nichts auf den Vater kommen lassen, der sei kein schlechter Mensch gewesen ... Aber niemals werde ich den Tag vergessen, an dem ich zum erstenmal die Öfen in Buchenwald sah. Die Bustüren wurden hinter uns verschlossen, damit niemand einsteigen konnte, bevor er alles gesehen hatte. Ich stand wie erschlagen im Krematoriumsraum. Bildete mir ein, daß die Öfen noch warm wären. Roch den widerlichen Rauch der verbrannten Leichen. Aber instinktiv und unausgesprochen legte ich tief in mir trotzdem eine Schutzhülle um das Bild des Vaters.

Als ich ausgelernt hatte, ging ich zur Wismut ins Uran-Bergwerk. Dort erfuhr ich von der Entlassung des Vaters. Wollte sofort nach Hause. Meldete mich beim sowjetischen Schachtleiter und erzählte ihm alles. Das von den Öfen, vom Lager und von der Heimkehr. Und da sagte der: ›Wissen Sie, Herr Braun, mein Vater und meine Mutter sind von den Deutschen umgebracht worden.‹ Und dann fragte er: ›Sie lieben die Sowjetunion wahrscheinlich nicht, denn schließlich mußte Ihr Vater dort zehn Jahre im Lager verbringen?‹ Ich habe allen Mut zusammengenommen und geantwortet: ›Nein, ich liebe sie nicht.‹ Da nickte er und meinte, es wäre widernatürlich, wenn ich anders denken würde. Aber es sollte irgendwann Schluß sein mit dem Haß. Und er entschied stehenden Fußes, daß ich sofort nach Hause dürfe, besorgte mir eine Fahrkarte und bepackte mich mit Lebensmitteln ... Nach diesem Erlebnis bin ich in die Gesellschaft für Deutsch-Sowjetische Freundschaft eingetreten.«

Ich frage Udo Braun, was er heute über die Topf-Verantwortlichen für die Verbrennungsöfen und die Be- und Entlüftung in den Gaskammern denkt.

Nun überlegt der Geschäftsführer doch sehr lange und antwortet zögerlich: »Ich müßte sie mit meinem heutigen Wissen verurteilen. Aber ich weiß inzwischen auch, wie anfällig der Mensch für Böses ist und wie oberflächlich seine Moralprinzipien, seine Kultivierung sind. Nehmen Sie als Beispiel die Geschichte mit den angolanischen Arbeitern in unserem Betrieb. Bis 1989 waren sie unsere Freunde und Klassenbrüder. Aber schon 1990 hat man sie gejagt! Hier in diesem Betrieb! Die gleichen Leute haben sie gejagt, die zuvor mit ihnen bei sozialistischen Brigadefeiern auf die ewige Freundschaft angestoßen hatten.«

Vor ungefähr einem Jahr, erzählt der Geschäftsführer, sei Frau Dagmar Topf, die fünfzigjährige Schwiegertochter von Ernst Wolfgang Topf, aus dem Westen kommend, plötzlich im Betrieb aufgetaucht. »Die Dame will für die in aller Welt verstreute Topf-Familie das angebliche Erbe zurückholen. Den Betrieb. Und die Topf-Villa samt 20 000 m² Park. Millionenwerte.« Rechtlich ständen die Chancen für die Topf-Erben wegen der Enteignung als Kriegsgewinnler-Firma sehr schlecht. Und moralisch?

»Seitdem ich beispielsweise begriffen habe, daß wir zum Überleben unseres Betriebes soviel Geld wie möglich, und egal woher, auftreiben müssen, denke ich über Geld und Moral getrennt nach.« Das hätte er in dieser Gesellschaft als Gesellschafter zuerst lernen müssen. Doch was die Moral beträfe, es gäbe in der Familie Topf einen Journalisten, der die Erbansprüche aus moralischen Gründen ablehnen würde ...

Ich treffe den einundsechzigjährigen Hartmut Topf im RIAS-Funkhaus, und er zeigt mir einen Brief, den er vor vier Wochen als ersten Rundbrief seines Lebens verschickt hat. »Liebe Cousinen, liebe Cousins und Familien ... Diejenigen Nachfahren des Großonkels, die sich in die Geschäfte mit den Nazis verwickelten und dabei viel Geld verdienten, sind alle tot ... Ich finde, hier sollten keine nachgeborenen oder in die Familie eingeheirateten Personen Ansprüche anmelden ... Wenn überhaupt Geld aus der Immobilie flüssig gemacht werden kann, sollte es der Wiedergutmachung dienen, sollte zur Versorgung und Therapie von Opfern mit Spätfolgen der Verfolgung und des Lagerterrors verwendet werden ...«

Nach einem Monat hat noch niemand auf seinen Brief geantwortet.

Trotz der Kälte im Krematoriumsraum hatten einige der jungen Leute ihre bunten Anorakkapuzen wieder heruntergestreift. Standen barhäuptig vor den Öfen, zwischen denen Kerzen brannten, Blumen welkten und Steine der Juden aus Israel lagen. Der Mann im langen schwarzen Mantel erzählte, daß ein Sinti eine Zigarette angezündet und sie schweigend in einen der Verbrennungsöfen gelegt hätte. »Und Elie Wiesel, der Nobelpreisträger, fragte hier, wo die Spuren der Verbrannten zu finden sind. Und er zeigte hinauf zum Himmel ... Es gibt aber auch noch andere Spuren. Die Asche, als Dünger auf den Äckern rings um das Lager verstreut ...«

Damit ließ er die jungen Leute allein.

Auf dem Parkplatz vor dem Lager standen die ersten Busse und Besucherautos. Daneben zwei Streifenwagen der Polizei. Aus dem dritten stieg eine junge Polizistin mit Kakaoflasche in der einen und Brötchentüte in der anderen Hand. Seitdem im vergangenen Jahr die jugendlichen Neonazis in Buchenwald aufmarschiert wären, hätte das Innenministerium hier eine ständig besetzte Polizeistation eingerichtet.

Die flache Baracke mit der neuen Türaufschrift POLIZEI wurde erst kurz vor der Befreiung von den Häftlingen gebaut und sollte der SS als Büroraum dienen ...

1993

Der blonde Thüringer

oder:

»Die Südtiroler in Italien sind stolz auf ihr Deutschtum!«

Die Thüringer Verfassungsschützer sitzen im Erfurter Hochhaus der Mikroelektronik-Firma »THESYS«. Ein freundliches »Willkommen« hängt an der kunstvoll mit stilisierten DDR-Mikrochips verschönten Wand. Aber das darf man nicht wörtlich nehmen. Die Pförtnerin muß einen Wachhabenden herunterrufen, der mit mir im separaten, ansonsten gesperrten Fahrstuhl nach oben in die Verfassungsschutzzentrale fährt. Am Fahrstuhl steht, daß es verboten ist, die Räume des Verfassungsschutzes mit Videorecordern, Computern, Diskettenlaufwerken und Radios mit Kassettendeck in der Tasche zu betreten.

Bevor wir nach oben fahren, will der Wachmann meinen Ausweis sehen. »Ich muß schließlich kontrollieren, ob Sie ein anständiger Deutscher sind.«

»Sieht man am Ausweis, ob ich ein anständiger oder unanständiger Deutscher bin?«

Er nickt.

Sein Chef, der oberste Thüringer Verfassungsschützer Helmut Roewer, sieht nicht wie ein verbeamteter »anständiger Deutscher« aus. Wirre Haarmähne, verwaschenes T-Shirt, Jeans und Jesus-Latschen. Er meint, daß von den drei zur Wahl in Thüringen angetretenen rechtsradikalen Parteien, wenn überhaupt, lediglich die DVU eine Chance besitzt, in den Landtag einzuziehen. Sie hat etwa zweihundert Mitglieder. Die genaue Zahl weiß allerdings nicht einmal der »Geheimdienst«-Chef Helmut Roewer, denn die Mitgliederdatei kennt nur der millionenschwere Verleger und DVU-Chef Gerhard Frey in München. Dessen Geld ermöglicht es der Partei, Wahlwerbebriefe an alle Haushalte zu schicken und die Straßen, gleich den großen Parteien, mit Plakaten zuzukleben.

Der Herr Frey dulde kein politisches Talent neben sich, kein Mitdenken. »Die Marschrichtung kommt aus München, und danach marschieren auch die Gefolgsleute in Thüringen.«

Spitzenkandidat ist der Bauunternehmer Otto Reißig, jener DVU-Mann, der in Frauenwald bei der Bürgermeisterwahl nur knapp unterlegen war.

Aber am gefährlichsten operiere zur Zeit die NPD. Aus der Partei für die alten Kameraden ist eine »Jugendpartei« geworden. In Thüringen hat sie in den letzten zwei Jahren über zweihundert junge Mitglieder bekommen. »Sobald extreme neonazistische Splittergruppen verboten werden, flüchten die jungen Leute in die schützenden Arme der NPD, der ordentlich zugelassenen Partei, und nutzen die Infrastruktur der NPD, um dort – eine Partei ist ungleich schwerer zu verbieten als eine Gruppierung – legal ihre früheren illegalen Ziele zu verfolgen.«

Die Partei ist in Thüringen bereits so stark und gut organisiert, daß sie in kürzester Zeit fünfhundert junge Neonazis zu Demonstrationen oder anderen Aktionen versammeln kann. Das schaffen die linken Autonomen wegen der fehlenden Zentrale nicht.

Die Parolen der NPD: »Ausländer klauen den Deutschen die Arbeitsplätze.« – »Banken und Schlüsselindustrien in Deutschland verstaatlichen!« – »Die wirtschaftlichen und wissenschaftlichen DDR-Eliten, die Opfer der Wende wurden, müssen wieder Verantwortung erhalten!«

Durch die jungen Leute hat sich die Ideologie in der NPD verändert. »Noch vor wenigen Jahren war es beispielsweise ihr Ziel, mit Hilfe von Wissenschaftlern zu behaupten, daß in Auschwitz nur an Krankheit verstorbene Häftlinge verbrannt worden sind. Man leugnete die Verbrechen der Nationalsozialisten. Mit diesen Leuten konnte man noch diskutieren. Heute, wo junge Leute die Öffentlichkeit kaum noch mit ihren Flegeleien schocken können, ist es cool, zu sagen: ›Natürlich haben sie in Auschwitz Millionen vergast und verbrannt! Aber das war gut so! Es war gut für Deutschland!‹ Die Schockwirkung beim Gegenüber ist nicht mehr zu steigern. Und mit diesen grinsend triumphierenden Leuten ist nicht zu diskutieren.«

Seine Generation der 68er hätte sich nicht mit dem Faschismus identifizieren können, weil die Väter die Faschisten waren. »Nun aber sind die Opas die Faschisten. Und Opas sind freundliche, gutmütige Begleiter der Kindheit gewesen.«

Ich frage Roewer, ob er mir die Adressen der Thüringer Landeschefs von NPD, Republikanern und DVU geben könne. Ich will mit deren Spitzenkandidaten sprechen.

»Sie werden nicht antworten. Die meiden das Licht der Öffentlichkeit wie die Nachteulen.«

Republikaner und NPD antworten nicht. Vom DVU-Vorsitzenden Gerhard Konrad erhalte ich unter einer Arnstädter Postfachnummer einen freundlichen Brief. »Sie sind mir als Schriftsteller bekannt, wie auch Ihre politisch konträre Einstellung zu nationalen Parteien ... Nach einigen Überlegungen habe ich mir dennoch vorgenommen, Sie hinsichtlich Ihrer Recherchen zu unterstützen ... Sie erhalten die Namen und Wohnorte der Kandidaten für die Landtagswahl. Auch kann ich mit Partei- und Wahlprogramm dienlich sein, doch Termine für Wahlveranstaltungen würde ich erst unmittelbar davor nennen, durch frühzeitiges Bekanntwerden hätten wir erfahrungsgemäß Probleme mit linksautonomen Chaoten zu erwarten ...«

Über die im DVU-Briefkopfbogen angegebene Handynummer erhalte ich später auch die genaue Anschrift und die Telefonnummer von Otto Reißig.

In Frauenwald hängen vor der Landtagswahl nur DVU-Plakate mit dem Konterfei von Otto Reißig. Blond ist er. Blauäugig? Ich habe versäumt, ihm in die Augen zu schauen. Vor dreißig Jahren, in seiner legendären Berliner Zeit, hatte man ihn »den blonden Thüringer« genannt ...

An einem Augusttag ist er, der Bauunternehmer und Thüringer DVU-Spitzenkandidat Otto Reißig, nicht unterwegs, um Wahlplakate im Ilmkreis zu kleben. (Mit LKW und ausziehbarer Aluminiumleiter hängt er sie so hoch, »daß die Linken sie schlecht wieder herunterreißen können«.) Der untersetzte, etwa fünfzigjährige Mann wartet auf mich im Garten seines Hauses.

Vorsorglich, sagt er, wegen des Hundes, der laufe sonst frei im Garten herum. Das sei nötig, seitdem sich linke Chaoten bis zu seinem Grundstück vorwagen.

Als er mich zur Gartenpforte hereinläßt, schaut er auf die Uhr und lobt mich überschwenglich. »Sie sind auf die Minute pünktlich.«

Pünktlichkeit ist eine Tugend, auf die »wir Deutschen stolz seien können«. Überhaupt sei die Zeit reif, daß die Deutschen wieder stolz auf ihre Nation sind. Wir seien schließlich die Zahlmeister für halb Europa, hätten mit der EU und dem Euro solche Armeleute-Länder wie Italien und Griechenland am Hals, müßten für die mitblechen. »Zahlen dürfen die Deutschen, aber wehe, sie sind auch noch stolz, Deutsche zu sein! Wer verbietet beispielsweise den Franzosen, stolz auf Frankreich zu sein?«

Aber die Deutschen sind, so Otto Reißig, nach dem letzten Krieg eben nur fremdbestimmt gewesen. »Die in Bonn von den Dollars aus den USA. Und wir, also, wenn wir in Frauenwald ein Buswartehäuschen bauen wollten, mußten wir das in Suhl beantragen, in Berlin genehmigen und schließlich in Moskau bestätigen lassen.«

Als wir in das Haus hineingehen, sagt er vorsorglich, daß er nichts gegen Ausländer habe. »Das heißt, nichts gegen Ausländer, die ihre Steuern hier ordentlich bezahlen. Ich gehe auch beim Italiener und beim Griechen essen. Trotzdem brauchen wir einen gesunden Anteil der Ausländer zu den Deutschen, und diesen Anteil muß das deutsche Volk selbst bestimmen können.«

Er vertraue dabei auf das Volksempfinden. »In den etablierten Parteien wird wieder gestunken und gelogen. Aber die Ostdeutschen hinterfragen die Politik, und deshalb werden sie die einzige Partei wählen, die nicht lügt, bei der Wort und Tat noch übereinstimmen, die DVU.«

Das sei in Frauenwald deutlich geworden. Er wäre fast Bürgermeister geworden – nur zehn Stimmen weniger als Ortsbrandmeister Kurt Wagner –, weil die Menschen der DVU vertrauen. (Zuvor hatte die CDU-Kreistagsabgeordnete in einem an alle Frauenwalder verteilten Brief die Wähler aufgefordert, für den DVU-Mann Reißig zu stimmen.)

Ich sage, daß mir der Wirt einer Frauenwalder Gaststätte erzählt hat, daß die Frauenwalder nicht die DVU oder die Neonazis, sondern Otto Reißig gewählt haben. »Auch weil der oft am Stammtisch sitzt und sich nicht lumpen läßt, wenn eine Runde bezahlt werden muß.«

Otto Reißig widerspricht heftig. Es sei nicht das Freibier gewesen, sondern die Politik der DVU.

Also zur Politik der DVU:

Mehr Volksabstimmungen zu wichtigen Lebensfragen in Thüringen.

Kein Abgeordneter – und erst recht kein Bundeskanzler wie Schröder bei VW – darf im Vorstand eines Unternehmens sitzen. »Denn wes Brot ich ess', des Lied ich sing'.«

Ehrlichkeit bei der Beurteilung der deutschen Geschichte. Krieg ist Krieg, aber Auschwitz ist nicht gleich die deutsche Wehrmacht. »Oder behaupten Sie etwa, daß Ihr Vater als Soldat der deutschen Wehrmacht ein Verbrecher war?«

Die DVU verlangt, daß kriminelle Ausländer abgeschoben werden und es keinen Freigang für deutsche Verbrecher im Gefängnis gibt, statt dessen Schutz der Bevölkerung.

Er persönlich findet Karl Marx gut. »Die Ökonomie des Kapitalismus, die er entwickelt hat, ist richtig. Das Kapital bestimmt immer noch, wo es in der Gesellschaft langgeht.«

In dieser Sache spreche er wie die PDS. Ansonsten wären die alten SED-Leute das Hinterletzte …

Ich frage ihn, wie viele Mitglieder die DVU in Thüringen hat. Von 700 sei die Anzahl auf 1200 gestiegen, sagt er. Monatlicher Mitgliedsbeitrag: 6 DM. Arbeitslose nur 3 DM. Sie hätten viele Arbeitslose ...

Die jungen »Heilhitlergrußchaoten« möchte er nicht in die DVU aufnehmen. »Die bringen uns in einen schlechten Ruf.« Und Rufmord gegen die DVU sei an der Tagesordnung. Beispielsweise gegen den unbescholtenen Gemeindevertreter Gögel in Dillstädt, der für die DVU kandidiert. »Viele Jahre war er ein angesehenes Mitglied in der Gemeindevertretung, ein guter Demokrat. Nun aber, als bekannt wurde, er kandidiert für die DVU, ist der plötzlich ein undemokratischer Neonazi, eine Schande für die Kommunalvertretung geworden.«

Nein, Gerechtigkeit gäbe es keine in diesem Land, zumindest keine für Andersdenkende.

Seine Wahlveranstaltungen hat er alle abgesagt. »Ich habe Angst vor Pflastersteinen, die in die Gaststätte fliegen. Busunternehmen fahren uns nicht mehr, und Wirte weisen uns ab.«

Trotzdem glaubt er, daß er mit der DVU die Fünf-Prozent-Hürde überspringen und in den Thüringer Landtag einziehen wird. »Wir müssen nur noch die Nichtwähler zum Protest mobilisieren.«

Die hintere Wand seines Büros ist mit einem bunten Südtiroler Bergweltmotiv tapeziert.

»Meine Lieblingsgegend, nicht nur der Natur wegen, sondern auch wegen ihrer Bewohner. Südtirol. Bozen. Die Menschen dort sind offen und ehrlich, und sie stehen stolz zu ihrer deutschen Sprache, zu ihrem Deutschtum.« Wie er selbst. »Das deutsche Hemd ist mir nun mal näher als die französische Hose oder die amerikanische Zwangsjacke.«

Otto Reißig stammt aus dem südthüringischen Zillbach und hat immer auf dem Bau gearbeitet. Bis zur Wende war er der Chef des Bauhofes in Suhl und dort auch ehrenamtlicher SED-Parteisekretär. Außerdem hat er Staatswissenschaft studiert, er sollte schon in der DDR Bürgermeister von Frauenwald werden.

Seine beste Zeit jedoch sei die als »blonder Thüringer« in Berlin gewesen. Die Otto-Reißig-Jugendbrigade, eine der besten beim Aufbau von Marzahn, »schrieb DDR-Geschichte. Von 1976 bis 1979 haben wir den Berlinern, die mit ihrer S-Bahn als letzte auf der Baustelle eintrudelten, aber als erste wieder wegfuhren, vorgemacht, wie ordentlich gearbeitet wird.«

Der Genosse und Jugendfreund Otto Reißig mit seiner vorbildlichen Brigade durfte stolz die einmillionste Neubauwohnung an Genossen Erich Honecker übergeben.

Die Orden hat er nicht weggeschmissen.

Als ich freundlich verabschiedet werde und wieder durch den Garten gehe, ist der Hund vorsorglich eingesperrt.

1999

Ein Gebirge wird verkauft

oder:

»Das Lied können Sie heute getrost wieder anstimmen«

Den deutschen Ortsnamen für Pec pod Sněžkou kannte ich viele Jahre lang ebensowenig wie den von Jelenia Góra oder Liberec, denn der Geographielehrer hatte in der Schule nie von Hirschberg und Reichenberg gesprochen. Wer Städte in Polen oder der Tschechoslowakei bei ihren alten deutschen Namen nannte, war ein »westdeutscher Revanchist«. Lediglich Auschwitz hieß in DDR-Schulbüchern immer Auschwitz …

Dank des 1992 in Würzburg erschienenen Reiseführers »Riesengebirge« weiß ich, daß Pec pod Sněžkou früher Petzer hieß, eines der kleinsten Städtchen von Tschechien ist und im Riesengebirge (Krkonoše) am Fuße der Schneekoppe (Sněžka) liegt.

Ich komme erst nachts aus dem frühlingshaften Flachland in Pec an, staune über den hohen Schnee und erschrecke vor Tausenden von Autos auf überfüllten Parkplätzen. Im kalten Lampenlicht entziffere ich die Kennzeichen: Cottbus. Schwerin. Erfurt. Dresden … Über die Hälfte aus den neuen Bundesländern. Dazu einige Tschechen, Polen und vereinzelt auch Autos aus Westdeutschland. Bevor mich eine Schneeraupe zur Übernachtung in die 1 000 Meter hoch gelegene Baude »Bílá Labut« (Weißer Schwan) kutschiert, wärme ich mich in der Baracke des alten Parkwärters auf. Wattejacke und grüne Wollmütze und ein Gesicht wie das einer holzgeschnitzten Rübezahlfigur. In gebrochenem Deutsch erzählt er, daß hier bis zum Mai Schnee liegen würde und daß Petzer 560 Einwohner zählt. Und 10000 Touristen.

»Deutsche?«

»Ja, jetzt immer mehr von Deitschland.«

Ich frage, ob er ein Sudetendeutscher sei.

Er schüttelt den Kopf. In Petzer würde nur noch ein Deutscher aus der Zeit vor 1945 wohnen. »Aber heute, wo hier fast alles wieder deitsch wird, ist es gut, wenn man ä bissl deitsch spricht.«

Ein junger, sehr beleibter Pecer Polizist, der sich auch wärmen will, widerspricht und flucht auf tschechisch über die Němcis. Drei deutsche Touristen aus Pec mußten sie in diesem Jahr schon zur Grenze bringen und ausweisen. Hätten Taxifahrer und Polizisten verprügelt. Und die deutschen Autofahrer würden hier rasen, als ob sie die Herren eines gesetzlosen Gebietes wären. Einhundert tschechische Verkehrstote im letzten Jahr seien die Opfer von Ausländern, hauptsächlich Deutschen, gewesen.

»Vole-Němec – Ochse-Deutscher. Trotzdem ist's gut«, grient der Holzgeschnitzte, »wenn du heit deitsch sprichst – kriegst eher Trinkgeld.«

Vladimír Novotný, der Chef vom »Weißen Schwan«, spricht deutsch mit österreichischem Akzent. Sein Großvater, ein gebürtiger Hofbauer, habe bei Budweis gesiedelt, aber die Baude gehöre ihm nicht, er arbeite seit fast zwanzig Jahren nur als Verwalter hier oben. Eigentümer der Bergbauden seien die Staatsbetriebe gewesen. Deshalb hießen Bauden heute noch »Turbina«, »Lokomotiva« und »Energetika«. Er zeigt mir die »Kronika«, die Chronik »seiner« Baude, die früher zum Prager Betrieb »Projekta« gehörte. In dem zerfledderem Buch haben sich DDR-Kinder aus Ferienlagern mit kleinen Verschen verewigt. Ansonsten bis 1989 fast nur tschechoslowakische Gäste. Danach keine Ferienlager mehr, auch kaum noch Tschechen und Slowaken. Dafür Deutsche. Einzeln und in Gruppen. Punks aus Westberlin. (»Als ich die sah, dachte ich: Herrgott hilf! Und er hat geholfen, sie waren friedlich.«) In der Kronika verewigten sie sich: »Die Schwarz-ROT-Front wünscht allen einen angenehmen Aufenthalt. Außer der rechtsbraunen Masse – denen viele Stürze und gebrochene Beine …«

Und dann wären Neonazis aus Ostberlin hiergewesen, die

hätten das Radio aus dem Fenster geschmissen. »Nein, nichts eingetragen in Kronika.« Aber am anderen Tag finde ich zwischen den Seiten ein herausgerissenes Blatt: »Gebt den Deutschen, was den Deutschen gehört: Schlesien, Pommern und das Riesengebirge! Und nehmt ihnen weg, was nicht zu Deutschland gehört: Kommunisten und Ausländer.«

Vor dem Krieg, erzählt Vladimír, habe die Baude, wie fast alle Häuser im Ort, einem Deutschen gehört, einem gewissen Schräfel. Dessen Sohn Christian aus Burg sei vor vier Jahren hiergewesen. »Aber die Regierung hat ein Gesetz erlassen: Nichts darf jetzt an Ausländer verkauft werden. Es hieß, um unser Eigentum vor den Deutschen zu schützen, aber der wahre Grund ... Also sehen Sie, den ›Weißen Schwan‹ haben 1990 zwei ehemalige kommunistische Betriebsleiter von ›Projekta‹ privat für 2,6 Millionen gekauft. Und nun für 5 Millionen an einen ehemaligen Genossen Baudirektor verscherbelt ... Und der könnte, wenn das Gesetz geändert wird – und es wird geändert, denn nur Ausländer haben das Geld, um die kaputten Häuser und Fabriken zu renovieren –, der kann dann die Baude für 7 Millionen an die Deutschen verkaufen.«

Am nächsten Morgen stiefele ich hinunter ins Tal. Trotz Nebel auf den Bergen Hochbetrieb in der Skiausleihstation von Petr Kos. Funken sprühen beim Schleifen der Kanten. Ich frage den mit vorgebundener Lederschürze einem Schmied ähnelnden Skiverleiher, weshalb so wenige tschechische Touristen nach Pec kommen.

»Der Tagesverdienst eines Schlossers reicht bei den auf die Deutschen ausgerichteten Preisen in Pec gerade für zwei Bier und eine Liftkarte. Bist ein Tscheche und hast kein Geld, um in deiner Heimat Urlaub zu machen.« Und er flucht auf deutsch: »Scheiße kommt nicht über Berge, aber über Menschen!«

Ein Deutscher erwidert, daß die Tunesier auch nicht am Golf von Tunis Urlaub machen könnten, genausowenig wie er als Hausmeister vom ehemaligen Interhotel in Rostock das Geld hätte, in solch einem Hotel in Dresden oder Oberhof zu logieren. Da würden jetzt die Westdeutschen wohnen. »Und ich leiste mir Tschechien!«

»Und die Tschechen?«

»Die sollten vielleicht nach Rußland ... oder Tschetschenien.«

Gelächter.

Auf dem Weg zum Bürgermeister der Stadt stehen zwei Dutzend deutsche und tschechische Autos in der engen Talstraße im Halteverbot. An fünfen – nur ostdeutschen – blockieren Polizeikrallen die Räder.

Der Bürgermeister Magister Jiří Ratajík sitzt mit den sieben Stadträten bei einer Beratung. Freundlich, leise unterbricht er, um mir Auskunft zu geben. Im letzten Herbst wären viele Busse mit Heimwehtouristen, den Deutschen, die früher hier Häuser besaßen, in Pec gewesen. Nein, Vorkommnisse hätte es keine gegeben, aber die Angst, daß sie wiederkommen ...

»Wissen Sie, hier waren die Menschen früher nicht aufgeteilt in Polen, Tschechen und Deutsche. Alle waren Gebirgler, Riesengebirgler! Das war ihre Nationalität.« Das andere sei Sache der Politik gewesen, sowohl die Verbrechen der Nazideutschen als auch die Aussiedlung der Deutschen.

Einer der Stadträte bringt mich hinaus und erzählt empört, daß die vom tschechischen Starkbier betrunkenen Heimwehtouristen in der Gaststätte sehr laut das Deutschlandlied und danach auch das Riesengebirgslied angestimmt hätten. Ich kenne dieses Lied aus dem schon erwähnten aktuellen deutschen Reiseführer: »O mein liebes Riesengebirge, wo die Elbe heimlich rinnt, wo der Rübezahl mit seinen Zwergen heut noch Sagen und Märchen spinnt. Riesengebirge, deutsches Gebirge, meine liebe Heimat, du!«

Und darunter die Gebrauchsanweisung: »Das Lied war jahrzehntelang verboten. Heute können Sie es getrost wieder anstimmen.«

Am nächsten Tag treffe ich mich mit Wolfgang Berger, dem letzten Petzer Deutschen aus der Vorkriegszeit. Der Einundsechzigjährige arbeitet in der Bergrettungsstation, einem modernen Neubau aus Glas und Beton.

»1945 flüchteten hier zuerst die großen Hoteliers wie der Schubert, die waren ja alle aktive Nazis gewesen. Mein deutscher Vater war damals gerade gefallen, und weil meine Mutter Tschechin war, wir drei Kühe und ein Haus hatten und vier Kinder waren, blieben wir in Petzer. Alle anderen, bis auf ein paar erfahrene deutsche Holzfäller, jagte man weg. Zuerst mußten meine Geschwister und ich ein Jahr mit weißer Binde und einem N für Němec herumlaufen. Wie Aussätzige. Nach zwei, drei Jahren, wir waren damals ja alle gleich arm, legte sich der Haß wieder.«

Bevor ich gehe, lobe ich das schmucke Äußere der neuen Bergrettungsstation.

Berger protestiert. Nein, es sei schlampig gebaut. »Weil es billiger ist, hat man dafür Schwarzarbeiter aus der Ukraine geholt. Die Tschechen gehen als Billigarbeiter nach Deutschland, und hierher kommen die noch billigeren Arbeiter aus der Ukraine ...«

Ich frage ihn, ob er möchte, daß das Riesengebirge wieder deutsch wird.

»Nein. Aber wenn die Tschechen arm und die Deutschen reich bleiben, wird das Riesengebirge eines Tages wieder deutsch sein. Dann haben es sich die Deutschen einfach zurückgekauft, ihr Riesengebirge.«

Am Nachmittag beobachte ich am Hang der Schneekoppe einen Skifahrer, der die Enden einer Plasteplane zu einem dickbäuchigen Segel zusammengebunden hat. Rübezahls Sturmwind, der hier oben ständig bläst, pustet ihn nach jeder Abfahrt immer wieder den flachen Hang hinauf. Er sei Ingenieur in den weltbekannten Škoda-Werken von Pilsen, erzählt mir Milan Kučera. »Mit dieser Technik spare ich täglich fast 200 Kronen Liftgebühr.«

Und er lacht wie Schwejk.

1992

Unterschrift für Bockwurstbuden

oder:

»Es dauert sehr lange, bis auch das Innere verbrennt ...«

Obwohl der Februarmorgen grau und kalt ist und es nieselt, gehe ich vom Erfurter Bahnhof aus nicht wie so oft schnurstracks zum Landtag, um dort über die Arbeit der Abgeordneten zu recherchieren, sondern laufe, weil ich noch Zeit bis zum nächsten Termin habe, in die entgegengesetzte Richtung zum ehrwürdigen Domplatz. Neben der Straßenbahnhaltestelle haben zwei Männer einen Stand aufgebaut und sprechen die Vorübergehenden an. Ich vermute Vertreter für ein neues Putzmittel oder einen Supergemüseschäler. Doch dann entdecke ich an ihrem Stand das CDU-Emblem und den Protest gegen die doppelte Staatsbürgerschaft. Der Jüngere in einer dicken Trachtenjacke läuft sich warm, holt auch mich mit einem »Sie können erst mal gucken, müssen nicht gleich unterschreiben« heran.

Am Stand keine Glatzen oder »Ausländeraufklatscher«, sondern ältere, in der DDR aufgewachsene Männer und Frauen, an die ein schon Grauhaariger, der die Listen bewacht, Kugelschreiber verteilt.

Eine Frau, die sich ihren dicken blauen Schal um Kopf und Hals gleichzeitig geschlungen hat und zwei große Einkaufstaschen neben dem Stand abstellt, schimpft, daß sie sich auch nicht zwei Heimatländer aussuchen kann, eins, in dem sie billig lebt, und ein anderes, in dem sie eine hohe Rente kassiert. »Ein Leben lang habe ich mir als Montiererin im Erfurter Funkwerk jeden Pfennig sauer verdienen müssen. Nachdem es dichtgemacht wurde, Umschulung zur Blumenbinderin. Oder, wie das heute heißt, Floristin. Aber dann keine Arbeit als Floristin. Und Umschulung zur Lagerverwalterin. Bevor ich damit anfangen konnte, schlossen sie das Lager, stellten sich auf die sogenannte rollende Lagerhaltung um, das heißt, sie kutschierten alles Material tagelang auf den Autobahnen umher.« Fünf Jahre braucht sie noch zur Rente, jetzt gibt es vielleicht noch eine ABM-Stelle oder sogar eine Umschulung zur Landschaftspflegerin. Eigentlich ist sie nicht für die CDU, weil sie früher SED gewesen ist und später PDS, aber in diesem Fall …

Ich frage den grauhaarigen Mann, ob ich hier richtig sei, um gegen die Ausländer zu unterschreiben.

Er gibt mir einen Stift zum Unterschreiben und einen zum Mitnehmen.

Ich warte, bis ich allein bin mit den zwei Unterschriftensammlern, die wie vom Tonband abgespult wiederholen, daß die CDU gegen die doppelte Staatsbürgerschaft, aber natürlich auch für die Integration der Ausländer sei.

Mein Bruder (den ich mir erfinde) sei arbeitslos, erzähle ich ihnen, weil ein Türke neben seiner Bockwurstbude einen Dönerimbiß aufmachte.

»Deshalb möchte ich unterschreiben, daß alle Türken wieder raus sollen aus Deutschland.«

Die zwei nicken freundlich.

»Oder aber«, sage ich, den Stift schon in der Hand, »wenn es nicht möglich ist, daß wir alle Türken wieder rausschmeißen, muß sich die CDU dafür einsetzen, daß die Türken für ihre Döner- und die Italiener für Pizzabuden mehr Standgebühren bezahlen als die Deutschen für ihre Bockwurst- und Bratwurststände.«

Die beiden werden ungeduldig, weil ich nur rede und nicht unterschreibe. Aber sie sagen nichts. Und ich schimpfe, daß inzwischen auch an den Ostschulen die deutschen Mädel und Jungen von den Ausländerkindern versaut werden, die Drogen und die Kriminalität bringen. Es wäre gut, wenn die Ausländerkinder nicht zusammen mit den deutschen Kindern zur Schule gehen würden, sage ich, während ich die Liste nehme, und daß ich das hier aufschreiben möchte, damit die Regierung des Volkes Meinung erfährt.

Der Grauhaarige entgegnet, das sei zwar wichtig und richtig, aber sie bräuchten jetzt nur meinen Namen, die Adresse und die Unterschrift …

Wieder auf dem Bahnhof, stehe ich lange vor dem türkischen Obst- und Dönergeschäft in der Erfurter Bahnhofshalle, will dem messerschwingenden Türken nach der doppelten Staatsbürgerschaft fragen, aber ich habe Hemmungen.

Der schwarzhaarige, vielleicht vierzig Jahre alte Mann sieht mein Zögern an der Tür und sagt: »Kannst ja erst mal riechen, mußt nicht gleich kaufen.«

Ich lege 5 Mark auf den Tisch und sage: »Bitte extra scharf.«

Im Zug lese ich in der Zeitung, daß der ehemalige Pfarrer Christian Köckert, Fraktionsvorsitzender der CDU im Thüringer Landtag, in einem Interview gesagt hat: »Angenommen, größere islamistische Fundamentalistengruppen führen als Deutsche hier ihre Lebensgewohnheiten weiter, zum Beispiel die Verschleierung ihrer Frauen, wie will man so etwas in unsere Gesellschaft integrieren … Ab wann überreizen wir die Toleranzschwelle der Bevölkerung? Da können nicht multikulturelle Globetrotter vorausrennen und auch noch verlangen, daß sich alles nach ihnen richtet.«

Und der Ausländerbeauftragte der Thüringer Landesregierung Eckehard Peters hat auf einem CDU-Forum in Arnstadt erklärt, daß durch die doppelte Staatsbürgerschaft dem »irrationalen völkischen Fühlen« der Zuwanderer nachgegeben werde, denn es könne nicht verlangt werden, daß in einem Staat »jeder für die Seelennöte des anderen Verständnis hat«.

Am nächsten Morgen, die Obststiegen stehen schon vor der Tür, schnuppere ich am Bahnhof noch keinen Duft von gegrilltem Döner. Der kleine schwarzhaarige Mann polkt den im Drehgestell aufgespießten frischen Fleischkegel aus der Plastehülle. Als der Döner sich dreht, gehe ich hinein und frage ihn doch nach der Staatsbürgerschaft. Er nimmt mich mit in ein winziges Hinterzimmer. Platz für einen kleinen Tisch, zwei Hocker und eine Kaffeemaschine. Auf dem Tisch liegt eine türkische Tageszeitung mit der täglichen Unterzeile: »Die Türkei den Türken!« Er sagt, daß er noch Zeitungen mit der ihm vertrauteren Unterzeile »Proletarier aller Länder, vereinigt Euch!« kennt, und serviert türkischen Kaffee.

Seine Frau kommt und sagt: »Ich brauche keinen deutschen Paß. Hat der deutsche Paß die Juden vor deutschen Verbrennungsöfen gerettet?

Müßte ich mit einem deutschen Paß weniger Angst um mein Kind haben, das in die erste Klasse geht und als Türkenkind geschlagen wurde? Von den Schlägern erkundigt sich keiner, bevor er zuschlägt: ›Haben deine Eltern eine deutsche Staatsbürgerschaft?‹ Er sieht wie ein Türke aus und riecht auch so, sagen sie …«

Ich frage den Mann, wie ihre Kinder heißen. »Den Siebenjährigen nennen wir Taifun, großer Wind, und der Kleine heißt Tufan, noch größerer Wind. Der Name meiner Frau bedeutet großes Glück.« Er heißt Ibrahim, das würde ich aus der Bibel kennen. Doch auch hier rufen sie ihn wie sein kurdischer Großvater vor über dreißig Jahren: »Kazim. Kazim, das heißt auf deutsch …«, er findet das Wort nicht, zeigt mit den Fingern fallende Schneeflocken. »Nein, nicht Schnee.« Er blättert in einem Kalender. Eine Winterlandschaft. »Kazim, Dezember! So hat der Großvater mich gerufen.«

Das aufgespießte Putenfleisch, nicht weiß wie das der Hühner, aber auch nicht rosa wie das der Schweine, wird dunkler, Saft tropft auf den Teller, aber noch duftet es nicht im Bahnhof. Ibrahim setzt noch einmal Kaffee auf.

»Der kurdische Name unseres Dorfes war nicht offiziell. Offiziell ist in Kurdistan nur das Türkische. Ich hatte einen türkischen Paß und unser Dorf den türkischen Namen Tunceli. Das Dorf gibt es nicht mehr. 1993 wurde das türkische Tunceli von türkischen Soldaten niedergebrannt, weil türkische Kurden mit türkischen Ausweisen darin wohnten.«

Doch zu dieser Zeit hat er schon in Deutschland gelebt. »Ich habe über zwanzig Jahre meine Heimat, das Dorf meiner Kindheit und die Augen meiner Mutter nicht mehr gesehen. Zuerst zehn Jahre Gefängnis in Istanbul. Insgesamt 275 Tage Hungerstreik. Die habe ich gezählt. Die Schläge, die ich bekam, habe ich nicht gezählt. Dreimal haben meine Mutter und mein Vater mich noch im Gefängnis besucht. Öfter konnten sie nicht kommen, die Reise aus dem Dorf nach Istanbul war sehr teuer. Und zwei Jahre nachdem die Türken mich ins Gefängnis gesteckt hatten, starb mein Vater. Ich durfte nicht einmal zu seiner Beerdigung, ich habe sein Grab noch nicht gesehen.«

Ibrahim war dafür eingetreten, daß die kurdischen Kinder in den kurdischen Schulen kurdisch sprechen dürfen. Außerdem arbeitete er in einer großen Metallfabrik in Istanbul, war Funktionär der verbotenen Gewerkschaft.

»Nach meiner Haft bin ich nach Deutschland geflohen. Ich konnte hier, Allah sei Dank, sogar mit Artikeln in deutschen Zeitungen, die über meinen Fall berichtet hatten, nachweisen, daß ich verhaftet und geschlagen worden war.«

Er geht den Dönerspieß kontrollieren und erklärt einer Angestellten, daß sie die türkischen Mandarinen heute für 1,99 DM verkaufen könne, die Ananas für 2,99 DM. »Bei mir arbeiten zwei deutsche Frauen, und der Deutschen Bundesbahn zahle ich über 1 000 DM Miete jeden Monat, und meine Steuern gebe ich dem deutschen Finanzamt in Erfurt.«

1995 ist Ibrahim, der zuvor in Stuttgart Fenster und Türen baute, nach Erfurt gekommen. Viele hatten ihn gewarnt vor den neuen jungen Nazis im Osten.

Er hat sie inzwischen erlebt. »Zuerst standen sie nur in der Bahnhofshalle und schrien Fußballparolen. Aber dann holten sich einige Döner, schmissen sie draußen vor der Tür auf die Fliesen, riefen: ›Die stinken nach Türken.‹ Da bekam ich Angst und rief die Polizei. Inzwischen schrien sie: ›Alle Ausländer sind Schweine.‹ Die Polizisten kamen und sagten, ich müßte mein Geschäft sofort schließen. Aber ich habe es nicht geschlossen. Endlich, als einige der jungen Leute die Hand zum Hitlergruß hoben, drängten die Polizisten sie aus dem Bahnhof.«

Er möchte in Deutschland arbeiten, sich integrieren. Aber er will auch ein Kurde bleiben. Vielleicht kann er eines Tages doch in seine kurdische Heimat zurück und dort Fenster und Türen bauen und die Kinder in der Schule die Geschichte Kurdistans lehren.

Es riecht nach verbranntem Fleisch. Aber er springt nicht fluchend auf, er geht sehr langsam aus der Tür und schaltet die Glutspiralen aus.

»Das ist nur das Äußere«, sagt er, »es dauert sehr lange, bis auch das Innere verbrennt ... Ich habe dir wenig von meinen Gefühlen erzählt, entschuldige, aber du bist ein Fremder.« Achtzig Prozent habe er in seinem Herzen behalten. »Oft ist neben mir in der Straßenbahn noch der einzige Platz frei, aber niemand setzt sich!«

Bevor ich gehe, will er wissen, wie viele Menschen in Thüringen schon die CDU-Liste gegen die doppelte Staatsbürgerschaft unterschrieben haben.

Ich sage: »Etwa zehntausend.«

1999

Günter Wallraff

Die Intoleranz des anderen zu dulden ist nichts anderes als Feigheit

Seit Solingen wurden Tausende neue Anschläge bundesweit verübt. Solingen, Mölln, Hünxe, Rostock, Hoyerswerda und Guben sind jederzeit nach wie vor überall in Deutschland wiederholbar. Ob wieder Menschen verbrennen, erschlagen, zu Tode gehetzt werden oder noch mal so eben mit dem Leben davonkommen, ist oft reine Glückssache!

Mit dem Ende des Kalten Krieges ist in den östlichen wie westlichen Gesellschaften der Außenfeind abhanden gekommen. Wo die Grenzen zwischen Gut und Böse nicht mehr eindeutig zu ziehen sind wie bisher, wird es komplizierter, Feinde auszumachen, denen die eigene unterschwellige Aggressivität untergeschoben werden kann.

»Wer, um ein psychisches oder soziales Gleichgewicht aufrechterhalten zu können, weiterhin auf Schwarzweißbilder angewiesen ist, in denen das Böse, abgespalten vom Guten, nach außen verschoben ist, muß nach neuen Feindbildern Ausschau halten. Wer sich bedrohlichen äußeren und inneren Realitäten nicht stellen will oder kann, ist mehr denn je auf den Ausländer als Sündenbock angewiesen!« stellt der Sozialpsychologe Professor Vinnei fest. So wird erklärbar, daß die Türkenfeindlichkeit in der ehemaligen DDR laut Meinungsumfragen noch verbreiteter ist als im Westteil Deutschlands, obwohl oder gerade weil im Osten Deutschlands so gut wie keine Türken leben. In einer totalen Umbruchsituation voller neuer sozialer Zwänge in der neuen Erfolgsleiterhierarchie auf den unteren Stufen plaziert, schlägt dieses Underdog- und Isolationsgefühl in Selbsthaß um. Zu schwach oder auch zu feige, ihn an den sozial Stärkeren abzureagieren, verschafft es Erleichterung,

sich an der sozial noch schwächeren, fremdesten und unter-
drücktesten Gruppe schadlos zu halten.

Erst mit den Ereignissen der letzten Jahre wurde mir klar,
was die Festung Europa bedeutet, wo sie errichtet, wie sie her-
metisch abgeriegelt werden soll, wo demnächst Armeen auf-
marschieren werden, um »unser Europa« abzuschirmen und
abzusichern. Insgesamt wächst in den europäischen Zentren
die Xenophobie. In der Bundesrepublik zeigt sich seit der
Wiedervereinigung, daß sich einiges an unseligen deutschen
Untugenden paart und damit potenziert, als da sind: Unter-
tanen- und Anpassungsverhalten, Blockwartmentalität, auto-
ritäre Fixierungen im Osten und stromlinienförmiges Streber-
tum, Status- und Prestigegeprotze, Überheblichkeit, Arroganz
bis hin zu Herrenmenschenallüren im Westen.

In den neuen Bundesländern leben Menschen, die häufig
nur ein abverlangtes, heuchlerisches Lippenbekenntnis zum
Internationalismus abzugeben hatten. Dort wurden zuerst diejenigen rausgeschmissen und verfolgt, die jahrelang im Arbeitsprozeß unentbehrlich waren: Angolaner, Moçambiquaner,
Kubaner und Vietnamesen. Ich kenne persönlich Afrikaner, die
sich im Osten aus Angst vor Gewalt, Anschlägen und Ausweisung versteckt halten, obwohl sie sich dort zu Hause fühlten,
Frauen und Familien haben. In manchen Regionen herrscht
Jagdstimmung.

Obwohl Einwanderer bzw. Asylbewerber nur einen gerin-
gen Prozentsatz an der Gesamtbevölkerung ausmachen, werden sie zunehmend verantwortlich gemacht für Wohnungsnot,
Arbeitslosigkeit und angeblich steigende Kriminalität. Produziert wird das Feindbild von sozial benachteiligten Schichten
der Bevölkerung, die von gewissenlosen Stimmungsmachern
in Politik und Presse aufgehetzt bzw. unterstützt und flankiert
werden, wobei von den wahren Ursachen gesellschaftlichen
und persönlichen Elends abgelenkt wird. Der Ausländerhaß
als Ventilfunktion!

Die sogenannten »Zigeuner«, Roma, stellen in den westeuropäischen Ländern zunehmend die Verkörperung der sogenannten Dritten Welt dar, werden immer mehr aus der Gesellschaft ausgegrenzt, je stärker der Wohlstand der sogenannten Ersten Welt durch die Einwanderung von Armutsflüchtlingen aus den ausgebeuteten Ländern bedroht scheint. Aber gerade wir Deutschen könnten angesichts von fast einer Million durch die Nazis ausgerotteten Sinti und Roma durch die Gewährung eines dauerhaften Bleiberechts – es geht hier derzeit um etwa 20000 Menschen – eine wenigstens minimale, aber symbolische Form eines Schuldeingeständnisses und für dieses Land die letzte Chance einer fast schon zu späten, wenigstens ansatzweisen Vergangenheitsbewältigung leisten. Ins größte Romaghetto Mazedoniens, nach Schutka/Skopje, sollen die Familien, die seit Jahren hier bei uns leben, deren Kinder hier geboren sind und zum Teil die deutsche Sprache erlernten – wie es im Amtsdeutsch heißt –, »ausländerrechtlich behandelt und rückgeführt«, d. h. abgeschoben, rausgeschmissen werden! Solange die Opfer noch leben, darunter leiden, die Tragödie des Holocaust familiengeschichtlich fortbesteht, solange können wir nicht so tun, als hätte es das nicht gegeben oder als hätten wir nichts damit zu tun, und so etwas könnte es nie wieder geben.

Mir kommt es außerdem oft so vor, als gäbe es zweierlei Maß bei der Bewertung von Rassismus: Die meisten Menschen in Deutschland waren garantiert für die Abschaffung der Apartheid in Südafrika. Aber sobald die Apartheid vor der eigenen Haustür stattfindet, Menschen in Ghettos gepreßt und abgeschoben werden sollen, von Arbeits- und Bildungsmöglichkeiten ausgeschlossen, geächtet, kriminalisiert und immer wieder vertrieben werden, gelten andere Maßstäbe. Mir kommt der Verdacht, daß die Bewertung des Rassismus für viele nur eine Frage der Distanz, räumlich wie zeitlich, eine Frage der Geographie ist. Je weiter die Probleme von uns entfernt sind, um so wärmer wird es uns ums Herz und um so mehr rührt es uns unter Umständen sogar an. Die Politbürokraten fühlen sich zunehmend den Stammtischen verpflichtet, und ansonsten fortschrittliche Politiker sprechen hinter vorgehaltener Hand, wenn man sie persönlich darauf anspricht, von fehlender Akzeptanz, bedauern und reden von zwar richtigen, jedoch nicht mehr mehrheitsfähigen Forderungen und machen ihre Aufwartung den letzten Traditionalisten, Schützen-Trachten-Spießer-Vereinen und einen großen Bogen um das Roma- und Flüchtlingselend vor der eigenen Haustür.

Unsere Kultur ist die Kultur einer Ober- und gehobenen Mittelschicht. Der Riß zwischen denen oben und denen unten wird zunehmend größer. Was andere Kulturen uns voraushaben, will man nicht wahrhaben, läßt es gar nicht erst an sich ran. Die zukunftsweisende Vorstellung einer ausländerfreundlichen, offeneren multikulturellen Gesellschaft, inzwischen selbst von einzelnen Konservativen gefordert und in ihren eigenen Reihen deswegen heftigst kritisiert und anschließend ausgebootet, hat in der Bevölkerungsmehrheit derzeit wenig Chancen.

Von jeher wurden Taten in diesem Land durch Parolen, Ausgrenzungsideologien und Ausmerzungsphantasien angeregt und freigesetzt. Da fungieren reaktionäre Politiker und die ihnen verpflichtete Massenpresse häufig als geistige Brandstifter und Pogromhetzer mit Begriffen aus dem Katastrophenbereich wie Asylantenflut, Asylantenansturm, Dämme gegen Asylanten, Zeitbombe, Springflut usw. Wenn der bayerische Kommunalpolitiker Manfred Ritter Asylbewerber mit Heuschreckenschwärmen gleichsetzt, erfüllt das meiner Ansicht nach den Tatbestand der Volksverhetzung. Wörtliches Zitat: »Vergleiche mit einem Heuschreckenschwarm, der überall, wo er durchzieht, eine Wüste hinterläßt, sind keinesfalls übertrieben. Die Lösung kann dafür nur lauten: Konsequente Abschirmung Europas vor der Zuwanderung aus den Entwicklungsländern.«

Es ist noch nicht allzulange her, da besann sich ein Repräsentant der germanischen Herrenrasse, der bayerische Ministerpräsident und Kanzlerkandidat Stoiber, wieder mal auf die Überlegenheit der weißen Rasse im Original-NS-Ton. Da war von unzulässiger »Durchrassung und Vermischung« die Rede. Dies ist der braune Dung, auf dem rassistisch motivierte Gewalttaten gedeihen.

Eine erneute Weltwirtschaftskrise, sich ausdehnende Hungersnöte in den zusammengebrochenen Ostblockstaaten könnten diese verordnete und nie erkämpfte Wohlstands- und in vielem nur Schein- und Fassadendemokratie zusammenbrechen lassen, gar nicht mal durch einen Militärputsch, sondern erst mal ganz legal durch Mehrheitsentscheid über Stimmzettel wie schon einmal. Die moderateren Diktatoren in spe und telegenen Volksbeglücker à la Haider und Berlusconi hocken auch bei uns bereits in den Startlöchern und warten auf die Gunst der Stunde.

Wir sollten auch nachdenken über so etwas wieder in Mode Gekommenes, Verhängnisvolles wie übersteigerter Nationalstolz. Dieses amorphe, dumpfe irrationale Gefühl wird jetzt verstärkt propagiert und soll an die Stelle von Internationalismus, Selbstkritik und Zivilcourage treten. Wer keine Selbstachtung hat oder auch keinen Grund, auf etwas Eigenes stolz zu sein, der klammert sich an so etwas Übergeordnetes und Autoritäres. Das gibt es selbstverständlich auch in anderen Ländern zur Genüge. Unser saturiertes und gemästetes Wohlstandsland besteht unterschwellig immer noch aus deutschtümelndem Dünkel und Hochmut. Als ich vor einigen Jahren als türkischer Arbeiter in Köln auf einer Großbaustelle arbeitete, kam es nach Feierabend in einem Lokal zu einer Schlägerei, als ich es mir als Türke erlaubte, national gesonnenen deutschen Thekenstehern vorzurechnen, daß sie ohne Zuwanderung und Renteneinzahlungen von uns Ausländern zu Beginn des nächsten Jahrtausends eine aussterbende, kinderfeindliche und vergreisende, jedenfalls nicht mehr selbständig lebensfähige Gesellschaft darstellen würden und quasi sie auf uns angewiesen seien und nicht etwa umgekehrt.

Heute leben 65 Prozent der Arbeitsemigranten über zehn Jahre hier, 25 Prozent bereits über fünfundzwanzig Jahre.

Das Grundrecht auf Asyl, das vor sechs Jahren wesentlich eingeschränkt und erschwert wurde, ist zu einem reinen Ausnahmerecht geworden. Es ist oft reine Glückssache, ob ein Asylbewerber anerkannt wird oder nicht. Auf jeden Fall gilt: Im Zweifel wird gegen den Asylbewerber entschieden. Vom 1. Januar 1993 bis zum 1. Januar 1998 starben wenigstens 80 Menschen auf dem Weg in die Bundesrepublik oder an den Grenzen. 58 Menschen töteten sich wegen der drohenden Abschiebung selbst. Mindestens 95 Flüchtlinge versuchten, sich zu töten, und überlebten schwer verletzt. Von denjenigen, die in ihre Herkunftsländer abgeschoben worden sind, wissen wir meist nichts Genaueres. Wir wissen, daß drei Flüchtlinge ums Leben kamen. Mindestens 45 Menschen sind von Militär und Polizei mißhandelt und gefoltert worden. Etliche verschwanden spurlos. Neun Flüchtlinge in der Bundesrepublik starben durch Polizeigewalt. Bei Anschlägen auf Flüchtlingsunterkünfte starben seit 1993 mindestens 39 Menschen, 319 wurden zum Teil schwer verletzt.[1] An den Flughäfen wurden 1996 4286 asylsuchende Passagiere zurückgewiesen, 1997 35205 Menschen an den deutschen Grenzen »aufgegriffen«, »erkennungsdienstlich behandelt« und zurückgewiesen. Abgeschoben wird zunehmend »effektiver«, und die Abschiebeknäste wurden vermehrt und sind in der Regel überbelegt.

In Wahlkampfzeiten müssen Arbeitsemigranten und Asylsuchende wieder mal für nicht gehaltene Versprechungen der Politiker ihren Buckel hinhalten. Eine neudeutsche in Bürokratenhirnen ersonnene Sprachregelung hat es geschafft, Flüchtlinge und politisch Verfolgte mit Attributen auszustatten, die Distanz, Mitleidlosigkeit und Verachtung erzeugen sollen: Der Begriff »Asylant«, 1978 erstmals im Bundestag genannt und

---

1 Siehe »Menschenrechte ohne Asyl in Deutschland«, Komitee für Grundrechte und Demokratie, 1998 (An der Gasse 1, 64759 Sensbachtal).

anschließend in den Medien aufgegriffen, ordnet sich in die Reihe der negativ besetzten Worte wie »Simulant«, »Sympathisant«, »Intrigant«, »Querulant« ein und ist für den Sprachforscher Gerhard Müller von der Gesellschaft für Deutsche Sprache in Wiesbaden »menschenverachtend und zudem diffus«, ein »sprachlicher Pogromausdruck«. Wie aus dem neudeutschen »Wörterbuch des Unmenschen« entsprungen und von Fremdenfeindlichkeit und Menschenverachtung triefend, sind auch Begriffe wie »Maßnahmen der Sozialhygiene«, womit Ausweisungen »illegal aufhältlicher Ausländer« bürokratisch korrekt umschrieben werden. Und wenn die »Schüblinge« dann, wie es im Amtsdeutsch heißt, »ausländerrechtlich behandelt« und »rückgeführt« werden, geschieht es ihnen doch gerade recht, selbst wenn ihnen erneut Verfolgung, Inhaftierung und Folter drohen. Was dieser sogenannte »Asylkompromiß« bewirkt hat, wird überdeutlich, wenn selbst Insider, die ihn ursprünglich gefordert und mitbetrieben, nunmehr erschrecken, was sie damit angerichtet haben.

Seit Jahren hier lebende Ausländer müssen endlich die gleichen Menschen- und Bürgerrechte erhalten wie die Deutschen. Die Dauerstigmatisierung der hier lebenden Arbeitsemigranten und Flüchtlinge zu einem angeblichen Problem muß endlich aufhören. Unsere regierenden Politiker müssen erkennen, daß es sich zuallererst um ein Problem der Deutschen selber handelt.

Die längst überfälligen Minimalforderungen:

1. Deutschland, de facto längst Einwanderungsland, bekennt sich rechtswirksam dazu.

2. Die Möglichkeit doppelter Staatsbürgerschaft für die hier lebenden sogenannten Ausländer, vor allem für die hier geborenen, denn wer weiß überhaupt, daß wir das einzige Land in Europa sind, in dem das sogenannte »ius sanguinis«, das »Blutrecht«, zur Erlangung der Staatsbürgerschaft besteht. Wir brauchen ein Einbürgerungsrecht, das sich endlich vom braunen Mythos des »deutschen Blutes« löst. Wem ist über-

haupt bewußt, daß das Ausländergesetz nahtlos aus der NS-Reichspolizeiverordnung von 1937 entwickelt wurde?!

3. Kommunales Wahlrecht, später auch bundesweites passives und aktives Wahlrecht für die dauerhaft hier lebenden Ausländer.

4. Schließlich: Das Fördern von Toleranz und Verständnis gegenüber ethnischen Minderheiten bereits in Kindergärten und als Hauptfach an den Schulen: Besuchsreisen in die Heimatländer anderer Kulturen, Ethikunterricht anstatt separatistischen Religionsunterrichts, der oft mißbraucht wird (siehe Koranschulen).

Unsere Utopien von heute müssen die Realitäten von morgen werden, sofern es eine menschlichere Zukunft ohne Haß, Minderheitenausbeutung und Diskriminierung geben soll.

Zehra Cirak, eine deutschsprachige Lyrikerin türkischer Herkunft, sie lebt seit 1963, ihrem zweiten Lebensjahr, in der Bundesrepublik, verleiht einem Lebensgefühl Ausdruck, das die angestammten und eingerasteten Strukturen traditioneller Kulturen sprengt und etwas ganz Neues, Zeitgemäßeres und Lebenswertes freisetzt. Ein Auszug aus ihrem poetischen Manifest:

»Also würde ich am liebsten japanisch aufwachen auf einem Bodenbrett mit transparenten Scheintüren. Dann würde ich gern englisch frühstücken, danach mit fremder Gleichgültigkeit chinesisch arbeiten, fleißig und eifrig. Am liebsten möchte ich französisch essen und tierisch satt römisch baden, gerne will ich bayrisch wandern und afrikanisch tanzen. Am liebsten würde ich russische Geduld besitzen und mein Geld nicht amerikanisch verdienen müssen. Am liebsten möchte ich indisch einschlafen als Vogel auf dem Rücken eines Elefanten und türkisch träumen vom Bosporus.«

Eine phantastische Vision – zum Weiterträumen empfohlen!

2002

Textnachweise

Urkunden für Morde oder: »Wir Russen brauchen keine neuen Synagogen« – Zuerst in: L. S., »Am Sarg der Sojus. Die Hoffnung stirbt als Letztes«, 1993. Überarbeitete Fassung.

Die Nacht auf Kohlen oder: »Nur mit zwei Gesichtern kann man überleben« – Ebd. Überarbeitete Fassung.

Der Tag der Pförtner oder: »Hier ware wir de Faschiste und blejbe de Faschiste« – Ebd. Überarbeitete Fassung.

Ein Gebirge wird verkauft oder: »Das Lied können Sie heute getrost wieder anstimmen« – Zuerst in: L. S., »Mitleid ist umsonst, Neid mußt du dir erarbeiten. Reportagen«, 1997, unter dem Titel »Wie deutsch ist das Riesengebirge?«. Überarbeitete Fassung.

Die Erben der Öfen oder: »Das ist der Bengel von dem Kriegsverbrecher!« – Ebd. Überarbeitete Fassung.

10000-Dollar-Reise ohne Ankunft oder: »Ich hab' mich geschämt wie'n Bettsecher!« – Auszug aus: L. S., »Der Zweite«, 1997. Stark überarbeitete Fassung.

Sag Sascha, nicht Alexander! oder: »Die Eltern haben drei Kinderärzte totgeschlagen« – Zuerst in: L. S., »Mitleid ist umsonst, Neid mußt du dir erarbeiten. Reportagen«, 1997. Überarbeitete Fassung.

Der blonde Thüringer oder: »Die Südtiroler in Italien sind stolz auf ihr Deutschtum!« – Auszug aus: L. S., »Der Letzte«, 2000. Stark überarbeitete Fassung.

Unterschrift für Bockwurstbuden oder: »Es dauert sehr lange, bis auch das Innere verbrennt ...« – Ebd. Stark überarbeitete Fassung.

Für Förderung und Hilfe danke ich der Stiftung Kulturfonds, Berlin, und der Bauhaus-Universität, Weimar.

L. S., Mai 2002

Wolfgang Engler
Die Ostdeutschen
Kunde von einem
verlorenen Land

348 Seiten
Band 8053
ISBN 3-7466-8053-0

Wolfgang
Engler
Die
Ostdeutschen
Kunde
von einem
verlorenen Land

Wolfgang Englers Buch »Die Ostdeutschen« zeichnet ein Bild unerwartet lebendiger Vergangenheit ... Ihm geht es, ganz der Dialektik verpflichtet, um das Verlorene, wissend, das es in irgendeiner Form an seiner Aufhebung arbeitet, durch Verklärung oder Aufklärung wiedererscheint. ... Engler spricht nicht ohne Doppelsinn von der DDR als einer »Diktatur in Grenzen«, also einer Herrschaft, die nach außen mit strikter Grenzziehung arbeitete, die Räume nach innen ebenfalls vertikal abschottete, aber horizontal durchlässig hielt. Aus ihren Werten, Normen und Zielvorstellungen rekonstruiert er das Bild einer »arbeiterlichen Gesellschaft«, die die »Verarbeiterlichung« der bürgerlichen Schichten und das Abschmelzen sozialer Barrieren und Differenzen erfolgreich bewerkstelligte, um schließlich an eben diesem Erfolg zu scheitern, am Mangel an Effizienz, Differenzierung und Individualisierung. ...

Wolfgang Engler könnte einmal das Verdienst zukommen, daß er half, angehäufte Mißverständnisse aufzuklären, den Knoten sich verfestigender Ignoranz und ideologischer Selbstblockade zwischen Ost und West zu lösen.

Wolfgang Thierse

A*t*V
Aufbau Taschenbuch Verlag

Literarische Spaziergänge
mit Büchern und Autoren

Das Kundenmagazin der Aufbau Verlagsgruppe
Kostenlos in Ihrer Buchhandlung

Aufbau-Verlag   Rütten & Loening   Aufbau Taschenbuch Verlag   Gustav Kiepenheuer   Der >Audio< Verlag

Oder direkt: Aufbau-Verlag, Postfach 193, 10105 Berlin
e-Mail: vertrieb@aufbau-verlag.de
www.aufbau-verlag.de